Casal e Família:

transmissão, conflito e violência

Conselho Editorial

Terezinha Féres-Carneiro
(ORG.)

Casal e Família:

transmissão, conflito e violência

Pearson

1ª Edição: *2013*

1ª Reimpressão: *2017*

Responsabilidade editorial: *Ana Carolina Neves*

Coordenação editorial: *Brunna Pinheiro Cardoso*

Assistência editorial: *Karoline Cussolim e Elisabete Moura Rocha*

Diagramação eletrônica e capa: *Casa de Ideias*

Dados Internacionais de Catalogação na Publicação (CIP)
Angélica Ilacqua CRB-8/7057

Casal e família: transmissão, conflito e violência
Organizado por Terezinha Féres-Carneiro. – São Paulo: Pearson Clinical Brasil, 2017.

Bibliografia.
ISBN 978-85-8040-209-4

1. Casais – Psicologia 2. Família – Harmonia 3. Ansiedade – Depressão 4. Família – Intimidade 5. Família – Conflitos I. Féres-Carneiro, Terezinha.

13-0315 CDD-155.645

Índices para catálogo sistemático:
1. Casais – Aspectos psicológicos

Impresso no Brasil
Printed in Brazil

As opiniões expressas neste livro, bem como seu conteúdo, são de responsabilidade de seus autores, não necessariamente correspondendo ao ponto de vista da editora.

Casapsi Livraria e Editora Ltda.
Av. Francisco Matarazzo, 1.500, Cj. 51
Ed. New York - Barra Funda - São Paulo/SP
CEP 05001-100 - Tel.: (11) 3672-1240
www.pearsonclinical.com.br

Sumário

Apresentação[1]

Terezinha Féres-Carneiro
Pontifícia Universidade Católica do Rio de Janeiro

Em *Casal e família: transmissão, conflito e violência*, estamos divulgando as pesquisas discutidas pelos membros do Grupo de Trabalho "Casal e família: estudos psicossociais e psicoterapia", que se reuniu no XIV Simpósio Brasileiro de Pesquisa e Intercâmbio Científico da Associação Nacional de Pesquisa e Pós-Graduação em Psicologia (ANPEPP), em Belo Horizonte, Minas Gerais, de 6 a 9 de junho de 2012. Participaram desse GT catorze professores-pesquisadores de onze instituições universitárias: PUC-Rio, UERJ, UFRJ, UFF, UFGRS, UFMG, UnB, USP, UNIVERSO, UNICAP e UNISINOS, localizadas em seis unidades federativas brasileiras (Rio de Janeiro, São Paulo, Minas Gerais, Rio Grande do Sul, Distrito Federal e Pernambuco). O referido GT tem como objetivo o desenvolvimento de estudos sobre casal e família, fundamentados nos enfoques psicossocial e clínico, assim como promover a discussão entre pesquisadores brasileiros nessa área.

---

1 Participaram da organização deste livro os bolsistas de Iniciação Científica Ana Cláudia Vasconcelos (IC/PIBIC), Anielle Queiroz (IC/FAPERJ), Bruna Montechiari (IC/FAPERJ), Carolina Vidal (IC/FAPERJ), Claudina Ozório (IC/CNPq), Ilana Gruc (IC/CNPq), Isabela Junqueira (IC/PUC-Rio), Isabella Kahn (IC/FAPERJ), Marcella Bueno (IC/FAPERJ), Maria Cristina Lopes (IC/FAPERJ), Paula Navarro (IC/FAPERJ), Renata Fecury (IC/ PIBIC), os bolsistas de Apoio Técnico Jacqueline Victoriense (TCT/FAPERJ), Michelle Gorin (AT/PUC-Rio), Pérolla Sauwen (AT/ PUC-Rio), Rodrigo Roma (AT/CNPq), e as doutorandas Cristina Dantas (Bolsista CAPES) e Luiza Martins (Bolsista CAPES).

No XIV Simpósio, foram discutidos diversos temas de grande relevância social na contemporaneidade, os quais são apresentados nos diferentes capítulos deste livro, o nono publicado pelo GT. Entre os temas debatidos, podemos destacar: estratégias de resolução de conflitos conjugais; história de vida familiar; ansiedade e depressão em avós que criam netos; intimidade e família; transmissão psíquica geracional; parentalidade nas configurações familiares contemporâneas; conjugalidade e parentalidade na clínica de família; tráfico e destino familiar; paradoxos nas relações conjugais violentas; e terapia de casal.

O trabalho de Maria Lucia Rocha-Coutinho ressalta o surgimento de conflitos entre as crescentes demandas, tanto das organizações do mundo globalizado atual, quanto da vida familiar cada vez mais estressante – especialmente para as mulheres, uma vez que a elas ainda cabe a maior carga de responsabilidade pela casa e pela família. Tais conflitos levantam uma série de questões acerca das consequências dessas mudanças no mundo do trabalho e na esfera familiar para os trabalhadores, homens e mulheres, assim como para as próprias organizações. Entre as questões levantadas, duas estão no foco de interesse da autora: como as mulheres e homens atuais estão vivenciando esses conflitos e dilemas e quais as implicações dessas vivências para suas famílias? Que estratégias organizacionais e políticas governamentais poderiam contribuir para resolver ou, pelo menos, amenizar os conflitos com que se deparam os trabalhadores para dar conta do trabalho e da família?

A pesquisa de Teresa Cristina Carreteiro apresenta um recorte genealógico de uma investigação muito mais ampla que está em curso sobre a vida de uma pessoa, originária da etnia Macuxi, situada na fronteira Brasil-Guiana. O propósito da investigação é compreender, através da metodologia de história de vida, as inúmeras passagens vivenciadas por Leandro ao longo de seus 34 anos: entre sua tribo e a cidade; entre a vida rural e a urbana; entre dois países, a Guiana e o Brasil; entre a vida na fronteira até sua adolescência e, mais tarde, em diversas cidades do Norte do Brasil até chegar, já adulto, à cidade de Manaus. A denominação "passagem" tem uma forte significação em sua vida. Diante desse quadro, a pesquisadora analisa a complexidade das passagens e das fronteiras reais e simbólicas concernentes à história de vida de Leandro.

A investigação apresentada por Cristina Maria Brito Dias e colaboradoras teve o objetivo de implementar e avaliar os efeitos de uma intervenção psicoeducativa, dirigida a minorar a ansiedade e a depressão de avós que criam netos, em tempo parcial ou integral. Participaram 22 avós guardiãs incluídas na faixa etária entre 46 e 72 anos, que cuidavam de um a seis netos. Elas foram oriundas de três comunidades carentes da cidade do Recife e se submeteram aos Inventários de Ansiedade (BAI) e de Depressão (BDI) de Beck, bem como a uma entrevista estruturada. As análises dos resultados evidenciaram que 61,18% das avós reduziram o nível de depressão, enquanto 86,36% reduziram o de ansiedade. Foi realizada uma sessão de *follow-up* dois meses e meio após a intervenção, e a maioria das avós mostrou-se satisfeita com seu relacionamento com os netos, os filhos e os próprios companheiros.

A pesquisa de Terezinha Féres-Carneiro e colaboradores objetiva estudar a percepção de pais e filhos em relação ao exercício da parentalidade, em diferentes configurações familiares contemporâneas, heterossexuais e homossexuais. A partir de uma metodologia qualitativa são contemplados temas relacionados às funções parentais das seguintes configurações: famílias casadas, separadas, recasadas e monoparentais. No capítulo apresentado neste livro, são discutidos apenas os resultados das famílias casadas referentes às categorias "ser pai", "ser mãe", "ser filhos para crianças" e "ser filhos para adolescentes". A categoria "resolução de conflitos" também é discutida em referência a cada um dos atores dessa configuração familiar. Percebeu-se, nos resultados, uma ênfase dada aos aspectos positivos da relação paterno-filial, evidenciando que a família ainda é muito idealizada nos dias atuais.

O trabalho de Maria do Carmo de Almeida Prado discute a situação de vulnerabilidade vivenciada por uma família numa comunidade onde o chefe do tráfico determina que ela acolha uma "mula", caso contrário, sofrerá sérias consequências. A família, constituída por casal e um filho deficiente de 18 anos, na qual o pai era drogadito, foi compelida a albergar um jovem de 16 anos a fim de que ele saísse de circulação. Após algum tempo, em dívida com o tráfico, o pai se evade, abandonando mãe e filho à própria sorte. A confusão se estabelece quando o jovem albergado pressiona a mulher para com ela manter vida sexual, o que o filho também passa a reivindicar, ainda que sem sucesso, instaurando-se uma dinâmica incestuosa. A autora postula que, se o tráfico tem sua parte nesse estado de coisas, outra diz respeito a fatores transgeracionais, com suas determinações e seus legados.

Andrea Seixas Magalhães e colaboradoras ressaltam que, nas famílias recasadas, o exercício da parentalidade depende principalmente da qualidade das relações que se estabelecem entre adultos e crianças, exigindo flexibilidade e originalidade nas interações. Visando ao aprimoramento da intervenção clínica nesse campo, desenvolveram uma pesquisa sobre as relações entre as dimensões da conjugalidade e da parentalidade. Para serem apresentados em capítulo deste livro, foram selecionados dados de casos atendidos no Serviço de Psicologia Aplicada da PUC-Rio, com utilização de entrevistas clínicas e da Entrevista Familiar Estruturada (EFE). Foram discutidos resultados referentes ao lugar do padrasto na família recasada, lugar este que se mostrou, por vezes, falho. As autoras pontuam que isso ocorre não por serem famílias recasadas, mas pela forma como são realizados os remanejamentos simbólicos que se fazem necessários para que os modelos parentais sejam suficientemente embasados.

O texto de Maria Consuêlo Passos discute alguns sintomas contemporâneos, relacionando-os às dificuldades que têm os sujeitos de serem afetados reciprocamente em suas experiências relacionais. Traz a intimidade como noção cujos princípios podem contribuir para esse debate. Para tanto, pontua a necessidade de melhor delineá-la no campo *psi*. São observados dois tipos de intimidade: primária e secundária, ambas situadas no quadro das experiências primárias parentais. A partir daí, fica evidenciado que algumas problemáticas nessa origem podem dificultar e até impedir o processo de desfusionamento na relação mãe-bebê, com consequente empobrecimento no amadurecimento da criança. Tudo isso é visto como impasses que podem dificultar o acesso do sujeito a si mesmo e, consequentemente, ao outro. Tais impasses repercutem significativamente na produção de sintomas que são trazidos hoje à clínica. A abordagem dessa temática é feita pela autora, principalmente, a partir da teoria winnicottiana do amadurecimento.

A partir de entrevistas com dois casais homoafetivos que adotaram crianças, Lidia Levy aborda as implicações do desejo de filho em sujeitos que assumem uma relação homoafetiva. São valorizados, nesse estudo, os eixos da experiência e da prática da parentalidade. A experiência de parentalidade corresponde à experiência subjetiva de tornar-se pai ou mãe e preencher papéis parentais. Além de estar inserida em uma cultura que determina papéis a serem desempenhados, a experiência de parentalidade depende das marcas advindas da história de cada sujeito e do lugar atribuído por estes à criança. A autora verifica que a prática da homoparentalidade adquire formas variadas tanto quanto as encontradas em famílias de orientação heterossexual, concluindo que se faz necessário entender a estrutura do casal em sua especificidade, independentemente de uma avaliação que privilegie a escolha sexual realizada pelos sujeitos.

O trabalho de Denise Falcke e colaboradoras discorre sobre as estratégias que os casais utilizam para a resolução de seus conflitos, entendendo que estas se distribuem em um *continuum* desde as mais construtivas até as que se apresentam como mais destrutivas. Aborda a violência conjugal como uma das estratégias mais destrutivas, que se constitui em um fenômeno complexo e interacional de grande impacto, não somente na conjugalidade, mas em todo o contexto familiar. Nesse sentido, ressalta a necessidade de um olhar atento dos profissionais da área para que possam ser potencializadas as estratégias de negociação nos casais, prevenindo a ocorrência de violência.

Isabel Cristina Gomes ressalta que, diante das várias possibilidades de ser família e casal hoje, ainda encontramos casamentos baseados no modelo "tradicional", com mulheres buscando no homem (marido/pai) a completude nunca atingida, o que retoma a concepção freudiana sobre masculino e feminino, enquanto constituição psíquica, dentro de uma lógica de polaridades complementares: feminino/passivo e masculino/ativo, de dependência recíproca. A autora toma essa ótica reflexiva para analisar dois relatos clínicos considerados resultados parciais de uma pesquisa mais ampla, realizada com dez casais em psicoterapia psicanalítica, que procuraram uma clínica-escola de uma universidade da capital paulista. É verificada a existência, ainda nos dias atuais, da influência da transmissão psíquica geracional na constituição de uma identidade feminina passiva e dependente emocionalmente da força e do poder do parceiro. Por meio dos casos clínicos, a autora exemplifica a busca pela complementaridade conjugal como uma forma de idealização, principalmente por parte das mulheres.

Paradoxos presentes nas narrativas de mulheres em situação de violência constituem o tema do capítulo apresentado por Gláucia Diniz. As experiências que norteiam essa reflexão têm como contexto ações de pesquisa e intervenção realizadas no âmbito do Projeto de Extensão de Ação Contínua, intitulado "Atendimento a mulheres em situação de violência doméstica e familiar", voltado à proteção integral prevista na Lei nº 11.340, de 7 de agosto de 2006, a Lei Maria da Penha. A equipe do Projeto é composta por alunos dos cursos de graduação e pós-graduação das áreas de Direito, Psicologia e Serviço Social. Inclui também alunos graduados: advogados, psicólogos e assistentes sociais que atuam de forma voluntária. O projeto objetiva a construção de um diálogo interdisciplinar, e, nesse contexto, os atendimentos são realizados de forma conjunta, numa rede de serviços, tanto públicos quanto privados, voltados para o atendimento de mulheres e famílias que vivem situações de violência em Ceilândia e no Distrito Federal.

O trabalho de Orestes Diniz Neto ressalta que o atendimento a casais em situação de sofrimento é uma tarefa complexa que envolve múltiplos aspectos da vida conjugal. A sexualidade é especialmente afetada – estima-se que pelo menos 60% dos casais enfrentaram dificuldades em algum ponto da vida a dois. Diversos saberes desenvolveram uma resposta a esse desafio, como a terapia de casal e a terapia sexual. E, embora autores de ambos os campos considerem relevante o estabelecimento de diálogo entre essas abordagens, dificuldades metodológicas e epistemológicas dificultam o alcance desse objetivo. Assim, o autor propõe como alternativa o uso da metodologia batesoneana de dupla descrição, na qual ambos os campos são descritos em seus desenvolvimentos principais, distinguindo as homologias e heterogenias, e buscando uma metadescrição articulada de ambas as abordagens e sua implicação para a clínica de casais.

Várias pesquisas relatadas neste livro apresentam dados de entrevistas ou de casos clínicos. É importante ressaltar que todos os nomes dos pacientes e dos entrevistados são fictícios para preservar o sigilo quanto à identidade dos participantes das pesquisas. É importante enfatizar também que a transcrição das falas respeita as condições de oralidade, ou seja, o texto é apresentado tal como foi verbalizado.

A difícil arte de harmonizar família, trabalho e vida pessoal

Maria Lúcia Rocha-Coutinho
Universidade Federal do Rio de Janeiro e Universidade Salgado de Oliveira

Nas últimas décadas, observamos o que alguns autores (Crompton, 2006; Jacobs & Gerson, 2005; Kossek & Lambert, 2005; Poelmans & Caligiuri, 2008) consideram uma verdadeira revolução no mercado de trabalho, a qual desencadeou mudanças importantes na vida de mulheres e homens, criando uma nova realidade social e econômica. A porcentagem de mulheres de classe média inseridas no mercado de trabalho no Brasil vem crescendo muito nos últimos anos e, como consequência, houve um grande aumento do que os norte-americanos denominam *dual-income-families* ("famílias de duplo salário"), isto é, famílias em que ambos os cônjuges trabalham (ver, a esse respeito, Perlin & Diniz, 2005). Com isso, as expectativas em relação a homens e mulheres, tanto no que diz respeito à sua atuação no mercado de trabalho quanto no que tange a suas responsabilidades domésticas, vêm se alterando, ainda que lentamente e mais relacionadas ao mundo do trabalho do que à esfera doméstica.

O antigo modelo de trabalho, que vigorou até recentemente, tomava como base o modelo masculino, isto é, homens que se dedicavam ao trabalho em tempo integral e não tinham maiores responsabilidades no mundo doméstico, além de prover sua família financeiramente, tendo em vista que contavam com uma esposa que se responsabilizava integralmente pelos cuidados da casa e da família.

O final do século XX e o início do século XXI, contudo, assistiram ao surgimento de uma diversidade de arranjos familiares (Diniz, 2009; Féres-Carneiro & Magalhães, 2005; Wagner, 2002), em oposição à família conjugal moderna tradicional, composta pelo homem provedor e pela mulher dona de casa, que durante muitas décadas constituiu o modelo dominante no Brasil, em especial no que diz respeito às classes médias urbanas.

Os dados do último censo do IBGE (2010) relativos à família brasileira parecem corroborar o surgimento dessa maior diversidade de tipos de família e de arranjos familiares não tradicionais a que se referem as autoras acima e que abarca o crescimento do número de uniões consensuais, de famílias reconstituídas, de famílias chefiadas por mulheres, de casais sem filhos, entre outras. Em relação ao número de casais sem filhos, por exemplo, houve um aumento de 14,9% em 2002 para 20,2% em 2010, sendo que em 2010 o percentual de casais sem filhos na área urbana (22,1%) já estava muito próximo do percentual de casais com filhos (23,5%), o que poderia, pelo menos em parte, ser explicado pela maior inserção e envolvimento das mulheres de classe média no mercado de trabalho.

A maior participação feminina no mercado de trabalho, aliada ao aumento do número de mulheres com nível superior, ao adiamento da maternidade e à redução do número de filhos, também pode, em parte, ser responsável pelo expressivo aumento do percentual de mulheres chefes de família, inclusive daquelas que contam com a presença de um cônjuge (22,2% de mulheres e 77,8% de homens, em 2000, para 37,3% de mulheres e 62,7% de homens, em 2010). No caso das mulheres sem cônjuge e com filhos das áreas urbanas, o percentual que, em 2002, era de apenas 17,9% saltou para 54,4% em 2010, ultrapassando inclusive a soma dos percentuais de casais com e sem filhos (45,6%). Por fim, cabe assinalar aqui também o considerável aumento do percentual de casais em que ambos têm um rendimento, que passou de 41,9% em 2000 para 62,7% em 2010, tornando-se mais de 12% maior do que o das famílias tradicionais, compostas por um homem provedor e uma mulher dona de casa.

Essas alterações nos arranjos familiares e na composição da força de trabalho – que agora inclui um número cada vez maior de mulheres de classe média, algumas delas ocupando cargos de chefia – criaram novos desafios para as organizações, além de novos dilemas para as famílias brasileiras de classe média. Especialmente nas regiões Sul e Sudeste, onde está concentrada a maioria das grandes organizações, a família nem sempre pode contar com empregadas domésticas em tempo integral para cuidar das crianças e da casa. Além disso, as avós, com quem as mulheres podiam contar quase em tempo integral para ajudá-las nessas tarefas, especialmente nos cuidados com os filhos, hoje também se encontram no mercado de trabalho – pelo menos a grande maioria delas – e, assim, podem dar apenas uma ajuda parcial. Como consequência, os homens, e principalmente as mulheres, têm que fazer verdadeiros malabarismos para dar conta tanto de sua inserção em um mercado de trabalho cada vez mais competitivo quanto dos filhos e da casa, onde contam cada vez menos com ajuda externa.

O surgimento de conflitos entre as crescentes demandas, tanto das organizações do mundo globalizado atual quanto da vida familiar cada vez mais estressante, especialmente para as mulheres – uma vez que a elas ainda cabe a maior carga de responsabilidade pela casa e pela família –, levanta uma série de questões acerca das consequências dessas mudanças no mundo do trabalho e na esfera familiar para os trabalhadores, homens e mulheres, assim como para as próprias organizações. Entre as questões levantadas, duas estão no nosso foco de interesse: como mulheres e homens atuais estão vivenciando esses conflitos e dilemas e quais as implicações dessas vivências para suas famílias? Que estratégias organizacionais e políticas governamentais poderiam contribuir para resolver ou, pelo menos, amenizar os conflitos com que se deparam os trabalhadores para dar conta do trabalho e da família?

Uma questão central aqui diz respeito a como o tempo de mulheres e homens pode ser alocado e gasto de modo que eles possam dar conta dessas diferentes demandas – até certo ponto inclusive antagônicas. Para responder a essa questão, necessitamos entender melhor como as organizações e a cultura organizacional, tanto em suas ações formais quanto nas informais, podem auxiliar na busca de uma solução para esse dilema enfrentado pelos homens e mulheres atuais, bem como de que modo ações governamentais podem contribuir para atenuar as dificuldades encontradas por ambos para dar conta dessa difícil conciliação, foco de nossa pesquisa atual.

Em pesquisas envolvendo mulheres das camadas médias da cidade do Rio de Janeiro, com uma carreira profissional bem-sucedida, observamos a existência de uma pressão social para que as mulheres invistam em uma carreira profissional, sejam produtivas e financeiramente independentes. Contudo, esse investimento e crescimento no mercado de trabalho envolvem uma cobrança do empregador para que a profissional tenha total dedicação à empresa, a fim de que o investimento feito nela seja recompensado.

Ao mesmo tempo, acreditamos que, apesar de a rígida divisão nos papéis de homens e mulheres no espaço doméstico ter sido questionada, ainda prevalecem as antigas concepções de que "mãe é mãe" e de que ela é a principal responsável pelos cuidados com os filhos, enquanto ao pai cabe o papel de provedor financeiro da família. Esses dois tipos de norma, até certo ponto antagônicas, que envolvem expectativas sociais distintas, acabam por ser internalizadas pelas próprias mulheres, levando-as a uma situação de divisão – e, principalmente, de culpa, por não estar correspondendo ao ideal de mãe apregoado pela sociedade – difícil de ser solucionada, tendo em vista que a opção pelo maior investimento em uma das áreas pode acarretar uma série de problemas na outra.

Essa questão, que afeta mais diretamente as mulheres – uma vez que os homens há muito estão engajados no mercado de trabalho e sobre eles ainda não pesa a principal responsabilidade e, portanto, uma cobrança maior pelos cuidados e educação dos filhos, embora muitos deles participem ativamente ou até mesmo sejam os principais responsáveis por essas tarefas –, é objeto de reflexão por pesquisadores de vários países, especialmente europeus e norte-americanos, que, há algum tempo, vêm tentando buscar possíveis soluções coletivas para resolver o impasse com que se defronta hoje a maioria das mulheres. Entre as sugestões apontadas estão o incentivo ao trabalho em horário flexível, ao trabalho em tempo parcial sem prejuízo dos benefícios trabalhistas, ao trabalho compartilhado, além de uma divisão mais igualitária dos trabalhos domésticos, dos cuidados e da educação dos filhos entre mulheres e homens.

Assim, consideramos importante nos juntar a esses pesquisadores e tentar entender melhor como as mulheres brasileiras – que, se de um lado compartilham questões e problemas semelhantes, próprios das mulheres em geral, de outro possuem peculiaridades que as tornam distintas das europeias e norte-americanas – com filhos pequenos tentam conciliar trabalho e família e, em especial, que tipo de ações sociais poderia auxiliá-las a resolver melhor essa conciliação, para além de uma solução em nível individual, como observamos nos estudos que desenvolvemos com mulheres executivas (Rocha-Coutinho, 2003; 2005; 2007).

Revisão da literatura

O final do século XX e o início do século XXI, como já assinalamos, caracterizaram-se pelo surgimento de uma diversidade de arranjos familiares (Diniz, 2009; Féres-Carneiro & Magalhães, 2005; Wagner, 2002), uma transformação das relações pessoais, sobretudo afetivas e sexuais (Giddens, 1994), e um enfraquecimento da hierarquia nas relações de gênero e entre gerações, ocasionando o surgimento de formas mais horizontais ou simétricas de interação (Castells, 2000). Contudo, ainda se pode observar, como apontamos anteriormente, a permanência – mesmo que parcialmente modificada – da clássica divisão sexual do trabalho, bem como a persistência de representações sociais dicotômicas sobre os lugares ocupados por homens e mulheres na família e na sociedade, com as mulheres continuando a ser as grandes responsáveis pelos encargos familiares (Jablonski, 2005; 2007; 2009), ainda que venham assumindo responsabilidades cada vez maiores no mercado de trabalho e no provimento financeiro da família (Rocha-Coutinho, 2003; 2005; Rocha-Coutinho & Coutinho, 2011).

Assim é que, em pesquisas anteriores realizadas com mulheres executivas e com mulheres bem-sucedidas profissionalmente, observamos que, apesar da importância atribuída por elas à vida, com a chegada da maternidade, as responsabilidades com a família geralmente passam a ser priorizadas em detrimento da vida profissional. Essa mudança de prioridades pode ser observada, por exemplo, na fala de uma das profissionais bem-sucedidas por nós entrevistadas, ao afirmar que:

> A minha vida profissional sempre foi muito importante e neste momento a minha vida profissional é importante, mas ela ficou em segundo plano; pra mim, essa criança é mais importante que a minha vida profissional, coisa que não era anteriormente.

Além disso, pudemos observar que todas as executivas bem-sucedidas entrevistadas tiveram que fazer ajustes em suas vidas para conseguir conciliar família e carreira profissional. Tais ajustes parecem não se aplicar apenas ao caso brasileiro. Em trabalho realizado com mulheres norte-americanas de classe média, Hoffnung (1995) observou que, apesar de a maioria das entrevistadas querer trabalhar, as responsabilidades com a família vieram em primeiro lugar; assim, com a chegada da maternidade, tiveram que buscar algum tipo de flexibilidade no trabalho: alteraram os horários, mudaram de emprego ou diminuíram o investimento na carreira para atender não só às demandas do trabalho mas também às de seus filhos.

Mais recentemente, em um trabalho realizado com mulheres norte-americanas que abandonaram carreiras profissionais bem-sucedidas em corporações ou ambientes semelhantes (como grandes escritórios de advocacia) para se dedicar aos filhos, Stone (2007) observou que:

> What women themselves tells us is that their decision represents not an ideological reversal, a resurgence of conservative values, a reinvention of motherhood, or a nostalgic return to the 1950s; rather it is largely a function of the formidable obstacles to leading a life that integrates, not segregates, work and family (p. 235)[1].

Os resultados obtidos por Stone (2007) através de entrevistas abertas são bastante semelhantes aos que obtivemos em estudo semelhante, realizado por nós com mulheres brasileiras que abandonaram uma carreira bem-sucedida para se dedicar aos filhos, buscando durante todo o tempo formas de poder eventualmente conciliar trabalho e família (Rocha-Coutinho, 2009; 2011).

---

1 O que as próprias mulheres afirmam é que sua decisão não representa um retrocesso ideológico, um ressurgimento de valores conservadores, uma reinvenção da maternidade, ou um retorno nostálgico aos anos de 1950; ao contrário ela é, em grande parte, resultado dos imensos obstáculos que se tem que superar para se levar uma vida que integra, em vez de segregar, trabalho e família (tradução da autora).

Tanto o trabalho quanto a família exigem tempo, energia, investimento emocional, além de muitas pressões, internas e externas. Isso vem levando muitas mulheres a priorizar a família, sem necessariamente abandonar a carreira, pelo menos nos primeiros anos de seus filhos. Com isso, muitas vezes, elas têm deixado em segundo plano a carreira profissional, a despeito do alto nível de investimento feito em sua formação e no aprendizado de uma língua estrangeira, o que as torna tão bem ou mais bem preparadas do que os homens. Atualmente, segundo as últimas estatísticas do IBGE (2010), 43% das mulheres brasileiras têm nível universitário, contra apenas 38% dos homens. Além disso, apesar de haver maior percentual de homens (28% contra 27% de mulheres) com curso de pós-graduação, essa diferença é bastante pequena e, no cômputo geral, o percentual de mulheres com nível universitário e pós-graduação (70%) é maior que o dos homens (66%). Isso não acarreta, contudo, diminuição da diferença salarial entre eles em favor dos homens – ao contrário, essa diferença parece aumentar, uma vez que, segundo dados do IBGE (2010), atualmente essa diferença fica em torno de R$ 1.653,70 em favor dos homens, maior do que aquela entre mulheres e homens com onze anos de estudo, que fica em torno de R$ 616,80 em favor dos homens.

Como resultado, as mulheres frequentemente acabam se afastando das carreiras de maior prestígio e poder. Como afirmou uma das executivas:

> Se você realmente quer ser presidente da empresa, realmente você vai ter dificuldade, na maternidade, em ser mãe, no seu papel de mãe, porque ninguém é dois e o dia tem 24 horas, porque o nível de exigência é muito alto, né?, então eu acho que a questão de que ter claro consigo mesma e ter uma noção daquilo que você quer em termos profissionais e em termos pessoais, entendeu? [...] Então, se você é uma pessoa que realmente tem uma ambição é... assim... uma ambição profissional tal que você vai trabalhar quinze, dezesseis horas por dia, você não vai ter tempo de ser mãe.

Isso ocorre porque, como aponta nossa entrevistada, o cuidado com as crianças é um trabalho que consome 24 horas por dia, e hoje o nível de exigência das empresas é muito elevado. Assim, conciliar filhos e investimento na carreira pode acarretar um cansaço físico e mental difícil de suportar. Para as mulheres que já trabalhavam antes de a criança nascer, as constantes e intensas demandas infantis associadas à maternidade podem ser bastante estressantes e difíceis de conciliar com as intensas e estressantes demandas da empresa em que trabalham, o que pode acarretar intensas mudanças em seu estilo de vida anterior. Não é à toa que, para muitas mulheres, o nascimento de um filho pode ser acompanhado de muita tensão, depressão e/ou sofrimento psíquico.

Em pesquisa que realizamos com mulheres das camadas médias que trabalham fora de casa, observamos que, com o nascimento dos filhos, várias delas – tanto as executivas quanto aquelas que têm um emprego – oscilaram muito entre ficar em casa e voltar ao trabalho após o término da licença-maternidade. Além disso, a maioria das mulheres com um emprego reduziu sua carga horária e até abriu mão de um bom emprego para se dedicar mais aos filhos, e quase todas as executivas fizeram ajustes em sua vida profissional – como diminuir a carga horária, reduzir as viagens, entre outros – após a maternidade. É como se a licença-maternidade tivesse constituído um momento de reflexão para essas mulheres repensarem suas vidas, suas carreiras e suas prioridades.

Assim, é nosso ponto de vista que, no que diz respeito à mulher contemporânea, em especial as das camadas médias da sociedade, uma das questões mais complexas, problemáticas e conflitantes continua a ser a da conciliação da maternidade com uma carreira profissional. Em grande parte, inclusive, a despeito de todas as mudanças ocorridas nas últimas décadas, parece que nossas crenças ainda estão muito ligadas à ideia de que a unidade mãe-filho é básica, universal e psicologicamente mais apropriada, tanto para o desenvolvimento sadio da criança quanto para a completude da mãe.

Uma vez que, como assinala Hoffnung (1995), a criação de crianças é um trabalho social extremamente necessário, de fundamental importância para a continuidade das sociedades, gratificante para o "instinto" humano de gerar seres, além de altamente valorizado na vida de mulheres que têm filhos, é fácil para elas aceitar a "mística da maternidade". Assim é que, tanto para as executivas quanto para as mulheres com um emprego por nós entrevistadas

(Rocha-Coutinho, 2007), a maternidade foi vista, pela maioria, como a essência da condição feminina ("ser mulher = ser mãe"), e a mãe foi considerada indispensável para o bom e saudável desenvolvimento dos filhos.

De outro lado, em pesquisa que concluímos com mulheres que abandonaram a carreira para se dedicar à família, as entrevistadas apontaram para a existência de uma pressão social para que as mulheres atuais invistam em uma carreira profissional, sejam produtivas e financeiramente independentes. Contudo, como observamos anteriormente, o investimento e o crescimento em uma carreira profissional continuam a envolver uma cobrança cada vez maior do empregador para que o profissional se dedique integralmente à empresa, a fim de que o investimento dessa empresa seja recompensado. Assim, apesar de a estrutura familiar estar mudando, o mesmo não se pode dizer do mercado de trabalho, que, em grande parte, continua mantendo a estrutura tradicional, como trabalho em tempo integral, dedicação total aos objetivos e expectativas da empresa, desenvolvimento linear e rígido na carreira, por exemplo, a despeito das mudanças ocorridas na sua força de trabalho.

Conciliação família-carreira: impasses e possíveis soluções

Como já assinalamos, a questão da conciliação família-carreira vem sendo objeto de estudo de pesquisadores dos mais diferentes países, que há algum tempo buscam possíveis soluções para resolver o impasse com que se defronta a maioria das mulheres atuais (ver Christensen & Schneider, 2010; Gerson, 2009; Gottlieb, Kelloway & Barham, 1998; Hewlett, 2007; Houston & Waumsley, 2003; Jacobs & Gerson, 2005; Palludi & Neidermeyer, 2007). Entre as sugestões apontadas por eles, como já mencionado, estão o incentivo ao trabalho em horário flexível, formal ou informal, ao *home office*, ao trabalho em tempo parcial sem prejuízo dos benefícios trabalhistas, ao trabalho compartilhado, à maior divisão das tarefas domésticas entre homens e mulheres e/ou um envolvimento ainda maior dos homens nos trabalhos domésticos, assim como nos cuidados e educação dos filhos, e a maior investimento, tanto das empresas como do governo, em creches mais acessíveis e com horário mais amplo e flexível – a maioria das creches, além de cara, funciona das 8h às 17h, e isso dificulta a participação de uma executiva em reuniões após o horário normal de trabalho, como usualmente ocorre.

Vale acrescentar que, diferentemente do que ocorre na maioria dos países europeus e da América do Norte (Canadá e Estados Unidos), no Brasil cabe à mulher, ainda, a função de principal responsável pelos cuidados dos idosos da família, sejam eles seus pais os seus sogros, o que lhe acarreta uma carga extra. Isso ocorre porque ainda não é comum, em nosso país, que os idosos morem sozinhos em suas próprias casas, se mudem para lares de idosos, ou permaneçam durante o dia em *day care centers* voltados especificamente para eles, como ocorre em grandes cidades do mundo, como Nova York. Essa sobrecarga ainda maior de trabalho das mulheres brasileiras, bem como a de alguns países emergentes (os chamados BRICS – Brasil, Rússia, Índia, China e África do Sul), foi apontada por Hewlett & Rashid (2011) em seu livro, dedicado às dificuldades e aos obstáculos enfrentados por milhares de mulheres talentosas e com alto nível educacional que estão entrando no mercado de trabalho em países como Brasil, Rússia, Índia, China e Emirados Árabes.

A flexibilização do horário de trabalho tanto pode ser formalmente implantada como ocorrer de maneira informal, assumindo diferentes modalidades: *flextime* (início ou fim do expediente de trabalho mais cedo ou mais tarde do que o usual); horário comprimido de trabalho (trabalhar mais horas em determinados dias e menos horas em outros); semana de trabalho mais curta (trabalhar mais horas durante alguns dias e ter um ou dois dias livres durante a semana); realização do trabalho em casa em parte da semana ou ao longo dela (*home office*); trabalho em tempo parcial sem prejuízo dos benefícios trabalhistas; trabalho compartilhado.

Essas formas de trabalho, entre outras, não são soluções novas na tentativa de resolver as dificuldades da conciliação do trabalho com a família, especialmente no caso das mulheres. Elas já vêm sendo adotadas em algumas partes do mundo, principalmente em alguns países europeus e, em menor escala e mais recentemente, da América do Norte. Contudo, mesmo nesses países, a expansão desse tipo de política não apenas tem sido lenta como, geralmente, é usufruída quase sempre apenas por mulheres.

Apesar disso, pesquisadores na área continuam a insistir no fato de que há inúmeras razões para acreditar que a flexibilização do horário de trabalho pode constituir uma política bem-sucedida, trazendo benefícios não apenas para os empregadores – no sentido de fornecer incentivos para reter empregados bons e bem treinados e diminuir o número de licenças por doença, inclusive aquelas decorrentes de estresse –, como também para os empregados, especialmente aqueles que são responsáveis por filhos pequenos, geralmente as mulheres. Do mesmo modo, embora ainda não se tenha obtido muito sucesso nesse sentido, os pesquisadores continuam tentando encontrar formas de levar os pais a se envolver mais nos trabalhos domésticos e nos cuidados e educação dos filhos, dividindo de forma mais igualitária essa função – que deveria caber a ambos, pais e mães –, ajudando as mulheres que trabalham fora de casa a resolver, pelo menos em parte, o impasse e a divisão com que se defrontam quando do nascimento dos filhos.

Tradicionalmente, a maioria das empresas via o trabalho e a vida pessoal como prioridades conflitantes, isto é, o ganho em uma das áreas significava a perda na outra. Assim, em prol dos interesses da empresa, a vida pessoal do empregado deveria estar apartada de sua atividade profissional. Essa perspectiva é negativa principalmente para as mulheres, para quem, como apontamos anteriormente, a vida familiar e, em especial, os filhos continuam a ter grande relevância, afetando, de um modo ou de outro, todas as suas esferas de atuação. Atualmente, contudo, um número cada vez maior de empresas em diversas partes do mundo vem abordando a questão da relação trabalho-vida pessoal de modo distinto, reconhecendo que seus empregados são uma única e mesma pessoa e, assim, sua vida profissional e pessoal estão intimamente interligadas (a esse respeito, ver Bartolomé & Evans, 2000 e Friedman, Christensen & DeGroot, 2000).

Nessa nova perspectiva, problemas na vida pessoal podem ocasionar uma queda na produtividade e um desempenho deficiente no trabalho, mesmo no caso de profissionais extremamente qualificados e considerados de grande importância para a empresa. Por isso, algumas delas estão implementando mudanças internas no sentido de desenvolver uma política integrada que vise atender tanto as demandas da empresa quanto as necessidades de seus empregados, algo a que os norte-americanos vêm denominando *life friendly policies*. Tais políticas têm se mostrado eficazes inclusive no caso dos executivos, que sempre foram levados a acreditar no fato de que, para alcançar posições mais elevadas nas organizações, teriam que abdicar de sua vida pessoal, o que muitas vezes ocasionava problemas em uma esfera ou em outra – por vezes, em ambas.

Uma das alterações desencadeadas por essas políticas foi a implantação de alternativas ao local de trabalho como tradicionalmente entendido, através de mudanças tanto nas práticas como nos ambientes de trabalho, e no próprio local onde ele vai ser desenvolvido. É o caso, por exemplo, do *home office*. E aqui cabe indagar, como o faz Agpar (2000), o que motivaria uma empresa a tentar entender melhor como seus empregados gastam seu tempo no escritório e em que lugares alternativos eles poderiam trabalhar. Em resposta a essa questão, o próprio autor aponta que:

> The most obvious reason is cost reduction. Since 1991, AT&T has freed up some $550 million in cash flow – a 30% improvement – by eliminating offices people don't need, consolidating others, and reducing related overhead costs [...] Another reason is potential to increase productivity. Employees in the alternative workplace tend to devote less time and energy to typical office routines and more to customers. At IBM, a survey of employees in the Mobility Initiative revealed that 87% believe that their personal productivity and effectiveness on the job have increased significantly. [...] The alternative workplace also can give companies an edge in varying for – and keeping – talented, highly motivated employees (p. 157)[2].

---

2 A razão mais óbvia é a redução de custos. Desde 1991, a AT&T liberou cerca de 550 milhões de dólares em fluxo de caixa – um aumento de 30% – através da eliminação de escritórios desnecessários, consolidando outros e reduzindo custos trabalhistas [...] Outra razão é o potencial de aumento da produtividade. Empregados em locais de trabalho alternativos tendem a dedicar menos tempo e energia a rotinas típicas do escritório e mais tempo aos clientes. Na IBM, uma pesquisa com empregados engajados no programa Mobility Initiative revelou que 87% deles acreditam que sua produtividade e eficiência no trabalho aumentaram significativamente. [...] O local alternativo de trabalho também pode dar para às empresas uma margem de diversificação – e manutenção – de empregados talentosos e altamente motivados (tradução da autora).

Cabe ressaltar, contudo, que, independentemente dos motivos que levam uma empresa a adotar programas como o *home office* e a despeito de seus possíveis benefícios tanto para as empresas quanto para os empregados, esse tipo de programa pode ser de difícil adoção por uma série de razões, entre elas certa resistência, comumente encontrada nas empresas e nos próprios empregados, quanto à implantação dessa mudança, pelo menos no início. Além disso, esse tipo de programa não se aplicaria a todas as pessoas e funções de uma empresa.

No que concerne às mulheres, contudo, tais mudanças poderiam trazer alguns benefícios. Segundo Schwartz (2000), dois fatores têm sido apontados como responsáveis, pelo menos em parte, pela diferença salarial entre mulheres e homens: a maternidade e a tradição. No que tange o primeiro fator, muitas mulheres tiram licença-maternidade, e algumas têm dificuldades para retornar ao trabalho e manter sua carga horária após o nascimento dos filhos. Foi o que aconteceu, por exemplo, com as mulheres brasileiras com alto grau de investimento profissional que entrevistamos (Rocha-Coutinho, 2011). Muitas delas acabaram optando por abandonar a profissão, ao menos temporariamente, quando do nascimento dos filhos. Uma das razões alegadas para tomar tal decisão foi a dificuldade para cumprir os horários de trabalho esperados de profissionais que ocupam altos cargos e que, embora não tenham horário para sair da empresa, geralmente não têm nenhuma flexibilidade para entrar mais tarde, sair mais cedo, ou mesmo para sair por algumas horas para resolver os problemas dos filhos, como consultas médicas e reuniões na creche ou na escola, por exemplo, o que tornaria difícil a conciliação trabalho-família.

Isso também poderia, pelo menos em parte, explicar por que o salário das mulheres costuma ser menor que o dos homens. Elas ganhariam menos, como assinala Schwartz (2000), porque sua contratação teria pior relação custo-benefício, tendo em vista que as empresas perderiam dinheiro ao investir no desenvolvimento de uma mão de obra que acabaria por abandonar a carreira para se dedicar à maternidade. Cabe assinalar aqui, contudo, que, uma vez que o custo maior de empregar uma mulher não está relacionado a uma diferença de gênero em termos de capacidade ou eficiência, o que se faz necessário é entender como reduzir essa despesa, como deixar de jogar fora o investimento feito em mulheres talentosas, isto é, como as empresas podem se tornar mais sensíveis às necessidades das mulheres que gostariam de reter, a fim de manter em seus quadros as mulheres brilhantes e bem preparadas que estão entrando na força de trabalho.

Quanto à outra razão apontada por Schwartz (2000) – a tradição –, ela está ligada a diferenças nas expectativas femininas e masculinas com relação à carreira profissional e à família. Segundo a autora, ainda que haja mulheres para quem a carreira vem em primeiro lugar – geralmente à custa da opção por não constituir uma família –, a maioria delas almeja conciliar carreira e maternidade, estando dispostas a abrir mão de suas ambições por uma flexibilidade que lhes permita criar seus filhos. No caso dessas mulheres, Schwartz (2000) aponta que:

> Opportunity, flexibility, and family support are the keys to retaining the best women and eliminating the extra cost of employing them. Opportunity means judging and promoting ambitious women on the same terms as men. Flexibility means allowing women to share jobs or work part-time while their children are young. Family support means, principally, child care (p. 104)[3].

Os conceitos de conciliação trabalho-família e de flexibilização do horário de trabalho não são novos; algumas empresas já vêm implantando políticas de flexibilização do horário de trabalho ao longo dos últimos vinte anos. A flexibilização do horário de trabalho, bem como a implantação do tempo parcial, por exemplo, vem sendo incluída nas políticas públicas e implantada nos locais de trabalho, com relativo sucesso, há algum tempo, especialmente nos países europeus onde há maior ingerência estatal sobre as organizações públicas e privadas – diferentemente dos Estados Unidos, onde o controle das políticas corporativas está nas mãos das próprias empresas. Na Inglaterra, em 2000, foi criado um fundo público destinado a garantir recursos para auxiliar os em-

3 Oportunidade, flexibilidade e apoio à família são as chaves para a empresa reter as melhores trabalhadoras e eliminar os custos extras de empregá-las. Oportunidade significa avaliar e promover mulheres ambiciosas nos mesmos termos dos homens. Flexibilidade significa permitir que as mulheres compartilhem empregos ou trabalhem em tempo parcial enquanto as crianças são pequenas. Suporte familiar significa, principalmente, prover ajuda para o cuidado das crianças (tradução da autora).

pregadores a desenvolver e implementar estratégias de conciliação trabalho-família. No Brasil, contudo, essa política é relativamente recente e, em geral, é implantada em organizações estrangeiras. Assim, no que diz respeito à flexibilização do horário de trabalho, ainda há poucos estudos sendo desenvolvidos sobre essa questão em nosso país.

Acreditamos, portanto, ser importante que se entenda melhor como empregados e empregadores veem a flexibilização do horário de trabalho e se acreditam que essa medida poderia ajudar os homens e, principalmente, as mulheres a conciliar trabalho e família ao menos no período que se segue ao nascimento de um filho. Em nossa pesquisa com mulheres que abandonaram, embora temporariamente, o trabalho após o nascimento de um filho, muitas entrevistadas afirmaram que não teriam feito isso se tivessem uma rotina maior de trabalho, como horário fixo de entrada e saída, ou um horário de trabalho mais flexível. Quase todas as nossas entrevistadas afirmaram que pretendem retornar ao mercado de trabalho. Algumas estão criando, ou planejam criar, uma empresa com amigas na mesma situação que a delas, algo que lhes permita ter mais flexibilidade no horário de trabalho. Outras estão estudando para fazer um concurso público, tendo em vista que as repartições governamentais têm uma rotina de trabalho, com horários fixos de entrada e saída, sem horas extras, como ocorria nas empresas privadas onde elas trabalhavam antes do nascimento dos filhos (Rocha-Coutinho, 2011). A pergunta que se levanta aqui é: será que a implantação de um horário de trabalho flexível pode ser uma forma de auxiliar as mulheres em sua difícil tarefa de conciliar carreira e família?

Foi com essa questão em mente que resolvemos desenvolver uma pesquisa com o objetivo de entender melhor como mulheres brasileiras com filhos pequenos vêm conciliando trabalho e família, e, na opinião delas, que tipo de ação social poderia auxiliá-las a conciliar essas duas esferas de atuação para além de uma solução em nível individual, como ocorre hoje. Acreditamos que, com esse estudo, podemos estar contribuindo para ajudar mulheres e homens a viver mais plenamente sua vida pessoal, familiar e profissional, bem como a solucionar, pelo menos em parte, os impasses com que ambos vêm se defrontando em um mundo em que o tempo de todos nós, mulheres e homens, vem se tornando cada vez mais escasso.

Considerações finais

No momento, podemos afirmar que as mulheres vêm provando ser tão capazes quanto os homens, têm se mostrado iguais a eles em todas as áreas da atividade organizacional, demonstrando que podem se destacar em qualquer empreendimento em que venham a se envolver. Sem dúvida, a entrada da mulher das classes média e alta no mundo público e seu investimento cada vez maior no mercado de trabalho têm desencadeado uma série de questões, como a necessidade urgente de oferecer a essas famílias creches boas e acessíveis para as crianças – inclusive no Brasil, onde está cada vez mais difícil encontrar auxílio para assumir os cuidados da casa e das crianças enquanto a mãe trabalha fora –, o questionamento sobre o tipo de parentalidade que atende melhor às necessidades dos filhos, a dificuldade e os custos envolvidos em levar em conta a diversidade existente nos locais de trabalho, o estresse e o cansaço associados às responsabilidades decorrentes da conciliação família-trabalho, entre outros. De outro lado, uma série de benefícios impensáveis há algumas décadas encontram-se hoje à disposição das mulheres, como a liberdade de escolha, isto é, a possibilidade de optar pela carreira, pela família ou por ambas – algo a que as mulheres só tiveram acesso no final do século passado.

A despeito de a dificuldade de conciliar família e trabalho ainda constituir um problema grande e estressante para a maioria das mulheres atuais, acreditamos que a grande preocupação dos estudiosos em buscar a melhor forma de mulheres e homens darem conta dessas duas esferas de atuação constitui um grande avanço, tendo em vista que reflete mudanças tanto sociais quanto nos contextos político e econômico. A pressão por mudanças nas práticas de emprego decorre, até certo ponto, das necessidades dos empregados, tendo em vista que hoje um número cada vez menor de famílias, como já assinalamos, segue o modelo tradicional do pai que trabalha e é o provedor financeiro da família e da mãe que fica em casa dedicando-se aos cuidados do lar e dos filhos. A maioria das famílias brasileiras atuais é chefiada por casais em que ambos trabalham e são responsáveis pelo provimento financeiro familiar; muitas delas são chefiadas por apenas um dos cônjuges, geralmente a mulher. Tais mudanças na família chamaram a atenção para a necessidade de pais e mães tentarem equilibrar casa e família, a fim de se tornarem trabalhadores, cuidadores, mães e pais mais eficientes, alcançando e mantendo a saúde física e mental.

Cabe ressaltar, contudo, que as pesquisas sobre a conciliação família-trabalho são relativamente recentes e se desenvolveram, em grande parte, em decorrência da constatação de que as esferas pública e privada – tradicionalmente consideradas distintas e associadas, respectivamente, ao homem e à mulher – são, na verdade, relacionadas e interdependentes. Embora hoje essa ideia seja cada vez mais aceita, a natureza da inter-relação família-trabalho continua constituindo um importante tópico de pesquisa e debate. Um dos aspectos levantados nessas discussões é o fato de que é necessário ir além da busca de maior conhecimento sobre os novos domínios do trabalho e da família, levando em conta os sistemas socioculturais mais amplos em que a questão está inserida. Embora o contexto global em que nos encontramos na contemporaneidade seja de extrema importância para a maior compreensão sobre a flexibilização dos arranjos de trabalho, por exemplo, é necessário observar sua eficácia, influência e operacionalização em termos das mudanças reais passíveis de serem efetivadas em empresas inseridas em diferentes contextos culturais. Os pais tentam conciliar trabalho e família em contextos que apresentam tanto visões e valores distintos como diferentes formas de entender a maternidade e a paternidade. Assim, a natureza e o grau da mudança podem variar não apenas de um país para outro, mas também dentro de um mesmo país.

No Brasil, por exemplo, apesar das mudanças ocorridas nesse sentido, as executivas por nós entrevistadas (Rocha-Coutinho & Coutinho, 2011) afirmaram que, a fim de alcançar posições mais elevadas, as mulheres têm que provar a seus superiores que sua vida familiar não interfere em seu desempenho profissional – algo que não é cobrado dos homens. Elas precisam se impor e mostrar sua competência mais do que os homens, embora atualmente sejam, de modo geral, tão bem ou mais bem preparadas do que eles para tais posições, tanto em termos de formação profissional como de conhecimento de uma língua estrangeira, em especial o inglês. Assim, a despeito das mudanças pelas quais o país vem passando nos últimos anos, as empresas ainda parecem relutar em aceitar a visão de que as esferas pública do trabalho e privada da família não são distintas, mas sim relacionadas e interdependentes.

Para finalizar, cabe retomar a ideia de que a oferta de melhores condições de conciliação família-trabalho, como creches e a flexibilização do horário de trabalho, pode melhorar o desempenho feminino na empresa. Isso levaria à diminuição do estresse com que as mulheres têm se defrontado em decorrência de sua dedicação – com alto nível de cobrança, inclusive interno – para dar conta dessas duas esferas de atuação, permitindo-lhes ocupar postos cada vez mais altos na hierarquia empresarial, algo para o que há muito vêm demonstrando possuir o talento, a competência e a eficiência necessários. Entretanto, mais do que isso, acreditamos ser necessário desconstruir a antiga ideia de que a inscrição da maternidade na mulher faz dela, "naturalmente", a melhor pessoa para cuidar de seus filhos, tornando-a a principal responsável por seus cuidados e sua educação, e trazendo para a maioria muita culpa por achar que não está alcançando o padrão de boa "mãe" traçado pela sociedade. Na fala de quase todas as executivas por nós entrevistadas, a culpa surgiu como um dos principais obstáculos a serem ultrapassados. Gostaria, assim, de concluir este texto com a fala da executiva Maria Sílvia Bastos Marques, presidente da seguradora Icatu Hartford na época da entrevista. Em entrevista dada ao *site* Globo Notícias (2010), no Dia Internacional da Mulher, ao ser questionada se o fato de ter assumido a presidência da Companhia Siderúrgica Nacional (CSN) quando estava grávida de gêmeos mostra que é possível administrar carreira e família e que fator ela considera fundamental para isso, Maria Sílvia respondeu:

> Em primeiro lugar, é preciso não ter culpa. Minha postura é que meus filhos devem ter orgulho de sua mãe, que trabalha duro. Busco estar presente, com qualidade, em todos os momentos relevantes da vida deles e também que eles tenham certeza [de] que o trabalho é fundamental na minha vida, mas que eles serão sempre a minha prioridade.

Referências

Apgar, M. (2000). The alternative workplace: changing where and how people work. *Harvard Business Review on Work and Life Balance*, 155-196.

Bartolomé, F., & Evans, P. A. L. (2000). Must success cost so much? *Harvard Business Review on Work and Life Balance*, 31-60.

Castells, M. (2000). *O poder da identidade*. Rio de Janeiro: Paz e Terra.

Christensen, K., & Schneider, B. (Eds.). (2010). *Workplace flexibility. Realigning 20th-century jobs for a 21st-century workforce*. Ithaca: Cornell University Press.

Crompton, R. (2006). *Employment and the family. The configuration of work and family life in contemporary societies*. New York: Cambridge University Press.

Diniz, G. (2009). O casamento contemporâneo em revista. In T. Féres-Carneiro (Org.). *Casal e família: permanências e rupturas* (pp. 135-156). São Paulo: Casa do Psicólogo.

Féres-Carneiro, T. & Magalhães, A. S. (2005). Conjugalidade dos pais e projeto dos filhos. In T. Féres-Carneiro (Org.). *Família e casal: efeitos da contemporaneidade* (pp. 111-121). Rio de Janeiro: PUC-Rio.

Friedman, S. D, Christensen, P., & Degroot, J. (2000). Work and life: the end of the zero--sum game. *Harvard Business Review on Work and Life Balance*, 1-30.

Gerson, K. (2009). *The unfinished revolution: how a new generation is reshaping family, work, and gender in America*. Cambridge: Oxford University Press.

Giddens, A. (1994). *As consequências da modernidade*. São Paulo: Unesp.

Globo Notícias. Recuperado em 9 de março, 2012, de http://g1.globo.com/Sites/Especiais/Notícias.

Gornick, J. C. (2010). Limiting work time and supporting flexibility for employees: public policy lessons from Europe. In K. Christensen, & B. Schneider (Eds.). *Workplace flexibility: realigning 20th-century jobs for a 21st-century workforce* (pp. 223-244). Ithaca: Cornell University Press.

Gottlieb, B. H., Kelloway, E. K., & Barham, E. (1998). *Flexible work arrangements. Managing the work-family boundary*. West Sussex: John Wiley & Sons Ltda.

Hewlett, S. A. (2007). *Off-ramps and on-ramps. Keeping talented women on the road to success*. Boston, Mass.: Harvard Business School Press.

Hewlett, S. A., & Rashid, R. (2011). *Winning the war for talent in emerging markets. Why women are the solution*. Boston: Harvard University Press.

Hoffnung, M. (1995). Motherwood: contemporary conflict for women. In J. Freeman (Ed.). *Women: a feminist perspective*. Mountain View: Mayfield Publications.

Houston, D. M., & Waumsley, J.A. (2003). *Attitudes to flexible working and family life*. Bristol: The Polity Press.

Jablonski, B. (2005). Atitudes de jovens solteiros frente à família e o casamento: novas tendências? In T. Féres-Carneiro (Org.). *Família e casal: efeitos da contemporaneidade* (pp. 93-110). Rio de Janeiro: PUC-Rio.

Jablonski, B. (2007). O cotidiano do casamento contemporâneo: a difícil e conflitiva divisão de tarefas e responsabilidades entre homens e mulheres. In T. Féres-Carneiro (Org.). *Família e casal: saúde, trabalho e modos de vinculação* (pp. 203-228). São Paulo: Casa do Psicólogo.

Jablonski, B. (2009). Atitudes e expectativas de jovens solteiros frente à família e ao casamento: duas décadas de estudo. In T. Féres-Carneiro (Org.). *Casal e família: permanências e rupturas* (pp. 109-134). São Paulo: Casa do Psicólogo.

Jacobs, J., & Gerson, K. (2005). *The time divide: work, family and gender inequality*. Cambridge: Harvard University Press.

Kossek, E. E., & Lambert, S. J. (Eds.). (2005). *Work and life integration. Organizational, cultural and individual perspectives.* New Jersey: Lawrence Erlbaum Associates.

Pacheco, A. L. P. B. (2005). *Mulheres pobres e chefes de família.* Tese de Doutorado, Universidade Federal do Rio de Janeiro, RJ, Brasil.

Paludi, M. A., & Neidermeyer, P. E. (Eds.). (2007). *Work, life, and family imbalance. How to level the playing field.* Westport: Praeger Publishers.

Perlin, G., & Diniz, G. (2005). Casais que trabalham e são felizes: mito ou realidade? *Psicologia Clínica, 17*(2), 15-29.

Poelmans, S. A. Y., & Caligiuri, P. (2008). *Harmonizing work, family and personal life. From policy to practice.* New York: Cambridge University Press.

Roland, A., & Harris, B. (Eds.). (1979). *Career and motherhood: struggles for a new identity.* New York: Human Sciences Press.

Rocha-Coutinho, M. L. (2003). Quando o executivo é uma "dama": a mulher, a carreira e as relações familiares. In T. Féres-Carneiro (Org.). *Família e casal: arranjos e demandas contemporâneas* (pp. 57-77). Rio de Janeiro: PUC-Rio; São Paulo: Loyola.

Rocha-Coutinho, M. L. (2005). Variações sobre um antigo tema: a maternidade para mulheres com uma carreira profissional bem-sucedida. In T. Féres-Carneiro (Org.). *Família e casal: efeitos da contemporaneidade* (pp. 122-137). Rio de Janeiro: PUC-Rio.

Rocha-Coutinho, M. L. (2007). Família e emprego: conflitos e expectativas de mulheres executivas e de mulheres com um trabalho. In T. Feres-Carneiro (Org.). *Família e casal: saúde, trabalho e modos de vinculação* (pp. 157-180). São Paulo: Casa do Psicólogo.

Rocha-Coutinho, M. L. (2011). De volta ao lar: mulheres que abandonaram uma carreira profissional bem-sucedida com o nascimento dos filhos. In T. Féres-Carneiro (Org.).

Casal e família: conjugalidade, parentalidade e psicoterapia (pp. 133-148). São Paulo: Casa do Psicólogo.

Rocha-Coutinho, M. L. & Coutinho, R. R. (2011). Mulheres brasileiras em posições de liderança: novas perspectivas para antigos desafios. *Revista Economia Global e Gestão – INDEG, XVI* (1), 61-80.

Schwartz, F. N. (2000). Management, women and the new facts of life. *Harvard Business Review on Work and Life Balance*, 103-126.

Wagner, A. (Org.). (2002). *A família em cena: tramas, dramas e transformações*. Petrópolis, RJ: Vozes.

Telescopagem geracional: entre aspectos familiares, políticos, históricos e fronteiriços

Teresa Cristina Othenio Carreteiro
Universidade Federal Fluminense

Este capítulo corresponde a um recorte genealógico de uma pesquisa muito mais ampla que está em curso sobre a vida de uma pessoa, originária da etnia Macuxi, situada na fronteira entre Brasil e Guiana. O propósito inicial de nossa investigação era compreender, através da metodologia "história de vida" (Gaulejac & Levy, 2000; Gaulejac, 1987), as inúmeras passagens vivenciadas por Leandro ao longo de seus 34 anos: entre sua tribo e a cidade; entre a vida rural e a urbana; entre dois países, a Guiana e o Brasil; entre a vida na fronteira até sua adolescência e, mais tarde, em diversas cidades do Norte do Brasil até chegar, já adulto, à cidade de Manaus. A denominação "passagem" tem uma forte significação em sua vida. Diante desse quadro, o objetivo da pesquisa é analisar a complexidade das passagens e das fronteiras reais e simbólicas concernentes à história de vida de Leandro.

Nesse sentido, as passagens também acompanharam nosso trabalho de campo. Os lugares representativos dessas passagens foram incorporados à investigação através de duas viagens ao Norte do país, tendo como desdobramento de uma delas a ida à República Cooperativa da Guiana. A primeira viagem nos permitiu não apenas entrevistar Leandro, mas também acompanhá-lo a locais importantes de sua trajetória de vida enquanto as narrava. Essa primeira etapa se deu no estado do Amazonas, com estada em dois municípios: Manaus e Rio Preto da Eva. A capital Manaus é onde Leandro vive e possui uma pequena casa na Comunidade Jesus me Deu, em cuja construção teve uma participação importante. O segundo município é onde se localiza o hotel de selva no qual ele trabalhava na época, como guia turístico. O destino da segunda viagem foi o estado de Roraima, nas cidades de Boa Vista e Bonfim, e se desdobrou no transpasse da fronteira com a Guiana, para a cidade de Lethen, onde fica a aldeia Moco-Moco, em que Leandro nasceu e onde parte de sua família vive ainda hoje. Essa última viagem teve um duplo objetivo. De um lado, buscou ampliar a perspectiva metodológica, situando-a na dimensão história de vida cruzada (Ferrarotti, 1983). Várias pessoas foram entrevistadas: sua família próxima e distante; pessoas que conheceram seus familiares; outras que tiveram importância na vida de Leandro, durante sua adolescência, depois que saiu de Moco-Moco; pessoas que podiam levar a compreender melhor as histórias da Guiana atual e passada, assim como a vida na fronteira. No conjunto há mais de 40 entrevistas. O outro objetivo dessa ida a campo foi poder acompanhar o narrador a lugares onde ele viveu sua infância e apreciar o olhar que, com o recuo do tempo, tem sobre aquele lugar, distinguindo dimensões familiares, históricas e políticas.

É impossível pensar essa pesquisa sem situá-la como uma aventura metodológica. Na perspectiva operacional, ela está sendo feita sem financiamento e conta com uma equipe[1] que se dividiu entre os trabalhos desenvolvidos no Rio de Janeiro, através de estudo bibliográfico e transcrição de fitas (mais de 250 páginas), e a ida a campo, à Floresta Amazônica, às savanas de Roraima e da Guiana. A perspectiva teórica psicossociológica tem-nos permitido pensar nas zonas de fronteira disciplinar. O trabalho de investigação criou um imperativo, o de "pensar, refletir e teorizar entre". Era impossível, para nós, pesquisar essa

1 Composta por Bruna Oliveira Santos Pinto, Luciana da Silva Rodriguez, Suelen Carlos de Oliveira e Rodrigo Sellos, o responsável pelo trabalho audiovisual. A essa equipe, meus agradecimentos.

trajetória de vida a partir de um único eixo. Foi preciso dar lugar à história da etnia, da família, da Guiana, de sua colonização e à história do Brasil na perspectiva fronteiriça. Foi necessário também pôr em relevo as passagens de Leandro entre o Brasil e a Guiana e as diversas instituições que impactaram sua trajetória (Pinto, 2010).

Construir pontes entre o singular e os contextos médios e macros, traçar fios entre as disciplinas – às vezes com pontos rápidos, outras com muita prudência – e inserir no trabalho a lentidão de quem está em carro de boi ou em canoa têm sido uma aprendizagem constante.

Este texto tem como recorte alguns episódios e entrevistas realizadas na segunda ida a campo. Como citado, essa viagem buscou ampliar metodologicamente a pesquisa, proporcionando entrevistas com outras pessoas, como o pai de Leandro e demais familiares em Bonfim, onde moram – essa é a última cidade de Roraima, na fronteira entre o Brasil e a Guiana, distando 125 km de Boa Vista. Tomando como objeto de análise algumas entrevistas colhidas ao longo do trabalho de campo e as falas do próprio narrador, pudemos, durante o processo, abordar, construir e reconstruir a árvore genealógica do lado paterno de Leandro. Nesse movimento, ficaram evidenciadas diversas zonas nebulosas quanto à história familiar de nosso personagem, fato que o marcou de forma importante.

Com base em nossa vivência ao longo dessa viagem, no registro de nosso diário de campo e nas entrevistas realizadas em Bonfim, descrevemos parte do processo do trabalho de campo de nossa pesquisa e propomos algumas discussões a partir de algumas hipóteses levantadas.

Construção da genealogia paterna

O pai de Leandro reside numa pequena casa, que conta apenas com sala e quarto, localizada num conjunto habitacional em Bonfim. Mora com sua atual mulher e uma filha; na época, também moravam com ele, provisoriamente, o filho e a nora de sua esposa, com seus dois filhos. Tinha, então, 79 anos. Há alguns anos, sofreu um derrame, que lhe deixou sequelas motoras e na fala; isso o impede de falar e o faz escrever com dificuldade. Tendo poucos recursos para se tratar, exercita as mãos fazendo redes de pesca; para andar, fez instalar na casa uma corda, na qual se segura e, com dificuldade, consegue dar alguns passos. Sua aparência é cabocla, e, pela sua forma de se comunicar, mostra ser um homem bastante inteligente.

Leandro nos apresentou a seus familiares e relatou a eles o propósito de nossa visita: conhecê-los e entrevistá-los, se estivessem de acordo. Frisou que estávamos fazendo um trabalho sobre sua vida e queríamos conhecer melhor sua história familiar.

O pai foi muito acolhedor, mas era muito embaraçoso o fato de querer se comunicar e não poder falar. A esposa também falava com certa limitação, articulava as palavras com dificuldade. Sua língua é uma mistura de macuxi com inglês, como a de grande parte dos habitantes de fronteira que são originários de etnias do lado guianês. Um dos seus primeiros atos foi nos mostrar uma fotografia feita há doze anos no Lethen, no dia do casamento com o marido. Com esse gesto ela se apresentava, mostrando sua inserção na história daquela família. Ela é a quinta esposa.

Logo que soube de nosso interesse pela história familiar, o pai ficou muito emocionado e quis escrever sobre sua filiação. A primeira coisa que expressou foi bastante surpreendente: seu pai, pouco antes de morrer, confessou não ser seu progenitor biológico, mas ter lhe dado seu sobrenome, MacDonald. Seu verdadeiro pai chamava-se André, era brasileiro. Era muito difícil, para ele, querer se expressar e não poder. Às vezes, ele soltava grunhidos. Luciana, pesquisadora da equipe, com muita atenção e interesse, ia tentando decifrar o que ele queria comunicar.

Ao deixarmos a casa, a esposa de seu pai disse haver, em Bonfim, outros parentes e contraparentes de Leandro. Ela quis nos apresentar a uma senhora que havia sido a última esposa de seu avô paterno. Foi assim que fomos à casa de dona Rita, 84 anos, e de seu atual marido, o senhor Victor, 78 anos, com quem está casada há 35 anos, desde que ficou viúva do avô de Leandro. O senhor Victor é brasileiro, mas fala bem inglês, sem o sotaque do Lethen. Dona Rita fala macuxi misturado com inglês. Leandro sempre traduzia o que ela dizia. O relato da dona Rita é muito rico e traz diversos elementos sobre a história familiar. Ele será retomado depois.

Quando regressamos à pousada, Leandro mostrava-se contente de ter conhecido tantos familiares. Ao lhe perguntar se sabia do fato narrado por seu pai sobre sua filiação, disse: "Acho que meu pai inventou aquela historia; ele é bem capaz". Vale dizer que, durante a maior parte de sua vida, Leandro teve uma relação muito tumultuada com ele. Ficou sem vê-lo desde os 14 anos, devido a um rompimento após o falecimento materno. Somente depois que começou a participar de nossa pesquisa, há quatro anos, retomou a relação com o pai.

Bonfim permitiu, incluindo as viagens de ida e de volta, que tivéssemos elementos para compreender melhor a complexa engrenagem entre a história familiar, social e política. Por ocasião da primeira viagem a Manaus, Leandro falou de uma mulher jovem que havia se casado com seu avô paterno, um escocês. Após a morte dele, a mulher havia, por não saber ler, sido roubada por seu capataz, perdendo sua fortuna e a de seus filhos. Vale notar que Leandro refere-se ao avô como escocês. Dona Rita e senhor Victor dizem que o bisavô é o membro familiar que imigrou da Escócia.

Desde que o pai de Leandro disse não ser filho de seu pai, levantamos a hipótese, sem compartilhá-la, de que deveria haver imprecisões na história familiar em torno da questão da legitimidade. Para Leandro, a origem escocesa parecia começar com o avô, mas, segundo dona Rita e o marido, referia-se à geração anterior, a do bisavô. Sentimos certo desconforto e confrontamos as anotações feitas pelos integrantes da equipe durante as entrevistas, e não havia engano. Parecia haver telescopagem, uma não diferenciação entre duas gerações, a do avô e a do bisavô. Faimberg (2001), em uma perspectiva psicanalítica, considera que a telescopagem é a identificação inconsciente alienante que condensa várias gerações. A hipótese da telescopagem começava a se fazer presente sem que a comunicasse a Leandro. Na etapa seguinte, essa dimensão é bastante evocada.

Ao regressarmos da Guiana, sugerimos a Leandro que fizesse sua árvore genealógica. Esse aspecto não estava previsto na construção metodológica, mas parecia oportuno inseri-lo, levando-se em conta a hipótese de soldagem geracional (telescopagem).

Atentar ao novo que surgia, pensar em colaboração com uma clínica da complexidade (Pagès, 1987) que se abre às novas dimensões, às interrogações surgidas no campo, levando a construir sentidos e formular hipóteses – era essa a perspectiva que pautava nossa pesquisa. Isso, muitas vezes, nos induzia a caminhar por diferentes dimensões disciplinares, permitia criar condições e aberturas para integrar o novo, o desconhecido, e desenvolver novos eixos metodológicos no processo de realização da pesquisa. Com base nessa perspectiva é que foi oportuna a feitura da árvore genealógica. Ela foi realizada em dois períodos, na varanda da pequena pousada em Bonfim, onde estávamos hospedados. Como éramos os únicos hóspedes, nós quatro (Leandro, Teresa, Luciana e Bruna) pudemos ficar a sós.

A pesquisa parte do princípio de que todos os envolvidos – equipe e Leandro – são sujeitos ativos, com lugares diferenciados mas que conjugam, em grande parte do tempo, análises, debates e projetos.

A construção da árvore seguiu a perspectiva Romance Familiar e Trajetória Social (RFTS) (Gaulejac, 1999; Carreteiro, 2003), que consiste em fazer uma representação gráfica da ordem de filiação. Os homens são representados com símbolos quadrados, as mulheres com símbolos redondos, e seus nomes são escritos. Em cada eixo geracional é pedido ao narrador que forneça os elementos conhecidos sobre cada personagem, data ou época de nascimento, origem geográfica, lugares onde viveram, posição social e atividade realizada. Marcam-se as uniões em cada geração e a descendência na geração subsequente. A mesma solicitação de precisão quanto aos membros familiares é feita em cada uma das gerações. O narrador remonta até a geração de que tem conhecimento. O propósito é que a árvore seja construídda com os dois lados da família, paterno e materno. A hipótese teórica que orienta essa perspectiva (RFTS) é não ser possível pensar na influência psíquica como sendo desvinculada da social. Poder buscar elementos que ajudem a articular, em permanência, o contexto sócio-histórico-psíquico é um eixo privilegiado deste trabalho.

Os objetivos na realização do trabalho eram:

- compreender os contextos sócio-históricos e geográficos nos quais o narrador, sua família e seus membros se desenvolveram;
- atentar para as influências que tanto os personagens familiares quanto o contexto tiveram sobre ele;

- observar as migrações familiares que ocorreram (retomam-se aqui as questões de fronteira enunciadas acima).

A postura mantida por nossa equipe durante a realização do trabalho genealógico era a de escutar Leandro, ouvir suas explanações e os dados sobre os personagens familiares. Alguns esclarecimentos sobre o que não se entendia eram pedidos e, se necessário, algumas pontuações a respeito de algumas hipóteses formuladas eram feitas e submetidas à sua apreciação. Esses movimentos propiciavam a elaboração de alguns aspectos para Leandro e para nosso próprio trabalho de pesquisa, no qual nós, juntos, somos sujeitos implicados.

Os aspectos inconscientes também foram objeto de atenção de nossa equipe de pesquisa. Imergimos na narrativa, guiados pelo olhar de Leandro e por nossa própria escuta. Em alguns momentos, essa escuta se deslocava de seu olhar. Podiam ocorrer duas situações: a primeira era a existência de aspectos narrativos pouco claros – é importante ressaltar que se trata mais de questões de compreensão; a segunda se refere à existência de zonas nebulosas. Não era mais o registro do não entendimento que estava em jogo; havia algo da ordem inconsciente que poderia estar sendo mobilizado, criando uma nebulosidade não só na explicação, mas também na transmissão. Nessas ocasiões pudemos nos lançar, embora com muita prudência, a algumas hipóteses.

A realização da árvore genealógica, para Leandro, era completamente diferente de tudo o que ele conhecia. Como guia na floresta, quando solicitado, contava trechos de sua história aos turistas, mas no trabalho genealógico a história ganhava outra configuração. O enquadre metodológico e a presença de outros com uma escuta múltipla permitia um olhar diferenciado sobre sua trajetória, podendo produzir deslocamentos, interpretações e reconstruções sobre ela (Freud, 1937). Por isso não se pode pensar que a história seja a réplica da realidade daquilo que foi vivido. Ela é fruto do trabalho de memória, do presente e das condições de narração. É o narrador, influenciado pelas condições do momento que estabelece uma linha narrativa e de continuidade. Bourdieu (1994) introduz a ideia de ilusão biográfica, pois a história sempre é contada após ter sido vivida, e a unidade é incorporada pelo narrador. A história, no momento em que é experienciada, não tem uma linha diretriz; é *a posteriori*, ao narrá-la, que se dá a ela uma trajetória, e o contar carrega sempre uma parte de ilusão (Enriquez, 2002).

Na perspectiva do RFTS, a feitura da árvore é realizada em dois tempos: primeiro ela é feita, depois é comentada pelo narrador. Leandro levou muito tempo para fazê-la, e então começou a explicá-la. Mais uma vez, em sua explicação, reaparecia o fato de a geração do bisavô ser descrita como a do avô. Não fizemos nenhuma observação a respeito. Só o escutamos. Já havíamos sugerido que fôssemos novamente entrevistar a dona Rita e o senhor Vitor, e Leandro havia aceitado. Retomamos a seguir alguns dados trazidos pelo senhor Victor.

Não tivemos a pretensão de estar recompondo a "história verdadeira". O trabalho é efetuado sobre narrativas, as quais, como sabemos, são fruto da memória de seus narradores, trabalhadas pelo conjunto de suas experiências de vida e pelo momento presente, a situação na qual as narrativas se constroem, ao que se acrescenta a forma de apresentá-las e de interpretá-las.

Andrew MacDonald, bisavô paterno de Leandro, "chegou ao Lethen junto com outros escoceses e um norte-americano" (senhor Victor, comunicação pessoal, 2009). Um deles chamava-se Melville, homem que se tornou um dos maiores fazendeiros na região. Entrevistando o neto desse escocês[2], ele diz que seu avô deve ter chegado à região entre os anos 1860 e 1870, enviado pelo governo britânico para ser uma espécie de magistrado ambulante. Regressou mais tarde à Escócia (possivelmente em 1914), deixando na Guiana dez filhos que teve da união com uma índia Wapichana.

O bisavô de Leandro, Andrew MacDonald, veio provavelmente nessa época – início da segunda metade do século XIX – e trabalhou para um dos escoceses. Ele era considerado um ótimo caçador de veados. Como recompensa pela forma como conseguiu domar um deles, seu patrão lhe deu em casamento uma bela índia – Maria – de origem Wapichana.

Andrew tornou-se comerciante. Viajava muito e ficava ausente por longos períodos. Da união com Maria teve três filhos: Taty, Malcon e Andrew.

> Depois do nascimento do Malcon a índia fugiu com o próprio vaqueiro dela da Guiana, para vir para o Brasil, na vila Surumu. O velho (o marido) chegava, não a encontrava, ia atrás dela e, quando chegava na casa dos pais, tava a maior festa com churrasco de

2 Don Melville. Sua família continua sendo muito conhecida na região.

> milho, com os pais e o namorado, que era o próprio vaqueiro. O velho chegava lá com raiva, cansado da viagem, pegava ela pelo cabelo, arrastava no chão, batia nela, amarrava no cavalo e levava de volta" (dona Rita, comunicação pessoal, 2009)[3].

Sempre que o bisavô Andrew viajava, Maria fugia. No relato de dona Rita, isso ocorre depois do nascimento do segundo filho – antes de o avô de Leandro, Andrew, nascer. Depois desse nascimento, a índia "teve um filho com o caboclo e o avô criou" (dona Rita, comunicação pessoal, 2009).

Os três primeiros filhos foram enviados para estudar em Georgetown, "na escola da Coroa" (como era denominada na época), costume das famílias que tinham mais recursos.

Alguns anos depois, o bisavô parece ter sido envenenado. No relato de Victor, isso ocorreu porque ele tinha bens e gado, que interessavam a outros fazendeiros. Após o falecimento do marido, um fazendeiro da região quis se casar com Maria, mas a índia "não quis mais saber de branco" (senhor Victor, comunicação pessoal, 2009). Outro comerciante disse que cuidaria de seus bens, mas ela, por ser analfabeta, assinou um documento com suas impressões digitais, vindo a perder tudo. "Ela não queria mais nada com branco, se sentiu livre, voltou para o Brasil, ficou lá com o índio e teve vários filhos com o caboclo" (dona Rita, comunicação pessoal, 2009). Muito mais tarde, o filho mais novo do escocês, o avô de Leandro, já adulto, foi procurar o comerciante que havia ficado com o gado da família para saber onde estava; ele lhe disse que o gado "estava por aí", e lhe deu um boi e uma vaca. Outro fazendeiro – o que havia proposto casamento à sua mãe – confirmou ter gado e o abrigou em sua casa. Futuramente, o avô Andrew casou-se com Manica, índia de origem Macuxi, e o fazendeiro que o acolheu lhe disse: "agora pega as tuas coisas e vai embora".

Da união do avô de Leandro com Manica nasceram cinco filhos: Ray, Ronald, Duncan, Andrew (pai de Leandro) e Bortina. O nome Andrew parece ter sido transmitido ao filho mais novo por duas gerações.

Dona Rita trabalhava na casa dos avós paternos de Leandro e era sobrinha de Manica. Posteriormente, o avô de Leandro ficou viúvo de Manica e

---

3 As falas da dona Rita foram traduzidas por Leandro.

"juntou-se com uma mulher e teve uma filha, Jane, que hoje mora na Inglaterra" (dona Rita, comunicação pessoal, 2009). Depois casou-se com Rita, que na época tinha 18 anos; o marido tinha 42. Ficaram juntos por dez anos. Tiveram uma filha, nascida em 1947.

O conhecimento de dona Rita sobre a história familiar lhe foi passado por sua sogra, a esposa do escocês. Quanto ao seu marido, avô de Leandro, ele:

> [...] era, como o pai, comerciante, trazia material para trocar por gado. Uma vez foi ao território dos índios Wai Wai para buscar ouro e foi mordido por uma cobra. Quando voltou estava doente. Foi para Jamaica, Trinidad e Tobago, Georgetown, procurando cura, mas não conseguiu, voltou muito magro e doente. Sabendo que ia morrer, disse que não queria que acontecesse o mesmo que aconteceu com ele e seus irmãos, queria fazer um testamento dividindo os bens entre os filhos e eu (dona Rita, comunicação pessoal, 2009).

À narradora coube um pouco de gado, a casa e seus bens (trator, caminhão, jipe). "Era uma fazenda grande e tinha coisas de valor" (dona Rita, comunicação pessoal, 2009).

"O filho Ray (da primeira núpcia) era o mais instruído; disse: vamos juntar nossos bens e fazer um grupo e, como irmão mais velho, vou cuidar de tudo" (dona Rita, comunicação pessoal, 2009). O pai de Leandro se opôs, pegou o que tinha e foi para Moco-Moco Village, e lá se casou. Ray maltratou muito dona Rita, vendeu quase tudo o que lhe pertencia. Mais tarde, ela casou-se com Victor.

No dia seguinte à narrativa de Rita, propusemos a Leandro que completasse sua árvore genealógica; ele aceitou e quis repetir a história, falar dos personagens registrando, dessa vez, sua descrição em sua filmadora. Era uma forma de guardar um registro do trabalho, o que provavelmente funcionaria como testemunho de sua história. Relembrava os lugares ocupados pelos integrantes familiares, narrava as histórias que conhecia, acrescidas daquelas que tinham sido transmitidas nas últimas entrevistas. Ao narrar a história do bisavô paterno e buscar a mulher índia na casa do namorado vaqueiro, *não o denominava bisavô, mas avô*. Por várias vezes fez essa referência trocada. Houve um momento em que hesitou, então parou e disse: "Estou confundindo". Sinalizamos que parecia misturar duas gerações, a do bisavô e a do avô. Ressaltamos também que talvez ele não fosse o único a fazê-lo, talvez isso tivesse sido transmitido em sua herança familiar. Provavelmente seu pai também se confundisse.

A hipótese é de que o avô Andrew, que nasceu logo após a união da mãe com o caboclo, devesse suspeitar, conscientemente ou não, de sua filiação. Seria ele filho do escocês ou do caboclo? Isso porque o escocês criou um dos filhos da relação da índia com o caboclo. Leandro depois disse: "Meu pai ontem devia estar confundindo; ele não sabe a verdade que o avô não é filho do escocês, mas do caboclo". Pela sua resposta, o que havíamos colocado com muitas reservas, como hipótese, Leandro assumira como uma verdade.

Voltamos naquele dia para Boa Vista, depois de termos concluído o trabalho sobre a árvore genealógica, enfocando a parte paterna. Leandro afirmou estar contente por ter podido conhecer tantas pessoas e também por ter se aprofundado mais em sua história familiar. Disse: "O que me impressionou é que a história é totalmente diferente do que eu pensei, eu já contei tantas vezes esta história". Ele deveria estar se referindo às narrativas feitas aos turistas, como guia. Contou também que muitas pessoas em Manaus acham estranho um índio se chamar MacDonald e dizem: "Olha o teu cabelo, você é um caboclo". Leandro nos diz: "Eu me sinto humilhado. Pensam que eu estou inventando, 'Como pode ser MacDonald?'. Agora sei mais da história".

Tudo parecia estar bem, e a viagem transcorria tranquilamente. Ao chegarmos a Boa Vista, capital de Roraima, procuramos um hotel para nos hospedar; Leandro ficaria na casa da dona Waldira, pessoa que o acolheu de modo maternal quando ele era mais jovem e quando morou na cidade. Foi no momento de sair do carro que ele nos disse não encontrar seus documentos. É preciso notar que, nas viagens que fizemos, sempre constatamos que ele perdia coisas. Mas aquela perda parecia de outra ordem. Não podíamos deixar de pensar que, depois de todo o trabalho sobre a filiação, perder os documentos era algo significante. O que pensar? Ele parecia assustado. Sabia da importância dos documentos – eram eles que asseguravam sua cidadania brasileira (Santos, 1987). Não conseguia lembrar onde os havia deixado. Telefonamos para sua prima, última casa onde ele havia dormido, na Guiana. Ela não encontrou nada. Em seguida, telefonamos para a última pousada onde estivemos em Bonfim e constatamos que os documentos haviam ficado lá. Ele retornou de ônibus para buscá-los.

As hipóteses sobre essa perda podem se desdobrar em diversos eixos. Eles serão expostos individualmente e, depois, articulados.

Aspectos psíquicos e sociais

Leandro, ao se dar conta de que havia uma telescopagem entre duas gerações, a do bisavô e do avô, pode ter inconscientemente começado a romper com um segredo na genealogia familiar, que funcionava como uma cripta (Abraham & Torok, 1968), ou seja, foi transmitido de geração a geração sem, no entanto, poder ser elaborado e transformado pelos membros familiares das gerações seguintes. A transmissão funciona como um bloco que não pode ser modificado e traz consigo a interdição de ser mudada, alterada ou de receber interpretações diferentes da que foi legada. A hipótese formulada neste texto é que o segredo da família paterna de Leandro gira em torno da suposta infidelidade da bisavó índia, que, se mantendo casada com o marido, teve um amante índio, o que conduz à hipótese de que talvez seu avô Andrew não fosse filho do escocês, mas do índio. Talvez haja aí um sentimento de desonra relacionado ao fato de que uma mulher pudesse, naquela época, se opor à autoridade do marido e ter uma relação afetiva e sexual paralela. Será que naquele momento – final do século XIX ou começo do XX – não era objeto de maior prestígio, devido à colonização britânica no território, ter pais de leitos mistos (de ingleses e de origem indígena) do que de leito indígena, já que os nativos eram socialmente relegados a uma posição secundária?

A existência do amante leva a pensar que pudesse haver da parte da índia uma tripla infidelidade: ter um amante índio, desonrar o marido e negar a seu filho uma origem paterna britânica. A hipótese é de que o avô de Leandro pudesse carregar essa carga de infidelidade: não estar inscrito na mesma ordem familiar dos irmãos e, não sendo filho biológico do pai, não ter a origem britânica dos colonizadores.

A experiência clínica nos mostra que, quando há uma transmissão em cripta, ela é feita sem que possa ser elaborada pelas gerações posteriores. Ela é transmitida de forma compacta, não permitindo que as outras gerações adentrem aquela transmissão, visto que carrega a interdição de fazê-lo. Magalhães e Féres-Carneiro (2005) discutem essas questões e lembram as teorizações de Abraham e Torok (1978) quando eles ressaltam haver a alienação da subjetividade, visto que a transmissão psíquica não pode ser simbolizada.

O que o pai de Leandro nos diz, ao nos receber em sua casa, é que MacDonald lhe deu o nome, mas não era seu pai e lhe comunicou isso ao morrer. Ele não faz referência ao prenome, mas ao nome de família: MacDonald, o de origem estrangeira. Diz também que seu pai biológico é um brasileiro. Estaria ele se referindo a sua geração ou à geração de seu pai? Ele poderia estar expressando a telescopagem entre as duas gerações, a mesma que Leandro expressou ao fazer sua árvore? Ao narrar pela primeira vez a árvore genealógica paterna, Leandro apresentou a geração do avô como sendo a do escocês. A presença da Escócia em sua narrativa se iniciou com o avô; ele saltou uma geração, a do bisavô. O lado da possível desonra talvez tenha sido transmitido inconscientemente.

Essas transmissões que contêm segredos são envoltas em uma atmosfera nebulosa, como já dissemos. Aquele que escuta o relato da transmissão percebe esse movimento ou sente um mal-estar. Foi o que ocorreu. E, como relatado no começo, trabalhar com uma história de vida cruzada, entrevistando outros personagens, nos permitiu retraçar algumas hipóteses para recompor aquela telescopagem. Leandro parecia estar podendo acompanhar e ser protagonista nesse processo. A perda dos documentos, no entanto, abriu possibilidade a outras interpretações.

Talvez inconscientemente fosse muito difícil adentrar o segredo familiar, o que significaria se defrontar com a interdição. Nessa linha compreensiva, ele disse que "agora sabia de sua origem também escocesa". Essa afirmativa pode ser desdobrada. Se seguirmos a hipótese de o avô não ser filho do escocês, isso remeterá a não haver origem estrangeira em sua linhagem familiar. Então, a afirmação que faz da origem desconsidera a hipótese e retoma a telescopagem. A perda dos documentos é algo da ordem de "Quem sou eu?". Essa indagação não pode ser vista isoladamente, é preciso inscrevê-la junto a outras dimensões.

Aspectos sociocoloniais

No relato da dona Rita sobre o bisavô de Leandro, Andrew MacDonald, foi a força, a destreza de caçador que fez com que pudesse receber a linda índia como companheira. A figura da mulher, aqui, é de duplo objeto, por ser mulher e por ser índia. Ela é ofertada ao homem como se fosse uma mercadoria valiosa por seus dotes femininos. Havia entre o bisavô e o patrão uma relação desigual, e também uma disputa de força. Além disso, estava em jogo a desigualdade entre escoceses e índios. Isso ocorreu em meados do século XIX. Os ameríndios, como são chamados pela literatura, já ocupavam aquelas terras havia muito tempo, constituindo várias etnias (Colson, 1975).

O nome Guiana é de origem ameríndia e significa "terra das águas" (*land of waters*) (Turno, 1989). Essas terras foram descobertas por Cristóvão Colombo em sua terceira viagem ao continente, em 1498. A partir de 1616, estiveram 165 anos sob dominação holandesa. Entre 1781 e 1803, tiveram várias possessões, passando em diferentes momentos pelos controles inglês, francês e holandês para finalmente, em 1831, ser estabelecida a colônia britânica (Turno, 1989; Spinner Jr., 1984).

Os ameríndios, como muitos outros povos de origem indígena, não se deixaram escravizar pelos vários colonizadores que chegaram à região. A literatura é unânime em citar as dificuldades enfrentadas para submeter os ameríndios ao trabalho. Por essa razão, desde a época em que a Guiana foi de posse holandesa, começou a importar escravos da África para suas lavouras de açúcar.

A designação dos índios Macuxi é encontrada desde o século XVII e é habitual para os grupos Pemon, que habitam a área denominada circum-Roraima, no Norte do Brasil, ocupando as vertentes meridionais do Monte Roraima e os campos ou as savanas que se estendem pelas cabeceiras dos rios Branco e Rupununi, território politicamente partilhado entre Brasil e Guiana (Santilli, 2001).

Para os índios, essa região nortista era um único território. Foi, no entanto, a construção das fronteiras entre os dois países (Brasil e Inglaterra), em 1904, que delimitou os índios da colônia inglesa e os do Brasil, como mostra o antropólogo Baines (1991).

Voltando ao bisavô de Leandro: no momento em que a índia fugiu para encontrar com o vaqueiro no Brasil, estava ela já em terras brasileiras ou indo para uma região que ainda constituía um litígio político da colônia inglesa com o Brasil, como é salientado pelo antropólogo Santilli (1994)? De outro lado, a índia, como muitos ameríndios, mostra sua oposição, sua resistência aos colonizadores. As constantes fugas dessa mulher atestam seu desejo de liberdade, de escolha sexual e de não se deixar dominar pelo branco, de não se submeter a uma posição de subordinação. Mas há também a resposta da violência colonizadora e machista, quando ela apanhava do marido e era arrastada para voltar para a casa.

Retomam-se aqui as referências "entre dois", citadas no início deste capítulo, que dizem respeito não só a índios e colonizadores, mas ao litígio entre os dois países, que levou à divisão das etnias em duas: a brasileira e a da colônia inglesa.

A questão da deslealdade e da desonra referida na parte anterior tem aqui outra leitura, em que a fuga da índia também pode ser entendida no registro de sua não dominação e da resistência às imposições da colonização inglesa. A deslealdade familiar é lida como herdeira de valores oriundos da família burguesa inglesa, dos colonizadores. Todas essas questões provavelmente atravessam Leandro, consciente e inconscientemente.

Retornando ao simbolismo da perda dos documentos

O nome de nascimento de Leandro é Owen, de origem inglesa. Embora não possamos desenvolver esse aspecto no âmbito deste capítulo, é importante clarificar que, em sua trajetória de vida, após ter deixado o Lethen, Leandro assumiu vários nomes, que o faziam reconhecido de acordo com o local onde estava. O nome adotado por ele ultimamente é de origem brasileira, e os documentos que ele perdeu eram brasileiros. No entanto, simbolicamente, é o signo *documento* que é importante analisar.

O trabalho com a árvore genealógica pode ter mobilizado Leandro, como já visto, a partir do desvelamento de um segredo familiar. Mas esse segredo está inserido em uma história de "entre dois", entre índio e escocês, entre Brasil e Guiana, entre diferentes línguas (macuxi, inglês, português), no aprendizado de códigos de sobrevivência nos diversos contextos em que ele vive.

A pergunta lançada – "Quem sou eu?" – não está inscrita unicamente na genealogia familiar; ela é inseparável da história colonial e da história política da Guiana. Essa pergunta ganhou força na trajetória de vida de Leandro quando, ao longo de sua vida, ele se debateu para se fazer reconhecer como sujeito originário de uma aldeia na Guiana e como cidadão brasileiro. Pelo lado paterno, ele carrega consigo o impedimento de saber da origem inglesa e cabocla, mas, ao longo de sua vida, a questão "Quem sou eu?" é constantemente reatualizada. Quando veio morar no Brasil, o país já tinha fronteiras bem delimitadas com a Guiana, e esta, por sua vez, já era independente da Inglaterra. Então, Leandro passou a ser aqui um clandestino, pois levou muito tempo para conseguir se legalizar. A perda dos documentos retoma a questão da ocultação das origens – a familiar e a jurídico-política; esta última remete à odisseia que ele viveu no processo de legalização da cidadania brasileira. O trabalho genealógico parece ter mobilizado o conjunto de sua história de vida, e a expressão mais evidente disso foi a perda de seus documentos.

Referências

Abrahan, N., & Torok, M. (1978). *L'Ecorce et le noyau*. Paris: Flammarion.

Baines, S. G. (1991). *"É a Funai que sabe": a frente de atração Waimiri-Atroari*. Belém: Museu Paraense Emílio Goeldi.

Bourdieu, P. (1994). L'illusion biographique. *Actes RSS*, *62*(63), 69-72.

Carreteiro, T. C. (2003). História de vida: da genealogia a um estudo. *Psico*, *34*, 281-295.

Colson, A. (1971). Comparative studies of the social structure of Guiana Indians and the problem of acculturation. In F. M. Salzano (Ed.). *The ongoing evolution of Latin American populations*. Illinois: Springfield.

Cyrulnik, B. (2001). *Les Vilains Petits Canards*. Paris: Odile Jacob.

Doriak, N. (1985). *Esclavage, assimilation et Guyanne*. Paris: Anthopos.

Enriquez, E. (2002). El relato de vida: interfaz entre intimidad y vida coletiva. *Perfiles Latinoamericanos*, *21*, 35-48.

Farage, N. (1985). De guerreiros, escravos e súditos: o tráfico de escravos caribe-holandês no século XVIII. *Anuário Antropológico/84* (pp. 174-187). Rio de Janeiro: Tempo Brasileiro.

Farage, N. (1991). *As muralhas dos sertões: os povos indígenas no Rio Branco e a colonização*. Rio de Janeiro: Paz e Terra/ANPOCS.

Farage, N., & Snatilli, P. (1992). Territórios e identidades no Vale do Rio Branco. In M. Carneiro da Cunha (Org.). *História dos índios no Brasil*. São Paulo: Companhia das Letras.

Ferraroti, F. (1983). *Histoire et Histoires de Vie*. Paris: Librairie des Méridiens.

Foucault, M. (2004). *Vigiar e punir: nascimento da prisão*. Petrópolis: Vozes.

Freud, S. (1937). Construções em análise. In *Obras completas*. Rio de Janeiro: Imago.

Gaulejac, V. (1999). *La Nevrose de Classe*. Paris: Desclée de Brower.

Gaulejac. V., & Levy, A. (2000). *Recits de Vie et Histoire Sociale*. Paris: Eska Editions.

Kaës, R., Faimberg, H., Enriquez, M., & Barantes, J. J. (2001). *Transmissão da vida psíquica entre gerações*. São Paulo: Casa do Psicólogo.

Koch-Grunberg, T. (2006). *Do Roraima ao Orinoco: observações de uma viagem pelo norte do Brasil e pela Venezuela durante os anos de 1911 a 1913*. São Paulo: Ed. UNESP/Instituto Martius Staden.

Magalhães, A. S., & Féres-Carneiro, T. (2005). Conquistando a herança: sobre o papel da transmissão psíquica familiar no processo de subjetivação (pp. 24-32). In T. Féres-Carneiro (Org.). *Família e casal: efeitos da contemporaneidade*. Rio de Janeiro: PUC-Rio.

Manley, R. (1979). *Guyana Emergent*. Cambridge: Cambridge University Press.

Nath, D. (1950). *A history of Indians in British Guiana*. London: Thomas Nelson and Sons Ltd.

Pagés, M. (1987). *Trace ou sens*. Paris: Desclée de Brower.

Pinto, B. O. S. (2010). *Trajetos institucionais e construção de sentidos subjetivos: história de vida de um índio Macuxi*. Dissertação de Mestrado, Universidade Federal Fluminense, Niterói, RJ, Brasil.

Rivière, P. (1984). *Individual and society in Guiana*. Cambridge: Cambridge University Press.

Santilli, P. (1994). *As fronteiras da República – história e política entre os Macuxi no Vale do Rio Branco (n.2)*. São Paulo: FAPESP / USP.

Santilli, P. (2001). Usos da terra, fusos da lei: o caso Macuxi. In R. R. Novaes & R. K. Lima (Orgs.). *Antropologia e Direitos Humanos*. Niterói: EdUFF.

Santos, W. G. (1987). *Cidadania e justiça*. São Paulo: Campus.

Silva, C. A. B. (2005). *A Revolta do Rupununi: uma etnografia possível.* Tese de Doutorado, Universidade Estadual de Campinas, Campinas, SP, Brasil.

Spinner, T., Jr. (1984). *A political and social history of Guyana, 1945-1983*. Colorado: Westview Press.

Turno, S. G. (1989). *Política Exterior de Guyana*. Caracas: Instituto de Altos Estudios de America Latina/Universidad Simon Bolivar.

Uma intervenção psicoeducativa com avós guardiãs apresentando ansiedade e/ou depressão[1]

Cristina Maria de Souza Brito Dias
Célia Maria Souto Maior de Souza Fonseca
Cirlene Francisca Sales da Silva
Flavia de Moura Rocha Parente Muniz
Universidade Católica de Pernambuco

Em pesquisas anteriores, que investigaram as percepções e os sentimentos das avós que criam seus netos (Dias, Costa & Rangel, 2005; Dias & Costa, 2006) e as relações estabelecidas entre as diversas gerações da família que vivem sob o mesmo teto (Dias, Ataíde, Albuquerque & Magalhães, 2011), observou-se o quanto as avós se sentem sobrecarregadas e estressadas por estarem cuidando dos filhos e dos netos. De maneira geral, elas experimentam insatisfação por estarem na situação de precisar cuidar das novas gerações numa época em que gostariam de usufruir de liberdade e autonomia para reatar ou iniciar antigos projetos de vida ou, simplesmente, descansar.

1 Esta pesquisa contou com o apoio do CNPq. Agradecemos ao aluno Maxwel Jones do Monte Brito, que participou da fase inicial da pesquisa.

Sabe-se que a criação dos filhos é responsabilidade dos pais e que avós e pais devem entrar em acordo acerca dos modos, estilos e obrigações que desejariam que a nova geração adotasse. Não há dúvida de que o contato entre avós e netos é importante para ambas as gerações, porém, quando cuidar dos netos se torna uma obrigação, a relação pode ser dificultada por diversos fatores, como se discutirá a seguir.

Referencial teórico

Existem diferentes formas de denominar os avós que criam seus netos: pais substitutos, pais à revelia, pais de reserva, avós guardiões, avós em tempo integral, avós com custódia (quando obtêm a custódia legal do neto). Neste capítulo, eles são designados como avós guardiões (Dias, Costa & Rangel, 2006). O fenômeno correspondente é definido como *reparentalização* (Williamson, Softas-Nall & Miller, 2003). Pelo fato de os cuidados dos netos recaírem principalmente nas avós, elas foram o alvo da pesquisa.

Algumas avós percebem a convivência com os netos como favorável em termos de renovação e interesse pela vida, orgulho, satisfação, senso de utilidade e confiança, divertimento ao compartilhar jogos e brincadeiras com eles. A presença da criança pode ocasionar maior união na família e entre o casal (Atalla, 1996; Bengston, 2001; Ehrle & Day, 1994; Oliveira, 1993).

No entanto, diversos autores, que serão citados a seguir, percebem essa experiência como fonte de diferentes dificuldades, em nível pessoal, para as avós: estresse, depressão, queixas físicas (dores de estômago e de cabeça, hipertensão, problemas cardíacos, cansaço), preocupação com a situação econômica, a escolaridade e a disciplina (especialmente quando os netos se aproximam da adolescência), confusão de papéis, pois exercem as funções de pais e avós ao mesmo tempo. Elas ainda podem desenvolver sentimentos de vergonha, perda, culpa e mágoa e sentir-se abandonadas pela família e pela comunidade. Podem deixar de cuidar de sua saúde para atender às necessidades dos netos.

No que se refere ao aspecto relacional, as brigas entre os avós e os pais da criança, a negligência de alguns para com os filhos e a raiva que sentem deles terminam por afetar a saúde das crianças. A relação conjugal das avós pode ficar prejudicada pelos conflitos e pela menor disponibilidade de tempo para investir no próprio relacionamento com o parceiro. Os demais familiares podem sentir inveja do tempo e da dedicação ao neto que é criado pela avó, especialmente o cônjuge e os outros netos. As avós temem não viver o suficiente para ver os netos crescerem, como também que eles venham a apresentar problemas semelhantes aos apresentados por seus pais, principalmente quanto ao abuso de substâncias químicas (Fitzgerald, 2001; Kelley, Whitley, Sipe & Yorker, 2000; Orb & Davey, 2005; Williamson *et al.*, 2003).

Nos Estados Unidos, Pebley e Rudkin (1999) preocuparam-se em detectar as variáveis sociodemográficas que caracterizam essas avós para poder entender melhor sua situação e possibilitar intervenções. Em relação à variável *sexo*, ficou evidente que os cuidados com os netos recaem sobre as avós – especialmente a avó materna, uma vez que o relacionamento entre mãe e filha tende a ser mais próximo. Outro dado encontrado na pesquisa está relacionado à idade das avós, que estavam na faixa dos 55 a 60 anos, enquanto a dos netos foi de 5,5 anos, em média. Em relação ao nível educacional, ele não era elevado, sendo difícil encontrar avós que haviam terminado o Ensino Médio. Devido a isso, a situação financeira dessas avós era precária, acarretando o empobrecimento dessas famílias. A etnia mais encontrada foi a de afro-americanos, especialmente quando os pais não estavam presentes, seguida pela hispânica.

Entre os pesquisadores da realidade norte-americana que investigam o tema, destacam-se as observações feitas por Jendrek (1994) sobre o risco de as avós desenvolverem estresse, especialmente quando os cuidados com os netos coincidirem com seu declínio físico, ou seja, com o fator idade das avós. Ressaltam-se, ainda, os estudos de Heymood (1999) e Willimson *et al.* (2003) sobre a incidência de depressão nas avós, por sentirem que falharam como mães, pelos conflitos vivenciados com os filhos e a preocupação com o bem-estar dos netos. O isolamento social em que se encontram, por não desenvolverem atividades nem desfrutarem da companhia de seus pares, e o medo de que não haja quem cuide dos netos em sua ausência também são elementos que predispõem à depressão.

O desgaste ocasionado pelas demandas que uma criança pequena exige (abaixar-se, brincar, banhar) e a dificuldade em disciplinar os netos mais velhos podem levá-las a desenvolver problemas cardíacos. Morales (2001) chegou a elaborar a denominada "síndrome da avó escrava", que acomete mulheres com um senso muito forte de ordem, dignidade, responsabilidade e pudor e que assumem com agrado suas tarefas, porém, com o tempo e o acúmulo de papéis (dona de casa, filha, esposa, mãe e avó), acabam se desgastando, podendo desenvolver vários sintomas e chegar à morte natural ou ao suicídio.

Outro fato que desgasta os avós é a luta para obter a custódia dos netos, um processo lento, caro e emocionalmente sofrido. Há muitas barreiras a serem vencidas para que eles obtenham os direitos de pais. Eles dependem desse reconhecimento para que possam ter ajuda do governo e propiciar melhores condições de educação e saúde a seus netos. Eles também se ressentem de não serem reconhecidos socialmente e de não saberem como lidar com os netos, devido aos conflitos de gerações, necessitando, portanto, de ajuda e orientação (Orb & Davey, 2005).

Na Espanha, Ortiz (2004) realizou um estudo sobre o perfil das mulheres idosas, utilizando uma amostra de 2 mil mulheres com idades acima de 65 anos. Ela descobriu que 21% cuidavam dos netos com frequência, enquanto 13% o faziam de vez em quando. Zapater-Torras e Monoz-Perez (2006) estabeleceram uma distinção entre as avós que criam os netos sozinhas e aquelas que os criam junto com os filhos. Em sua pesquisa, constataram que houve mais tensão e menor satisfação conjugal entre aquelas que conviviam com filhos e netos, por conta dos conflitos existentes na criação. As avós que cuidavam dos netos sem a presença dos pais mostraram-se mais satisfeitas. No entanto, não existe consenso acerca disso (Hughes, Waite, La Pierre & Luo, 2007).

Do mesmo modo, não existe concordância nos estudos acerca dos prejuízos causados à saúde. Algumas avós relataram não haver diferença quanto a seu estado de saúde após a chegada dos netos; outras, ao contrário, disseram que estavam mais saudáveis e levando uma vida mais ativa. No entanto, várias delas referiram que houve prejuízos à sua saúde, em decorrência dos diversos papéis e pressões com que se deparavam (Grinstead, Leder, Jensen & Bond, 2003).

No Brasil, foram identificadas quatro pesquisas realizadas com avós que cuidavam de netos, sendo duas delas realizadas em São Paulo e duas no Recife. Em São Paulo, Oliveira (1993) estudou a situação na qual avós cuidavam de seus netos em virtude de os pais não poderem fazê-lo. Os participantes foram quatro avós, um avô e onze netos, de camada socioeconômica desfavorecida. Seu foco de interesse foi a relação educativa que pode florescer entre avós e netos no âmbito do cotidiano prático e simbólico por eles vivido e compartilhado. Entre outras questões, o autor considerou que a decisão de cuidar dos netos, em geral, foi bem acolhida pelos avós, mesmo que eles só fossem lembrados por sua dedicação servil. "Olhar os netos" confere aos idosos um significado para suas próprias vidas, pois eles se sentem menos "pesados" dentro de casa. A presença dos netos traz esperanças. A princípio, o cuidar deles pode trazer problemas, especialmente se for resultante de separação ou abandono dos pais, mas, aos poucos, a situação torna-se menos ameaçadora. O autor conclui que os avós educam e, ao mesmo tempo, são reeducados pelas crianças – elas os forçam a reviver situações, lembranças, conhecimentos e os conduzem a novas situações, programas e hábitos. Os avós se renovam como sujeitos nesse convívio.

Atalla (1996), por sua vez, estudou cinco avós maternas, de camadas médias, que cuidavam dos netos durante uma parte do dia, enquanto seus pais trabalhavam. A autora concluiu que a decisão de cuidar do neto já estava presente durante a gestação, diante da angústia dos pais em saber quem cuidaria do bebê. Enquanto algumas avós se sentiram pressionadas a tomar tal decisão e o fizeram com relutância, por dever, outras esperaram esse momento e o aceitaram com prazer. Os sentimentos experimentados por elas foram ambivalentes: cansaço e medo de perder sua privacidade se misturaram aos sentimentos de realização, renovação, orgulho e satisfação por terem contribuído com seus filhos e netos. Para as avós entrevistadas, cuidar dos netos era prova de saúde, amor, trabalho e sentimento de utilidade.

Dias, Costa e Rangel (2005) apresentaram os resultados de uma pesquisa realizada com 62 avós: 32 mulheres (média de idade de 53 anos) e 30 homens (média de idade de 61 anos), de diferentes níveis de escolaridade e socioeconômicos, que criavam os netos com ou sem a presença dos pais. Todos residiam na região metropolitana do Recife. As autoras constataram que os avós mostraram-se ambivalentes em relação à criação, pois, ao mesmo tempo que partiu deles a iniciativa de cuidar dos netos e desejavam que continuassem sob sua responsabilidade, expressaram tristeza com relação à situação dos netos, cansaço, sobrecarga e estresse. Esses resultados foram mais evidenciados pelas avós.

Num estudo posterior, Dias e Costa (2006) investigaram apenas as avós, num total de 64, divididas em 40 maternas e 24 paternas, com média de idade de 56 anos, de diferentes níveis de escolaridade e socioeconômicos, que criavam os netos com ou sem a presença dos pais. As autoras concluíram que fatores como idade (tanto das avós quanto dos netos), situação conjugal, conflitos não resolvidos com a segunda geração, situação econômica e conjugal contribuem de maneira decisiva para a qualidade dos relacionamentos estabelecidos entre avós, pais e netos. Outra constatação disse respeito ao maior envolvimento das avós maternas, seja pela volta da filha à casa paterna (devido a separação), seja por gravidez na adolescência ou sem casamento.

As diversas variáveis envolvidas na questão do relacionamento entre avós e netos, as divergências nos resultados encontrados nas pesquisas citadas no que tange o fato de criar ou não o neto sozinha, o estado de saúde anterior ou posterior à chegada desse neto despertaram o interesse em realizar uma investigação com avós guardiãs, focalizando sua saúde. Nessa investigação, portanto, procurou-se avaliar a presença ou não de ansiedade e a depressão em avós guardiãs, assim como elaborar e levar a cabo uma intervenção psicoeducativa, esperando ajudá-las a lidar melhor com a situação vigente.

Acredita-se que, de posse de um conhecimento acumulado através de pesquisas, é necessário que sejam propostas intervenções que possam facilitar a tarefa das avós na criação dos netos, minimizando os possíveis danos à sua saúde.

Método

Participantes

Ao todo foram contatadas e avaliadas 56 avós, porém, devido a dificuldades pessoais (consultas médicas, não ter com quem deixar familiares, compromissos assumidos anteriormente), algumas desistiram de participar da pesquisa. Outras foram excluídas por não apresentarem resultados indicadores de ansiedade e/ou depressão ou por terem mais de duas faltas na intervenção.

Participaram de todas as sessões da intervenção psicoeducativa 22 avós, com idades variando entre 43 e 73 anos (média de idade de 64 anos), que cuidam integral ou parcialmente dos netos. Essas avós guardiãs, que compuseram o grupo experimental, apresentaram escore ao menos "leve" no Inventário de Beck para Ansiedade (BAI) e/ou Inventário de Beck para Depressão (BDI).

Outro grupo de sete mulheres, com as mesmas características do grupo experimental, não participou da intervenção psicoeducativa, mas formou o grupo controle. Após o encerramento da intervenção com o grupo experimental, elas foram convidadas a comparecer, e então foram realizadas quatro sessões da intervenção.

Instrumentos utilizados

a. Questionário de Dados Sociodemográficos: contém questões como idade, escolaridade, estado civil, religião, profissão, renda, quantidade e sexo dos filhos, número de netos que cria, motivo que a levou a criar os netos, sexo e idade deles, estado de saúde da avó, com quem reside, telefone.
b. Inventário de Beck para Ansiedade (BAI): composto por 21 itens, cada qual apresentando quatro formulações que refletem níveis de gravidade crescente de cada um dos sintomas de ansiedade (Gorenstein & Andrade, 1998).
c. Inventário de Beck para Depressão (BDI): consta de 21 itens, cada qual com quatro alternativas refletindo graus crescentes de intensidade da depressão (Cunha, 2001).
d. Intervenção psicoeducativa: composta de oito sessões, realizadas semanalmente, com duração de duas horas e meia cada uma, contemplando diversos assuntos de interesse das avós, como será descrito na seção dos resultados. Os temas trabalhados na intervenção tiveram como base a proposta de curso para avós elaborada por Strom e Strom (1987, 1988, 1993), porém as dinâmicas foram criadas pela equipe.
e. Ao final da intervenção, utilizou-se uma entrevista semiestruturada com o objetivo de obter uma avaliação por parte das avós guardiãs do

grupo experimental. Dela constavam as seguintes perguntas: 1) Como a senhora se sentiu participando do grupo? 2) Quais assuntos ou temas mais a tocaram? 3) O que a senhora fazia antes, na relação com seu(sua) neto(a) que não pretende mais fazer? 4) Que aspecto/ou parte do processo foi mais importante para a senhora? Por quê? 5) Que pensa em fazer daqui para a frente: a) na relação com seu(sua) neto(a); b) na relação com os pais dele(dela); c) na relação com seu marido; d) na relação com os demais familiares; 6) Gostaria de acrescentar mais alguma coisa sobre esta experiência?

Procedimento de coleta de dados

Primeiramente, a pesquisa foi aprovada pelos comitês científico e de ética da instituição que a apoiou. As avós participantes foram recrutadas em duas comunidades carentes da cidade do Recife e convidadas a comparecer à universidade. Foi-lhes explicada a finalidade da pesquisa, momento no qual foi pedida a autorização para que participassem dela. Após a leitura, elas assinaram o Termo de Consentimento Livre e Esclarecido. Aquelas que não sabiam escrever permitiram que a acompanhante do grupo assinasse por elas. Uma vez dada tal permissão, cada uma foi atendida individualmente e respondeu aos instrumentos já referidos. Depois de corrigidos os inventários, foram selecionadas as avós que tinham o escore do BAI e/ou BDI no nível "leve" ou acima.

As avós selecionadas foram alocadas, aleatoriamente, em dois grupos: o grupo controle, composto por participantes que não foram submetidas à intervenção psicoeducativa, e o grupo experimental, composto de avós que participaram da intervenção. Por variados motivos, porém, algumas participantes deixaram de ir às sessões. Ao final da intervenção psicoeducativa, as avós guardiãs dos dois grupos responderam, individualmente, ao BAI e ao BDI. Aquelas que participaram do grupo experimental responderam também ao roteiro de entrevista semiestruturada, que tem como objetivo avaliar a intervenção psicoeducativa.

Procedimento de análise de dados

Os dados referentes ao BAI e ao BDI foram classificados de acordo com os escores apresentados antes e depois da intervenção, sendo submetidos à análise estatística descritiva. Os dados colhidos na intervenção psicoeducativa foram gravados, transcritos e submetidos à análise de conteúdo (Minayo, 2004), que compreende as fases de pré-análise, exploração do material e interpretação dos resultados obtidos.

Resultados

Inicialmente serão apresentados os resultados obtidos nos dois inventários aplicados e, em seguida, comentadas as sessões realizadas com as avós.

Resultados obtidos no BDI

Quadro 1 - Resultados do BDI antes e depois da intervenção psicoeducativa

	Antes da intervenção psicoeducativa	Depois da intervenção psicoeducativa
Média dos escores do BDI	16 ("leve")	10 ("mínimo")
Número de participantes em nível "mínimo"	5	11
Número de participantes em nível "leve"	10	8
Número de participantes em nível "moderado"	7	3

1. Concluiu-se que 68,18% das avós guardiãs que participaram da intervenção psicoeducativa reduziram o nível de depressão.
2. Encontrou-se um total de menos 11,4 pontos no BDI após a intervenção.

Resultados obtidos no BAI

Quadro 2 - Resultados do BAI antes e depois da intervenção psicoeducativa

	Antes da intervenção psicoeducativa	Depois da intervenção psicoeducativa
Média dos escores do BAI	**25,59**	**15,77**
Número de participantes em nível "mínimo"	**0**	**4**
Número de participantes em nível "leve"	**6**	**9**
Número de participantes em nível "moderado"	**10**	**8**
Número de participantes em nível "grave"	**6**	**1**

1. Concluiu-se que 86,36% das avós guardiãs que participaram da intervenção psicoeducativa reduziram o nível de ansiedade.
2. Encontrou-se um total de menos 11,7 pontos no BAI, após a intervenção.

Nos grupos controle pode-se observar um aumento de 2,1 pontos em relação à ansiedade, quando comparados o teste e o reteste, bem como um aumento de 1,3 ponto no inventário de depressão. Vale ressaltar que houve um intervalo de dois meses e meio entre as duas aplicações.

A intervenção psicoeducativa ficou composta de oito sessões, a saber:

1ª sessão: Apresentação, agenda de interesses e necessidades, enquadramento

O objetivo dessa primeira sessão foi conhecer as participantes e fazê-las conhecer umas às outras, facilitando a integração do grupo. Utilizou-se a dinâmica do papel colorido (Lucchiari, 1999); os pedaços de papel (dois de cada cor) foram distribuídos entre todas as integrantes do grupo. As avós, então, tiveram que encontrar a pessoa que tinha um papel de mesma cor e sentar-se com ela. Em seguida, elas fizeram à sua parceira de dupla as seguintes perguntas: a) O que você sabe fazer bem? b) O que você não gosta de fazer? c) Qual é o seu maior sonho? Depois, elas apresentaram sua dupla para o grupo. Nessa primeira sessão, foram levantados os sentimentos experimentados por estarem criando netos e as expectativas quanto ao grupo, e então foi feito o enquadramento (dias, horário, sala, necessidade de sigilo, de não faltar, entre outros). Eis algumas falas (os nomes são fictícios) que retratam os sentimentos e as preocupações das avós acerca da situação de criar os netos:

> Minha preocupação é o meu neto. Ele agora tem seis anos e, de vez em quando, diz que eu não sou a mãe dele, principalmente quando brigo com ele. (Sandra, 48 anos)
>
> Eu tenho um neto de oito anos e, às vezes, me sinto um pouco sufocada. Eu amo muito meu neto, mas às vezes aquilo me sufoca. (Belarmina, 57 anos)
>
> Eu não queria ter neto, porque ainda me achava nova. Mas, quando o vi na maternidade, me apaixonei. Eu tenho meu neto como filho. Minha filha casou novamente e levou ele com ela. Desde então estou com depressão [*chora*]. (Ana, 43 anos)

As falas acima confirmam o que foi explicitado por autores no que se refere à ambivalência de sentimentos experimentados pelas avós que criam netos (Atalla, 1996; Dias, Costa & Rangel, 2005).

2ª sessão: Desenvolvimento da criança

A segunda sessão tem como objetivo tornar acessível mais conhecimento sobre o desenvolvimento da criança e as consequências que as ações realizadas por seus cuidadores podem ter no futuro dela. Primeiro, foi feita uma apresentação expositiva dos temas: desenvolvimento infantil, desenvolvimento escolar, rivalidade fraterna, agressividade, necessidade do brincar e estabelecimento de limites.

Após a exposição, fez-se a dinâmica do papel amassado. Deu-se a cada avó um pedaço de papel e pediu-se que o amassasse com as mãos cada vez que escutasse uma palavra ou frase de cunho negativo, dita pelo facilitador (por exemplo, humilhar, bater, ridicularizar). Depois, pediu-se que elas abrissem o papel e o deixassem tão liso quanto antes. Após alguns minutos de insistência, as participantes compararam o papel que amassaram com um papel liso e perceberam que não voltou a ficar como antes. Refletiu-se, então, sobre as consequências duradouras da pedagogia perniciosa.

Em seguida, outro papel foi dado às participantes. Primeiro, sugeriu-se que todas balançassem a folha de papel, o que causou grande barulho; depois pediu-se que elas amassassem a folha sempre que escutassem as palavras ou frases do facilitador, agora de cunho positivo (por exemplo: atenção, afeto, compreensão, diálogo). Depois solicitou-se que elas balançassem novamente a folha de papel, que já não fez o barulho de antes, e sim um barulho suave. Refletiu-se, dessa vez, sobre a educação e a disciplina dadas de forma adequada. Vale salientar que, nas sessões realizadas após a aplicação dessa dinâmica, algumas avós comentaram que a fizeram em casa com seus familiares e que guardaram o papel amassado para sempre lembrar o que aprenderam nessa sessão. Algumas falas ilustram o que disseram:

> Eu aprendi hoje, em poucos minutos, sobre o papel. Porque eu estou nesse quadro... e é nesse ponto que eu tenho que mudar. Muitas vezes sou explosiva e depois fico doente, porque falei daquela forma. E eu tenho que fazer diferente... usar palavras doces. (Matilde, 51 anos)

> Então, depois de hoje... eu vou sentar tudinho: o pai, a mãe, David, Luiza e Ariel [*nomes fictícios*] e vou fazer a mesma coisa [*dinâmica do papel*]. Porque isso foi uma lição. Foi isso que eu aprendi hoje. (Belarmina, 57 anos)

> Aprendi que "brincar" é o trabalho da criança. Não posso prender Marcelinho [*nome fictício*] dentro de casa. (Ester, 44 anos)

3ª sessão: Desenvolvimento do adolescente

Conhecer o desenvolvimento do adolescente é fundamental para a maior compreensão desse momento de transição do ser humano. Esse é o objetivo da terceira sessão. Inicialmente, foram apresentadas às avós guardiãs informações sobre a puberdade e a adolescência; a necessidade do adolescente de pertencer a um grupo; sua busca pela autonomia e consolidação da própria identidade; e a importância de não julgar a aparência.

Após essa apresentação, fez-se uma dinâmica de grupo em que o facilitador mostrou às avós duas caixas, uma de aparência agradável e outra com aparência velha e descuidada. Depois, perguntou-se às participantes qual caixa guardava o melhor conteúdo. Após escutar as opiniões, o facilitador abriu as caixas e pôde-se perceber que a caixa mais bonita guardava lixo, enquanto a caixa feia continha doces e chocolates. Estabeleceu-se, então, uma reflexão sobre a possível incongruência entre os conteúdos interno e externo e sobre a necessidade de não julgar pelas aparências. Nessa sessão, algumas avós escolheram a caixa desarrumada como a portadora de objetos feios (comentaram a possibilidade de a caixa conter ratos e outros bichos asquerosos); outras, porém, reconheceram que a aparência feia da caixa poderia não corresponder ao que ela continha. Algumas falas desta sessão:

> A gente não deve julgar pela aparência. Muitas vezes, a gente vê uma pessoa cheia de tatuagens e aí já acha que é um malandro, mas muitas vezes não é! (Walquíria, 56 anos)
>
> Eu aprendi hoje que certas coisas fazem parte da fase da adolescência. Então eu já vou pra casa mais tranquila com meu menino. (Sandra, 48 anos)
>
> Hoje eu descobri que eu não posso ser autoritária, mas tenho que ter autoridade. (Ana, 43 anos)

4ª sessão: Estratégias para uma boa comunicação

O objetivo da quarta sessão é que as avós atentem mais aos problemas advindos de uma comunicação falha. Inicialmente, foi feita a dinâmica do “telefone sem fio”, na qual foi pedido que uma avó falasse uma frase para a outra sem que as demais escutassem; isso deveria ser feito até que a frase chegasse à última avó. Quando ela pronunciou a frase, foi consideravelmente diferente daquela dita pela facilitadora à primeira avó. Em seguida, foi dada uma aula expositiva abordando o tema "Comunicação na família" e apresentando estratégias para melhorar a comunicação, tais como: escutar enquanto o outro fala; não repetir argumentos ou discussões que não surtem efeito; não atribuir sentimentos do emissor ao receptor da mensagem; não conversar enquanto estiver nervosa, entre outros. Diante disso, refletiu-se sobre as possíveis falhas na comunicação e suas consequências nos relacionamentos. Eis algumas frases relacionadas a essa temática:

> Hoje foi bom pra gente pensar antes de falar! (Marlene, 65 anos)
>
> A partir de hoje eu vou tentar falar dos meus sentimentos e não ficar acusando ou criticando o comportamento do outro. (Ana, 43 anos)

5ª sessão: Estratégias de resolução de conflitos

O objetivo desta sessão é apresentar estratégias para lidar com os estresses da criação dos netos e dos demais conflitos, principalmente os familiares. Na maioria das vezes, esses conflitos são o resultado de vários momentos de desentendimento ou tensão que não são devidamente resolvidos. Nesta sessão, foram discutidas estratégias que podem minimizar ou evitar conflitos, como: esquivar-se; coagir o outro; criar expectativas de que a situação se resolverá por si mesma; adotar reações extremas que não se concretizam, entre outros. Na dinâmica, pediu-se a uma avó (voluntária) que simulasse uma resolução de conflito entre ela e seu(sua) neto(a) adolescente, representado(a) por um componente da equipe. Depois da representação, as participantes discutiram o que a avó poderia ter feito para que a resolução fosse mais efetiva.

> Fico pensando como vai ser a situação dessas crianças (seus netos). Às vezes, um diz: "Eu vou embora morar com painho porque a senhora é muito chata". Aí... converso com ele e daqui a pouco ele vem e diz que me ama e fica tudo bem. Mas eu fico preocupada... porque eu não tenho muito jeito pra conversar. (Sandra, 48 anos)
>
> Tem vezes que vizinhos discutem por besteira e passam o resto da vida sem se falar. Aí você vê crianças que discutem, discutem, brigam, brigam e dois minutos depois esqueceram tudo e tão brincando juntos. Foi vendo as crianças e levando elas a sério que eu

> aprendi a perdoar e consegui perdoar o assassino do meu filho. (Ester, 44 anos)
>
> Pai é pai e mãe é mãe, não é? A gente cria os meninos, mas pai e mãe tem que ter sempre um lugar especial no coração do seu filho. (Matilde, 51 anos)

As falas exemplificam a dificuldade que as avós enfrentam na criação dos netos, devido às interferências dos pais, conforme foi referido por Fitzgerald (2001). Também transparecem as dificuldades e a confusão dos próprios netos em conviver com a situação de serem criados por avós (Orb & Davey, 2005).

6ª sessão: Relacionamento familiar

A sexta sessão tem como objetivo ratificar a importância das relações familiares, comentando estratégias para a melhoria delas, assim como atender às demandas trazidas pelas avós durante os primeiros seis encontros. Inicialmente, fez-se uma aula expositiva sobre a família e as peculiaridades dos vários papéis que uma única pessoa desempenha dentro de uma mesma família, principalmente no caso das avós guardiãs. Para a dinâmica foram utilizados um boneco e uma boneca. Pediu-se a quem quisesse que se dirigisse aos bonecos para dizer alguma coisa a alguém da família, algo que sempre quis dizer mas nunca teve oportunidade ou coragem. Muitas participantes choraram durante a dinâmica e verbalizaram antigas mágoas, culpas e desentendimentos, assim como expressões de afeto que nunca tiveram coragem de verbalizar.

> Gostaria de conversar com meu neto para ele ser uma pessoa mais chegada a mim. Eu peço muito que ele me escute. (Rita, 69 anos)
>
> Eu quero compreendê-lo mais, relevá-lo mais e amá-lo mais. Porque é assim... Eu quero que ele seja a adulta, a idosa que eu sou hoje. Mas eu aprendi que eu tenho que me lembrar de que, quando criança, eu também fui assim! (Marlene, 65 anos)
>
> Eu era muito rebelde porque meu pai não fazia nada e minha mãe que trabalhava. Eu tinha muita raiva do meu pai... Mas bem antes

> de ele morrer eu consegui pedir perdão a ele. Pedir perdão é muito difícil, mas não é impossível. (Sandra, 48 anos)
>
> Eu vejo hoje que ela não é a menina que eu fui. Eu fui rebelde! E eu cobro dela coisas que eu não dei à minha mãe! (Ângela, 43 anos)

7ª sessão: Cuidados com saúde/atendimento às demandas surgidas durante a intervenção

O foco da sétima sessão é o bem-estar físico e psicológico das avós. O objetivo é conscientizá-las de seus direitos (com base no Estatuto do Idoso) e fontes de apoio. Na aula expositiva, foram apresentados os direitos dos idosos e como as participantes devem proceder, caso esses direitos lhes sejam negados de alguma forma. Além disso, falou-se sobre as doenças comuns aos idosos, como preveni-las e onde buscar ajuda, se vierem a apresentar os sintomas. Foram-lhes explicadas as estratégias para alcançar um envelhecimento ativo. Também foram transmitidas às avós informações sobre a saúde de seus netos, como a importância da vacinação, o cuidado com a higiene e onde buscar apoio médico e psicológico, se necessário. Todas as participantes receberam uma cartilha informativa, desenvolvida pela equipe, com as informações apresentadas na sessão.

> Eu me preocupo com minha saúde. Então, penso até quando vou poder ficar tomando conta deles [*os netos*]. (Matilde, 51 anos)

Essa fala é bem representativa dos prejuízos que a sobrecarga de criar os netos inflige às avós. Ao mesmo tempo que elas se sentem responsáveis pelos netos, as avós tendem a descuidar de sua saúde, por estarem despendendo seu tempo e seus recursos na criação deles. Também temem o futuro, pois se afligem com o fato de quem tomará conta dos netos quando estiverem com mais idade ou mesmo se falecerem (Grinstead *et al.*, 2003; Williamson *et al.*, 2003).

Nessa sessão, também foi feita uma apresentação sobre temas abordados por elas nas sessões anteriores, com o intuito de sanar suas dúvidas e questionamentos. Os temas abordados foram: dislexia, epilepsia, obesidade infantil e dependência química, especialmente alcoolismo.

8ª sessão: Avaliação das sessões pelas participantes

Primeiro foram aplicados, mais uma vez, o BAI e BDI, individualmente. Depois foi feita uma entrevista final sobre a avaliação da experiência e de como se sentiram a partir delas. Posteriormente, reuniu-se o grupo e fez-se uma avaliação acerca da intervenção e de suas consequências.

É válido salientar que, nas últimas sessões, a equipe percebeu as mudanças que estavam ocorrendo nas avós, evidenciadas no fato de cuidarem mais da aparência, se mostrarem mais sorridentes e comunicativas, além de estabelecerem amizades entre si. Por fim, foi realizada uma confraternização com todos os participantes, a equipe e os grupos.

> Meu esposo está notando que eu estou diferente depois dessas palestras... estou mais tranquila. (Matilde, 51 anos)
>
> Hoje, depois dos nossos encontros aqui, eu me sinto muito melhor. Tenho mais vontade de sair, de me arrumar, de conversar com o meu neto, mas também respeitar que a mãe dele é a mãe dele. Sou outra pessoa, não sou mais aquela que chegou aqui toda acabada. (Ana, 43 anos)

Sessão de *follow-up*

A uma sessão de *follow-up*, realizada dois meses depois com o segundo grupo, compareceram nove das treze avós participantes. Elas foram estimuladas a responder às seguintes questões: Como estive do último encontro até hoje? Em que mudei? O que eu tenho para dar? O que ainda preciso desenvolver? Notou-se uma alegria muito grande nas participantes por estarem de volta, além de uma necessidade de falar e de serem ouvidas. A maioria delas relatou melhora na relação com os netos, os filhos e os próprios companheiros. Uma delas, que estava separada havia dois anos, se reconciliou com o marido, e outra estava namorando.

Em relação às mudanças que notaram em si mesmas foi mencionado o seguinte: *atitude*, *modo de pensar*, *modo de agir*, *menos explosiva*, *mais paciência*, *sabedoria* e *compreensão*. Apesar das dificuldades que ainda tinham, mostraram-se mais otimistas para enfrentá-las. Duas falas exemplificam o que foi dito:

> Vocês mudaram minha maneira de agir e de pensar. Eu era muito fechada e agora estou mais aberta. A gente quer que o outro mude, mas a gente é que tem que mudar. (Alda, 64 anos)

> Melhorei muito com minha filha. A palestra sobre adolescente me ajudou a compreender a fase da vida dela. Antes eu a tratava com ignorância. Agora dou mais tempo e atenção a ela. Eu mudando, ela mudou também. (Ângela, 43 anos)

Considerações finais

Os motivos que levaram as avós a criar os netos perpassaram os seguintes fatos: separação dos pais da criança; os filhos já moravam com elas quando se tornaram pais/mães; trabalho dos pais; problemas financeiros ou negligência por parte dos pais. Embora algumas avós tenham dito que estavam felizes por estar criando os netos, a maioria disse se sentir cansada e preocupada com essa situação, chegando a desejar que os pais se responsabilizassem por seus próprios filhos. Devido à proximidade das moradias, ou mesmo à circulação dos netos entre as casas dos pais e a das avós (ou mesmo de outros familiares), ficou difícil identificar se as avós cuidavam sozinhas ou não dos netos.

Apesar das dificuldades encontradas para a realização da pesquisa, como a falta de algumas avós em virtude de outros compromissos e a dificuldade de deslocamento, pode-se concluir que a intervenção parece ter surtido efeito positivo sobre elas no sentido de minimizar sua ansiedade e/ou depressão. Foi possível verificar os efeitos decorrentes da intervenção e do contexto que foi propiciado às avós (sair de casa, conhecer outras pessoas, serem ouvidas com respeito e empatia) ao amenizar a situação em que várias delas se encontravam.

Infelizmente, não foi possível equiparar a quantidade de avós participantes do grupo controle com as do grupo experimental, o que sinaliza a necessidade de dar maior atenção a esse aspecto. Levantam-se as hipóteses de que essa ausência tenha sido provocada pela falta de interesse, pelo envolvimento em outras atividades ou pelo longo tempo de espera que as avós do grupo controle vivenciaram até serem chamadas, acarretando desmotivação.

Espera-se que a presente proposta de intervenção possa ser aperfeiçoada e utilizada por outros profissionais que lidam com famílias e avós que criam netos, com o objetivo de lhes propiciar assistência na difícil e importante tarefa de educar as novas gerações.

Referências

Atalla, M. M. A. (1996). *Netos, o olhar das avós: vivências de avós que cuidam de seus netos.* Dissertação de Mestrado, Universidade de São Paulo, São Paulo, SP, Brasil.

Bengston, V. L. (2001). Beyond the nuclear family: the increasing importance of multigenerational bonds. *Journal of Marriage and Family*, *63*, 1-16.

Cunha, J. A (2001). *Manual da versão em português das Escalas de Beck*. São Paulo: Casa do Psicólogo.

Dias, C. M. S. B., & Costa, J. M. (2006). Um estudo sobre avós guardiãs na cidade do Recife. Em M. C. L A. Amazonas, A. O. Lima, & C. M. S. B. Dias (Orgs). *Mulher e famílias: diversos dizeres* (pp. 127-138). São Paulo: Oficina do Livro.

Dias, C. M. S. B., Costa, J. M., & Rangel, V. A. (2005). Avós que criam seus netos: circunstâncias e consequências. In T. Féres-Carneiro (Org.). *Família e casal: efeitos da contemporaneidade* (pp. 158-176). Rio de Janeiro: PUC-Rio.

Dias, C. M. S. B., Ataíde, E. R., Albuquerque, N. C., & Magalhães, K. A. (2011). As relações entre as gerações nas famílias chefiadas por idosos. In T. Féres-Carneiro (Org.). *Casal e família, conjugalidade, parentalidade e psicoterapia* (pp. 79-94). São Paulo: Casa do Psicólogo.

Ehrle, G. M., & Day, H. D. (1994). Adjustment and family functioning of grandmothers rearing their grandchildren. *Contemporary Family Therapy*, *16*(1), 67-82.

Fitzgerald, M. L. (2001). Grandparent parents: intergenerational surrogate parenting. *Journal of Holistic Nursing*, *19*(3), 297-307.

Gorestein, C., & Andrade, L. (1998). Inventário de depressão de Beck: propriedades psicométricas da versão em português. *Revista de Psiquiatria Clínica*, *25*(5), Edição Especial, 245-250.

Grinstead, L. N., Leder, S., Jensen, S., & Bond, L. (2003). Review of research on the health of caregiving grandparents. *Journal of Advanced Nursing*, *44*(3), 318-326.

Heywood, E. M. (1999). Custodial grandparents and their grandchildren. *The Family Journal: Counseling and Therapy for Couples and Families*, 7(4), 367-372.

Hughes, M. E., Waite, L. J., La Pierre, T. A., & Luo, y. (2007). All in the family: the impact of caring for grandchildren on grandparents' health. *Journal of Gerontology: Social Sciences*, *62B*(2), 108-119.

Jendrek, M. P. (1994). Grandparents who parent their grandchildren: circumstances and decisions. *The Gerontologist*, *34*(2), 206-216.

Kelley, S. J., Whitley, D., Sipe, T. A., & Yorker, B. C. (2000). Psychological distress in grandmother kinship care providers: the role of resources, social support and physical health. *Child Abuse & Neglect*, *24*(3), 311-321.

Lucchiari, H. P. S. (1999). *Planejamento por encontros.* Porto Alegre: Artmed.

Martinez, L., & Ferreira, A. (2007). *Análise de dados com SPSS – primeiros passos.* Lisboa: Escobar.

Minayo, M. (2004). *Pesquisa social: teoria, método e criatividade.* Rio de Janeiro: Vozes.

Morales, A. G. (2001). *The slave grandmother syndrome. Pandemia del siglo XXI.* Recuperado em 24 de agosto, 2011, de http://personales.jet.es/aguijarro/abuela.

Oliveira, P. S. (1993). *Vidas compartilhadas: o universo cultural das relações avós e netos.* Tese de Doutorado, Universidade de São Paulo, São Paulo, SP, Brasil.

Orb, A., & Davey, M. (2005). Grandparents parenting their grandchildren. *Australian Journal on Aging*, *24*(3), 162-168.

Ortiz, L. P. (2004). Envejecer en femenino: algunas características de las mujeres mayores en Espanha. *Boletín sobre el envejecimiento, perfil y tendencias*, *9*, 1-24.

Pebley, A. R., & Rudkin, L. L. (2004). Grandparents caring grandchildren: what do we know? *Journal of Family Issues*, *25*(8), 1026-1049.

Strom, R. D. (1988). Intergenerational learning and curriculum development. *Educational Gerontology*, *14*, 165-181.

Strom, R. D., & Strom, S. K. (1987). Preparing grandparents for a new role. *The Journal of Applied Gerontology*, *6*(4), 476-486.

Strom, R. D., & Strom, S. K. (1993). Grandparent education: improving communication skills. *Educational Gerontology*, *19*, 717-725.

Williamson, J., Softas-Nall, B., & Miller, J. (2003). Grandmothers raising grandchildren: an exploration of their experiences and emotions. *The Family Journal: Counseling and Therapy for Couples and Families*, *11*(1), 23-32.

Zapater-Torras, E., & Muñoz Pérez, M. A. (2006). Impacto del cuidado de los nietos en la salud percibida y el apoyo social de las abuelas. *Atención Primaria*, *37*(7), 374-379.

Ser pai(mãe), ser filho(a): a resolução de conflitos em famílias contemporâneas casadas[1]

Terezinha Féres-Carneiro
Cilio Ziviani
Andrea Seixas Magalhães
Edna Lúcia Tinoco Ponciano
Pontifícia Universidade Católica do Rio de Janeiro

Introdução

Na clínica, temos nos defrontado cada vez mais com os temas referidos ao exercício da parentalidade nas diferentes configurações familiares contemporâneas, contidos na demanda de psicoterapia

---

1 Trabalho desenvolvido com o apoio do CNPq e da FAPERJ e com a colaboração dos bolsistas de Iniciação Científica Ana Cláudia Vasconcelos (IC/PIBIC), Anielle Queiroz dos Santos (IC/FAPERJ), Ana Luisa Guayer (IC/CNPq), Bruna Montechiari (IC/FAPERJ), Carolina Vidal (IC/FAPERJ), Cassia Barbalho (IC/FAPERJ), Claudina Ozório (IC/CNPq), Elisa Chagas (IC/CNPq), Gabriela Abritta (IC/PIBIC), Ilana Gruc (IC/CNPq), Isabela Junqueira (PUC-Rio), Isabella Kahn (IC/FAPERJ), Marcella Bueno (IC/FAPERJ), Maria Cristina Lopes (IC/FAPERJ), Paula Navarro (IC/FAPERJ), Queli Policarpo (IC/CNPq), Renata Fecury (IC/ PIBIC), dos bolsistas de Apoio Técnico Aline Vieira (AT/CNPq), Edjane Rocha (PUC-Rio), Jacqueline Victoriense (TCT/FAPERJ), Michelle Gorin (PUC-Rio), Pérolla Sauwen (PUC-Rio), Rodrigo Roma (AT/CNPq), da mestranda Iris Gallagher (CAPES), e das doutorandas Cristina Dantas (CAPES) e Luiza Martins (CAPES).

dos indivíduos, dos casais e das famílias. Temos encontrado também um número cada vez maior de pais confusos e ambivalentes quanto a suas funções parentais. Torna-se, assim, importante investigar o exercício da parentalidade nessas diversas configurações, mapeando a percepção de pais e filhos sobre dimensões relevantes do referido exercício, em busca de uma compreensão mais aprofundada e detalhada dos diversos temas relacionados às funções parentais na atualidade.

O trabalho que será aqui apresentado é parte de uma investigação mais ampla que estamos desenvolvendo, com o objetivo de estudar a percepção de pais e filhos em relação ao exercício da parentalidade nas diferentes configurações familiares contemporâneas. Para isso, utilizamos uma metodologia qualitativa centrada em entrevista semiestruturada que contempla temas relacionados às funções parentais em múltiplos arranjos familiares da atualidade. A amostra final será constituída de 160 sujeitos das camadas médias da população carioca, assim distribuídos: 80 pais (40 pais e 40 mães) selecionados independentemente, com filhos cursando o Ensino Fundamental ou o Ensino Médio, com idades entre 7 e 18 anos, e 80 filhos, selecionados independentemente, cursando o Ensino Fundamental ou o Ensino Médio, com idades entre 7 e 18 anos. Serão estudadas quatro configurações familiares: famílias casadas, separadas, recasadas e monoparentais. Em cada configuração, serão entrevistados 8 pais e 8 mães heterossexuais, mais 2 pais e 2 mães homossexuais; e 8 filhos e 8 filhas de famílias heterossexuais, mais 2 filhos e 2 filhas de famílias homossexuais.

A proposta do Estatuto das Famílias (IBDFAM, 2007), em tramitação no Congresso Nacional como projeto de lei (nº 2.285/2.007), ao visar solucionar conflitos e demandas familiares com base em novos valores jurídicos, como o afeto, a solidariedade, o cuidado e a pluralidade, sistematiza regras das uniões estáveis, das uniões homoafetivas, da família monoparental, bem como das relações de parentesco. Sua elaboração reflete preocupações dos profissionais que trabalham no cuidado do grupo familiar. No campo da terapia de família, essa discussão ganha contornos específicos, pois ao psicoterapeuta não cabe regulamentar os modos de constituição ou de relações familiares, mas produzir conhecimento sobre as repercussões desses modos de ser família na contemporaneidade. A reflexão e a produção de conhecimento nesse domínio norteiam a prática clínica com casais e famílias, levando o psicoterapeuta a auxiliar o grupo familiar a desenvolver modos emocionalmente mais saudáveis de lidar com as demandas de um mundo em acelerada transformação (Féres-Carneiro & Magalhães, 2008).

É dentro desse enquadre teórico que se justificam os critérios para a escolha das quatro configurações familiares e dos participantes em cada configuração (pai e mãe, hetero e homossexual, filho e filha, de família hetero e de família homossexual). A pesquisa, iniciada em 2011, está em andamento e a configuração com o maior número de entrevistas já realizadas refere-se às famílias heterossexuais casadas. Assim, neste trabalho apresentaremos resultados de pais e filhos dessa configuração familiar.

Método

Participaram desta etapa da pesquisa 34 membros independentes de famílias heterossexuais casadas, assim distribuídos: 10 pais, 8 mães, 4 filhos e 5 filhas, com idades de 7 a 12 anos, e 4 filhos e 3 filhas com idades de 13 a 18 anos.

Os participantes foram entrevistados individualmente. A entrevista, cuja pergunta disparadora era "Como é, para você, ser pai/mãe?" ou "Como é, para você, ser filho/filha?", continha um "roteiro oculto", que contemplava questões relevantes referentes a aspectos da parentalidade vivenciados por pais e filhos.

O projeto de pesquisa que antecedeu a investigação foi aprovado pelo comitê de ética da universidade, e os participantes assinaram o Termo de Consentimento Livre e Esclarecido. No caso das crianças e dos adolescentes, o referido termo foi assinado pelos pais.

Resultados e discussão

Para a apresentação dos resultados, os pais foram denominados *P* e ordenados de 1 a 10, as mães *M* e ordenadas de 1 a 8; os filhos crianças *FoC*, ordenados de 1 a 4; as filhas crianças *FaC*, ordenadas de 1 a 5; os filhos adolescentes *FoA*, ordenados de 1 a 4; e as filhas adolescentes *FaA*, ordenadas de 1 a 3. A nomeação de cada participante foi seguida de sua respectiva idade.

Das 34 entrevistas já realizadas, emergiram as seguintes categorias de análise: *ser pai/mãe/filho/filha*, *resolução de conflitos*, *estabelecimento de regras*, *dia a dia da família*, *tarefas domésticas*, *papéis de gênero*, *estabelecimento de limites*, *autonomia dos filhos*, *tomada de decisões*, *nomeação dos membros da família* e *expectativas para o futuro*. Neste livro, escolhemos apresentar apenas as duas primeiras categorias iniciais de análise.

Ser pai

Os pais, para a pergunta "Como é, para você, ser pai?", forneceram dois padrões de resposta. Alguns salientaram os sentimentos associados a "ser pai", outros tentaram definir o papel de pai, descrevendo os atributos a ele relacionados. A maioria demarcou a experiência de "ser pai" como muito satisfatória.

> [...] para mim é a coisa mais sublime do mundo é ser pai [...]. (P8, 49 anos)
>
> Melhor coisa do mundo. (P4, 40 anos)
>
> [...] ser pai envolve carinho, afeto, atenção, bronca, ser enérgico quando tem que ser. (P9, 42 anos)
>
> [...] não sei se eu sou um pai coruja, mas eu sou aquele que quer viver cada minutinho dele, cada minutinho, cada pedacinho, sabe, sem tentar sufocar, essa é uma coisa difícil, sabe, querer estar junto, querer estar grudado e ao mesmo tempo não sufocar a criança... (P8, 49 anos)
>
> Eu acho que o pai dentro do seio familiar, eu acredito que seja mais difícil a parte da disciplina, pelo menos na minha casa, é a parte da disciplina. (P1, 38 anos)

Ao longo dos anos tem-se estabelecido um novo padrão de paternidade, em que os pais não representam somente o apoio financeiro, mas participam, junto com a mãe, da educação dos filhos. Nessa nova forma de "ser família", espera-se um pai mais presente, ou seja, envolvido diretamente nos cuidados aos filhos (Lewis & Dessen, 1999; Gomes & Resende, 2004; Jablonski, 1997, 1999).

Alguns autores apontam que tais transformações se devem ao rápido ritmo das mudanças sociais e demográficas nas últimas décadas no que diz respeito à família e ao casamento. Enfatizam o aumento do número de separações e divórcios, casamentos mais tardios, a redução do número de filhos, a emancipação feminina e o acesso da mulher ao mercado de trabalho (Jablonski, 1997; Lewis & Dessen, 1999).

Para Sutter e Bucher-Maluschke (2008), a "paternidade participativa" é aquela que engloba o cuidado e o envolvimento constante no cotidiano dos filhos – nas esferas da alimentação, higiene, lazer e educação. As autoras reconhecem que essas ações podem variar muito de homem para homem.

Muzio (1997) utiliza-se da expressão "pai nutridor" para se referir àquele que mantém uma relação próxima e empática com os filhos e compartilha igualmente com a mãe a função de cuidar das crianças e atendê-las, tanto física quanto emocionalmente. Sendo assim, essa nova forma de paternidade seria o avesso da tradicional, na qual o pai é definido como aquele que assume a responsabilidade por prover o sustento, a imposição de castigos, a disciplina, e que, ocasionalmente, brinca e compartilha de passeios familiares.

Alguns entrevistados contam que os filhos foram planejados. O desejo e o planejamento da gravidez pelos pais tornam a paternidade mais participativa. Somente um deles diz espontaneamente não ter programado a gravidez, afirmando que, quando a filha nasceu, "veio meio no susto".

> E é uma coisa incrível, isso quando você é um pai que quis ser pai, você planejou ser pai, eu estou falando dentro da minha visão, da minha experiência [...]. (P5, 41 anos)

> Foram planejados, todos dois planejados. Apesar da distância grande entre os dois... todos dois planejados. (P3, 43 anos)

> [...] veio meio no susto [...] Ser pai? Você sabe que, quando a B. nasceu, ela veio meio que no susto, né? Não tava programado, mas a gente já tinha 5 anos de caso e tal, então a gente é... Engraçado que foi assim, a gente encontrou, foi no ano novo assim que ela foi fabricada, que a gente encontrou um amigo que já estava com dois filhos na época. Ele falou: "Cara, se você for parar pra esquema-

> tizar pra programar ter filho, você não vai ter filho nunca, então tem que ser assim no susto". Isso ele me falou antes do ano novo, e acho que a B. foi fabricada no dia dois. (P10, 41 anos)

Alguns autores afirmam que, junto à ideia de controle da natalidade, com a ampliação do acesso a métodos contraceptivos, o nascimento dos filhos pode ser planejado, embora ainda ocorram gravidezes sem programação. Tal situação possibilita a desvinculação entre a parentalidade, o início da atividade sexual e o casamento (Lopes, Menezes, Santos, & Piccinini, 2006).

Durante muito tempo, a função paterna esteve ligada à ideia de provimento e de poder do pai sobre os demais componentes da família. Com o declínio do patriarcado e a luta por direito à igualdade entre homens e mulheres, essas concepções sofreram sensíveis alterações (Pereira & Silva, 2006; Roudinesco, 2003).

Nos dias atuais, ainda relacionamos elementos como segurança, proteção e acolhimento à figura paterna. Existe uma diversidade de formas de "ser família", e, para o sujeito, é importante estar inserido em um núcleo familiar no qual possa receber e dar amor, afeto, segurança e amparo (Pereira & Silva, 2006).

Ser mãe

A questão da maternidade se apresenta na fala de todas as mães deste grupo como uma experiência muito boa, gratificante e que traz a sensação de plenitude e de completude.

> Ser mãe é a melhor coisa do mundo, acho que uma mulher que não experimenta esta sensação, acho que parte dessa vida pela metade. É melhor do que realização profissional, do que mestrado, do que doutorado, do que tudo na vida. É o que há de maior na vida da gente. (M4, 49 anos)
>
> Acho que mãe é viver com emoção, na plenitude máxima. (M6, 50 anos)

> É ser tudo. [...] Ao longo da licença-maternidade foi surgindo esse grande amor, por isso que eu digo que ser mãe é tudo. (M5, 45 anos)

> É muito gratificante você poder, de alguma forma, ajudar a passar tudo o que você aprendeu na vida. É muito bom. (M3, 36 anos)

Para Badinter (2011), algumas mães encontram na maternidade benefício identitário e felicidade insubstituíveis, enquanto outras conseguem conciliar, de alguma forma, exigências contraditórias. Mesmo com essa felicidade única, a autora afirma que certas mães jamais confessarão que a experiência materna vivida por elas é um fracasso. Para a nossa sociedade, uma mãe reconhecer que se enganou, que não era feita para exercer a maternidade e que obteve poucas satisfações, seria uma declaração inconfessável.

De acordo com a autora, existe uma espécie de "halo ilusório" que obscureceria a realidade materna. A maioria das mães fantasia apenas o amor e a felicidade, ignorando o outro lado da maternidade. Apenas algumas imaginam esse outro lado, no qual estão incluídos o esgotamento, a frustração, a solidão e também a alienação, com sua carga de culpa.

Rocha-Coutinho (2009) encontrou resultados semelhantes em sua pesquisa, na qual as mulheres relataram uma sensação de completude na maternidade, afirmando que nada se compara à experiência de gerar e cuidar de um filho. A autora ressalta que a mãe nem sempre esteve nesse lugar, um papel assumido pela mulher por volta do século XIX.

De outro lado, algumas entrevistadas falaram sobre as responsabilidades e dificuldades que vivenciam como mães, com os cuidados diários, a transmissão de valores e a demanda pessoal de passar tempo de qualidade com o filho. Discorrendo sobre suas responsabilidades e preocupações, as mães fazem um contraponto desse lado mais difícil da maternidade com o fato de sentirem grande prazer em ser mãe.

> É um prazer muito grande e um trabalho muito grande. Acho que é bem contraditório... São dois sentimentos muito opostos. Eu tenho muito prazer em ser mãe, em cuidar das minhas filhas, participar da vida delas, mas também demanda um trabalho, uma

> atenção, um tempo e pra mim, que tenho que trabalhar, cuidar da casa, né... (M2, 31 anos)
>
> Eu acho que é uma relação de amor, de afeto e de muita responsabilidade da mãe de educar, de cuidar fisicamente, emocionalmente, psicologicamente. [...] E administrar as coisas de ordem prática – tipo alimentação, saúde, educação – é um pacote completo, com muita responsabilidade. (M6, 50 anos)
>
> Pra mim, é a coisa, assim, mais importante, eu não me veria passando pela vida sem ter sido mãe. [...] é uma missão difícil, mas é muito prazerosa. [...] acho que é uma grande aventura. (M7, 44 anos)
>
> Eles fazem parte do seu corpo. É se preocupar com tudo o que acontece, desde a hora que eles acordam até o final do dia. Mas é muito gostoso ser mãe. (M1, 42 anos)

Ainda segundo Badinter (2011), o filho pode representar, para algumas mulheres, uma indiscutível fonte de realização, mas, para outras, revelar-se um obstáculo. O caminho depende do investimento na maternidade e da capacidade altruísta de cada mãe. A autora ressalta que são raros os casais e as mulheres que avaliam quais são os benefícios e os malefícios da maternidade.

Para Bradt (1995), o nascimento dos filhos é o estágio do ciclo de vida familiar que provoca mudanças mais profundas no sistema familiar. O autor reforça a ideia de que a saída da mulher do âmbito doméstico para o mundo do trabalho cria a necessidade de os pais (homens e mulheres) tentarem equilibrar a vida profissional e a criação dos filhos. Enfatiza que a mulher contemporânea não só está consciente de seu papel sobrecarregado, sendo ainda a maior responsável por cuidar dos filhos, mas também procura manter uma vida profissional bem-sucedida.

Ainda sobre a experiência da maternidade, algumas das mães entrevistadas citam o sentimento de culpa e de cobrança, pois sentem que poderiam fazer mais do que já fazem por seus filhos, ou que poderiam ter aproveitado mais o tempo que conseguiram passar ao lado deles.

> Eu sempre tive muita culpa, a culpa me perseguiu. [...] Eu tenho pena de não ter aproveitado tanto a infância deles [...] e quando você tem um padrão de vida melhor, você tem a cozinheira pra cozinhar pra você, aí não é como uma mãe que vai cozinhar o dia inteiro, passar o dia correndo atrás de criança, lavando roupa... [...] eu sempre trabalhei, então eu sempre tive vontade de chegar em casa, sempre tive essa culpa. (M4, 49 anos)

> Não vou te falar que no começo eu não sentia culpa, como toda mãe sente. Eu sentia muita culpa. Mas minha mãe, que a vida inteira não trabalhou para cuidar dos filhos, me deu a maior força pra nunca deixar de trabalhar, porque o filho te valoriza até mais por você estar podendo dar a ele um padrão de vida melhor. Então, hoje em dia, eu estou mais tranquila, não tenho mais aquela culpa, não. (M3, 36 anos)

> É uma cobrança. [...] A gente faz o máximo e sempre acha que tem que fazer mais, pensa que não fez tudo. (M6, 50 anos)

De acordo com Rocha-Coutinho (2011), as mulheres brasileiras tentam conciliar a vida profissional com a maternidade, mas nesse processo está envolvido um ressentimento ou sentimento de culpa. Algumas mulheres, ao término da licença-maternidade, pensam em mudar seus empregos de alguma forma, diminuindo a carga horária ou tornando-a mais flexível, para que possam se dedicar à tarefa de criar os filhos. Para as mães, as constantes demandas dos filhos podem gerar muito estresse, exigindo mudanças em seus estilos de vida. Segundo a autora, elas teriam um sentimento de culpa por considerarem que não estão dando a atenção e o cuidado necessário aos filhos. Tais resultados corroboram o discurso das mães deste estudo.

Para Jablonski (2007), a mulher contemporânea vivencia muitas culpas, pois, apesar do reconhecimento e da liberdade conquistados, convive com a acusação de negligência nos cuidados dos filhos e com a culpa por vastas parcelas de responsabilidade nas crises do casamento. As consequências disso são remorso, insatisfação e dúvida causados pela sensação de não estar cumprindo um dever a contento. Velho (1987) afirma que, apesar de as mulheres terem conquistado o direito ao trabalho e à educação, ainda lhes são atribuídos antigos valores e funções, tais como submissão, abnegação, tarefas domésticas e cuidados com as crianças.

Ser filho/filha para as crianças

Na análise da categoria "ser filho", nas nove entrevistas consideradas, chamou a atenção uma forte adequação dos filhos em relação aos pais, além de uma visão idealizada destes. Além disso, a maioria dos sujeitos forneceu respostas curtas, algumas vezes monossilábicas e pouco desenvolvidas. Podemos atribuir a natureza das respostas obtidas à faixa etária dos sujeitos entrevistados. Ainda assim, é possível perceber que as crianças mais novas (de 7 a 9 anos) têm menos capacidade de elaborar um discurso distanciado sobre suas famílias, enquanto as mais velhas (de 10 a 12 anos) conseguem desenvolver um pouco mais, fazendo comparações entre o pai e a mãe ou entre a sua família e as outras.

> Ser filho do meu pai e da minha mãe é legal. (FoC1, 7 anos)
>
> É bom. [...] Eles são legais. (FoC2, 9 anos)

Lourenço (2002) afirma que é somente a partir dos 10 a 11 anos que a criança torna-se capaz de lidar com categorias simbólicas e com diversos pontos de vista e dimensões. Em um dos casos, ela enfatiza o fato de ser bom estar com ambos os pais ao mesmo tempo, provavelmente fazendo menção aos filhos de pais separados.

> Ah... é muito bom, né. Eu vejo o meu pai e minha mãe juntos, né? [...] Eu gosto muito assim, quando eu estou com eles é muito bom. (FaC5, 10 anos)

Uma das entrevistadas diz ter uma família normal, reforçando a diferença de temperamento de cada um dos pais em relação à educação dos filhos.

> É uma família normal, eu acho. Assim, bom, minha mãe é uma pessoa mais calma, meu pai é uma pessoa mais irritada, mas em geral é uma família bem normal, eu acho. (FaC8, 12 anos)

Outra criança compara sua família com as outras, dizendo que a sua não parecia diferir daquelas. Nesse caso, o entrevistado ressalta os conflitos entre os pais e os filhos quando os limites são impostos pelos pais.

> É... não é nada que seja diferente de todas as outras crianças. Sempre tem algumas brigas, que a gente faz bagunça, eu e meu irmão. Só que não é nada de especial, é normal, como as outras crianças. Não é nada diferente. (FoC3, 10 anos)

As crianças falam, assim, da inserção de suas famílias no grupo social. De acordo com Osório (1996), é função dos pais transmitir a cultura de determinada sociedade para os filhos. Em seus relatos, os filhos se adequam e se posicionam como equivalentes a outros sujeitos de uma sociedade. Isso ocorre como parte de um processo de socialização do indivíduo, de modo que este construa sua identidade e subjetividade (Romanelli, 1995).

Para Moshmam, Glover e Brunning (1987), a família ainda tem preponderância na vida da criança em idade pré-escolar, pois é no ambiente familiar que a criança inicia o processo de socialização. A entrada da criança na escola e a convivência com crianças provenientes de diferentes famílias marcam o início de uma nova fase do processo de socialização. Nesse momento, ela começa a desenvolver mais autonomia e a fazer comparações entre a sua família e a das outras crianças.

Ser filho/filha para os adolescentes

Ao responderem à questão "Como é, para você, ser filho/filha?" nessa família, todos os adolescentes relataram que gostam de ser filhos dos pais e ressaltaram que o diálogo entre pais e filhos prevalece. Em nenhum dos casos, os sujeitos reclamam inicialmente dos pais:

> [...] Eu converso bem com eles. Sou bem amigo dos meus pais [...]. O que eu não gosto não tem, assim, nada de especial. Mas o que eu gosto, por exemplo, eles me apoiam muito em tudo o que eu decida fazer, desde que eu cumpra aquilo. (FoA2, 16 anos)

> Ah, eu acho ótimo [*ser filha dos pais*]. Eu tenho tudo o que eu quero. É, tive uma educação boa, estudo num colégio excelente, tenho uma estrutura ótima, não vejo os meus pais se estapeando [...]. Sei lá, eles procuram sempre me deixar o mais confortável possível. (FaA5, 17 anos)

> [...] Eu acho que é muito bom ser filha deles, eles dão sempre uma situação de confiança, a base é sempre confiança, a base da educação dos meus pais é essa [...]. Eles deram essa liberdade de a gente conversar e tal, e contar as coisas. (FaA6, 16 anos)

A partir da fala dos sujeitos, constata-se que a autoridade da família tradicional moderna transformou-se, dando lugar a uma família cada vez mais democrática e igualitária. A ordem moderna foi substituída por parâmetros que visam à igualdade entre os sujeitos. Henriques (2004) ressalta a "horizontalização" nas relações familiares ao comparar a família dos anos 1960 com a atual. A autora afirma que, na primeira, a família convivia com a hierarquia, a verticalidade das relações e a rigidez da autoridade parental, ao passo que, na segunda, os conflitos tendem a ser evitados. Dessa forma, a função hierárquica da família estaria ganhando novos contornos, diferenciando-se ao longo do ciclo de vida familiar, especialmente da adolescência para a vida adulta (Ponciano & Féres-Carneiro, 2010; Ponciano & Seidl-de-Moura, 2011).

Giddens (1993) também aponta para essa tendência ao indicar que a possibilidade de intimidade nos relacionamentos significa uma promessa de democracia. O relacionamento puro, direcionado pelo princípio da autonomia, seria a fonte dessa promessa. Na relação entre pais e filhos, por exemplo, pressupõe-se que haja liberdade para manifestar argumentos em nível hierárquico aproximado.

Araújo (2009) corrobora tal afirmação ao postular que o modelo de família hierárquica predominou até os anos 1960, ocorrendo uma transformação a partir dos anos 1980, quando a família tornou-se cada vez mais democrática e igualitária. Nesse modelo de família, as relações são pautadas no diálogo, no respeito às diferenças e na divisão de responsabilidades de modo mais igualitário e flexível (Borges & Magalhães, 2009).

Esse processo de horizontalização das relações neutralizou a possibilidade de crise entre a geração dos filhos e a dos pais. A família igualitária constitui um espaço no qual coexistem acordos e interesses complementares. Nessa realidade familiar, que busca a igualdade entre os membros, os sujeitos apresentam uma convivência caracterizada pela evitação de conflitos, tornando a interação mais confortável para ambas as gerações (Henriques, 2004). O desdobramento dessa realidade, marcada por uma zona de conforto na relação, aponta para a dificuldade de experimentação de novos caminhos nessa esfera interativa, uma vez que o conflito contribui para a transformação. Entende-se que o conflito e o compromisso são formas de negociação e estão presentes nas interações cotidianas da família. Dessa forma, quando acontece o conflito, pais e filhos põem em prática algumas estratégias com o propósito de ganhar espaço em seus territórios pessoais no que concerne ao objeto de disputa. O acordo ou compromisso resultante dessa negociação, provavelmente, dirá respeito a reedições de regras familiares, que serão revistas e, assim, transformadas ou não, dependendo da disponibilidade de mudança da família naquele momento.

Resolução de conflitos para os pais

Em relação à resolução de conflitos, o diálogo é destacado pelos participantes da pesquisa como primeira opção. A maioria indica a conversa como importante para a educação dos filhos, sendo esse momento uma oportunidade de trocas e esclarecimentos. Alguns pais apontam que, quando isso não é eficaz, a atitude seguinte é falar mais alto ou gritar. Dois sujeitos afirmam que mantêm firme o tom da voz, especialmente com seus filhos adolescentes.

> Depende do conflito, né, por exemplo, o mais velho está entrando na adolescência, então tem algumas coisas que você tem que ser firme, né, conversando, mas tem que ser pontual... O mais novo a gente vai sempre conversando, diz "não", "não pode", "não deve", "está errado por causa disso". O mais velho entrou naquela fase que já tem droga, tem bebida, outros tipos de aliciamento, então tem que ser um pouco mais pontual com ele, conversa o tempo todo, mas tem hora que é não e pronto... (P3, 43 anos)

> Existem! Muitos conflitos, tanto na relação marido-mulher quanto na relação pais e filhos, né, existem vários conflitos. Eu sempre parto do princípio do diálogo pra tudo, mas, algumas vezes, não tem jeito, aí vai na questão da voz ativa de mandar: "Não, você vai fazer isso, eu quero que você faça e pronto, acabou, pode chorar". (P9, 42 anos)

> Na minha família, quando existem conflitos, são conflitos que eu até hoje, conflitos relativamente tranquilos, são resolvidos inicialmente na conversa, é... (P2, 42 anos)

> Eu acho que o pai dentro do seio familiar, eu acredito que seja mais difícil a parte da disciplina, pelo menos na minha casa, é a parte da disciplina. Você dizer "não" é sempre mais difícil que dizer "sim", e eu vejo eu mais dizendo "não" do que "sim". Contudo, essa dificuldade... como posso dizer, essa dificuldade é não só em relação com a disciplina, mas tem a ver também com o exemplo. Eu acho que a dificuldade de ser pai é essa, é a maior. (P1, 38 anos)

Araújo (2009) sinaliza, em relação à família democrática de hoje, na qual os pais buscam práticas educativas não autoritárias, que o diálogo entra como ferramenta para a resolução dos conflitos, a fim de que os familiares possam interagir de forma mais igualitária. No entanto, a autora enfatiza que os pais não devem confundir afetividade com aprovação incondicional, ou seja, ainda é necessário que os genitores saibam dar limites aos filhos, quando necessário.

No discurso dos pais, os castigos aparecem como segunda alternativa para resolver as discordâncias ou o não cumprimento das regras da família. A maioria envolve a suspensão, durante um tempo, de atividades de que as crianças gostam, como *videogame*, computador, festas ou atividades esportivas.

> É, castigo a gente acaba, assim, tentando controlar as coisas que ela mais gosta de fazer. Então ela gosta de computador, então quando ela tá de castigo, quando tira nota baixa, por exemplo, né, a gente vai tirando um pouco as coisas que ela mais gosta de fazer. (P10, 41 anos)

> Tem castigo, tem. Essa Super Nanny, né... coloco pra pensar: "Por quê? Isso que você fez tá certo?". Isso aí é o castigo, de sentar lá e não poder brincar, não vai descer, né. Aí reclamam e eu mando: para e pensa. (P9, 42 anos)

> A parte, na parte que tem conflito, a gente tem que se impor um pouco mais, impor é impor um castigo ou deixando ele chorar, eles chorarem. (P1, 38 anos)

A questão de bater nos filhos surge como última solução, em alguns casos. No entanto, a maioria não faz uso dessa punição; dois sujeitos afirmam ser contra essa atitude. Além disso, um dos pais disse que ameaça, apesar de não bater, e outro expôs que batia apenas quando os filhos eram crianças, pois já estão crescidos e essa medida não adianta mais.

> Se a conversa não der resultado, é... a gente lança mão de castigo, né, e quando eventualmente se perde o controle, umas palmadas para poder... pra poder é... ter a situação sobre controle, né. (P2, 42 anos)

> A gente procura conversar, mas não vou te negar que no início, até porque fui criado assim [...] quando era mais novo, e talvez isso tenha causado algum reflexo, eu não acredito muito em papo cabeça com criança de dois anos, posso estar errado. Mas criança pequena é que nem animal, ela funciona por instinto. Você fala: "Não coloca isso aqui", a criança vai e coloca, na terceira você faz assim [*deu um tapa na própria mão*], aí a criança já vai: "Ai!". E ele não vai mais botar a mão, então assim, nessa época funcionava assim. (P5, 41 anos)

> Acho que bater, eu nunca bati. E, a mãe, acho que só bateu uma vez, que perdeu a cabeça, mas não é, a gente não tem esse hábito não, eu nem acho certo, acho meio covardia. (P10, 41 anos)

O uso de punições corporais nas famílias aparece com ênfase em outras pesquisas (Vasconcelos & Souza, 2006; Webber, Viezzer & Bradenburg, 2004). No entanto, os pais desse estudo não destacam as palmadas como uma solução comum e eficaz. Podemos atribuir essa diferença à dificuldade dos responsáveis de assumir a adoção de tais punições ou às grandes transformações que estão ocorrendo na parentalidade, originando novos conceitos educativos.

Campos (2003) ressalta a distância e o formalismo da família patriarcal, destacando o papel do pai como punidor, submetendo os filhos a um sistema disciplinar severo, educando-os com castigos corporais. Heilborn (2004) assinala que, na contemporaneidade, os princípios de igualdade promoveram transformações nos modelos e papéis familiares. Segundo a autora, a tendência é buscar a igualdade, a autenticidade e a "desrepressão" nos relacionamentos. O comportamento e a interação entre os indivíduos são, assim, influenciados pela singularidade e pela liberdade individual, levando à recusa da distinção hierárquica entre os gêneros.

Macedo e Santos (2008) entendem que, quando os pais expressam seus afetos, olhando e conversando com os filhos de forma a validar o desejo deles, têm mais êxito nas negociações e na prática da autoridade. No entanto, enfatizam que tal validação da vontade dos filhos não é sinônimo de realizá-la, que é necessário dar limites.

Ao pensarmos as funções que são atribuídas a cada genitor de acordo com seu gênero, notamos que os pais estão envolvidos e inteirados a respeito do funcionamento do dia a dia, sabendo falar sobre a rotina dos filhos detalhadamente. Alguns pais apontam que fica a cargo das mães dizer aos filhos o momento de realizar cada tarefa, contrastando com outros que se preocupam com os horários. Um deles gostaria – ao contrário de sua esposa – que a rotina fosse mais rígida. Alguns pais ressaltam que suas mulheres iniciam a repreensão aos filhos, mas, em um segundo momento, eles costumam adotar uma postura mais rígida, exercendo mais autoridade, se necessário.

> A rotina é: chegou da escola fez o dever, ou chegou da escola, tem algumas atividades extracurriculares, como um futebol, um vôlei, alguma coisa assim. Jantou, vê TV, aí depois que fez o dever, fica à vontade até às 10h, aí, às 10h, é a hora do toque de recolher. (P5, 41 anos)

> Alimentação, por exemplo, ele não tem regras pra alimentação, isso me incomoda, não no sentido da comida em si. A comida em si eu acho que, com o tempo, ele vai desenvolvendo, mas não ter horário pra nada, não ter, isso me incomoda. Por exemplo, a mãe dele já entende que não, a hora que tiver fome vai comer, e isso me incomoda, você sentar à mesa, eu acho uma coisa importante. (P1, 38 anos)

Apesar de grandes mudanças nas famílias contemporâneas, o que comumente encontramos continua sendo o homem como provedor e a mulher como coprovedora e cuidadora principal (Giddens, 1993). Surpreendeu-nos, portanto, o discurso de vários pais, que demonstram conhecer profundamente a rotina e o dia a dia de seus filhos e da casa, ressaltando também a participação deles na determinação e na manutenção das regras. Isso se mostra como uma mudança presente na vida de algumas dessas famílias.

Dantas, Jablonski e Féres-Carneiro (2004) apontam para uma nova concepção de paternidade, na qual há uma valorização da participação e da presença dos pais na vida de seus filhos. Os autores destacam que essa mudança vem acontecendo em um ritmo lento, mas envolve transformações na identidade masculina. Jablonski (2007) entende que os homens são, ainda hoje, coadjuvantes nas tarefas da casa e que há uma discrepante percepção em relação à execução dessas funções; assim, as mulheres consideram que os homens não fazem o suficiente, e os homens acreditam estar realizando grande parte.

De acordo com Zornig (2010), os pais de hoje não encontram mais referenciais externos que ditem um padrão das funções parentais. Eles ainda veem um desacerto entre as novas formas familiares e os padrões tradicionais que tiveram como exemplo em suas vidas. Diante dessas mudanças, a autora ressalta a importância de criar uma nova relação entre pais e filhos.

Resolução de conflitos para as mães

Em relação aos conflitos que podem surgir durante a convivência familiar, a maioria das mães, assim como os pais, relata utilizar o diálogo como forma de resolvê-los.

> Conversa. Conversa para chegar a um tipo de denominador, dependendo do tipo de problema. A gente vai avaliar junto com ele [*filho*]. Se realmente foi correto, se a gente vê como correto e se não vê, a gente coloca para ele como a gente acha que deveria ser, para ele ter uma posição. (M1, 42 anos)

> É à base de diálogo. Lógico que cada filho tem uma modalidade psicológica, então, uma é mais receptiva à intervenção, à colocação; a outra já é mais arredia. Mas eu vejo assim, que o diálogo tem que prevalecer. (M5, 45 anos)

Nas famílias contemporâneas, a autoridade parental é contestada, sendo a criança alçada a um novo lugar nessa dinâmica, podendo ser proposta, assim, a questão de uma "autoridade infantil". Nessa medida, "os novos pais" aparecem como símbolos dos novos enquadramentos educativos, em que os filhos ganham espaço para colocdar sua opinião, mesmo que seja diferente da forma como os pais pensam (Singly, 2007).

A esse respeito, Giddens (1993) pontua a mudança nos relacionamentos familiares, que, na contemporaneidade, priorizam o diálogo e a negociação, tanto entre os membros do casal quanto com filhos e filhas. Passos (2011) também ressalta a democratização e a flexibilização das relações familiares, afirmando que esse panorama favorece a criação de novas modalidades de se relacionar na família, as quais possuem muitas características da amizade.

Quando o tema dos conflitos familiares é abordado, a questão da discordância entre os membros do casal aparece espontaneamente no discurso das entrevistadas, que apontam o respeito ao cônjuge e aos filhos como algo importante. Nos trechos que se seguem é possível observar que, em um dos casos, o casal discorda na frente dos filhos, enquanto no outro as discordâncias ocorrem quando o casal está a sós.

> É conversando... o que você acha disso, o que você acha daquilo... Se eu faço alguma coisa que ele não concorda, ele fala na hora que não concorda, mas ele respeita a atitude que eu tomei, e vice-versa. Os dois têm a mesma postura. E falamos na hora, na frente das crianças... não concordo com isso... (M2, 31 anos)

> Olha só, é complicado, porque cada um tem sua opinião, então, tem coisas que às vezes eu concordo e às vezes eu discordo, em relação ao meu marido. Então, a gente tenta, na hora que a gente está chamando atenção do meu filho, por algum motivo, um não interfere no outro, não [...] mas a gente tenta não falar na frente dele, pra ele ter respeito, né? (M3, 36 anos)

Segundo Singly (2007), a família contemporânea tem base relacional, ou seja, é fundada a partir de laços livremente consentidos, dissolúveis a qualquer momento por um dos parceiros da díade conjugal – não obstante esses laços serem indissolúveis na família em si, consubstanciada pelas relações entre os pais e os filhos, e entre irmãos e irmãs (Ziviani, Féres-Carneiro & Magalhães, no prelo). Sobrepostas nesse alicerce, as relações familiares são, sobretudo, estruturadas no reconhecimento mútuo das pessoas que vivem juntas e baseadas no respeito compartilhado.

Resolução de conflitos para as crianças

Ao serem questionadas sobre os conflitos familiares, as crianças apontam, com grande recorrência, a rivalidade fraterna como causa desses conflitos. As brigas entre os irmãos resultam na necessidade de intervenção parental através da imposição de regras, limites e castigos.

> Quando eu e meu irmão ficamos lutando. Aí a gente não consegue parar, a gente fica brincando, depois acaba de verdade e aí a gente não consegue parar. (FoC3, 10 anos)
>
> É, porque às vezes eu e o meu irmão, a gente briga. Então cada um vai pro seu quarto. (FoC1, 7 anos)

Os filhos pontuam ainda as atitudes dos pais em relação aos conflitos como sendo corretas, satisfatórias e necessárias para o bom funcionamento familiar. Descrevem a intervenção parental como pacífica na resolução dos referidos conflitos.

> Eu acho que é o jeito certo, brigando com motivo e não brigando sem motivo. Que eu acho que devem ter pais que brigam à toa. Eles não, quando eles brigam, eles brigam certo. (FoC3, 10 anos)

Os núcleos familiares que promovem saúde emocional permitem tanto a expressão de agressividade como de afeto (Féres-Carneiro, 2005; Wagner, Ribeiro, Arteche & Bornholdt, 1999). Verificamos nos relatos dos sujeitos entrevistados que há momentos de conflitos e de ternura entre os familiares. Porém, a descrição dos momentos de afeto está mais presente no discurso dos sujeitos. Quando os conflitos são vistos de forma diferenciada e ampla, tendo em mente que brigas existem no convívio familiar, é possível visualizar uma forma de mediá-los (Fonkert, 1998).

Resolução de conflitos para os adolescentes

Em relação aos conflitos, dois entrevistados descrevem que é mais fácil resolvê-los com o pai do que com a mãe, pois, enquanto os pais tendem a ser mais calmos, as mães apresentam um comportamento mais emotivo:

> Normalmente, minha mãe fala mais, o meu pai só comenta comigo. A minha mãe é mais expressiva. Meu pai, quando quer falar alguma coisa, brigar por alguma coisa, ele nem briga. Ele chama para o canto, conversa e só orienta o que ele acha [...]. Minha mãe dá um ataque. (FoA2, 16 anos)
>
> "Pai, eu posso levar quatro amigas para o show?" "Pode." Meu pai é mais zen, mais relax, ele faz ioga. A minha mãe é mais "É muita gente, é muita responsabilidade, eu vou perder essas crianças". Ela dá um ataque. (FaA4, 13 anos)

Além disso, os conflitos não são mais resolvidos com castigos nessa fase do desenvolvimento dos filhos.

> Os conflitos são resolvidos primeiro discutindo e depois fazendo as pazes. (FoA1, 17 anos)

> Quando eu fazia alguma coisa errada, eles me botavam de castigo [*quando era criança*], mas eles já não me botam mais. (FoA3, 14 anos)

> Eu desobedeço muito pouco e minha mãe nunca foi de me botar de castigo. Ela fala: "Não faz mais isso". Já teve briga – "Por que fez isso, por que fez aquilo?" Mas em situações muito extremas. (FaA4, 13 anos)

Uma entrevistada indica que tem o costume de questionar a autoridade dos pais ao perguntar o porquê das regras estabelecidas por eles.

> A minha mãe às vezes não aceita um pouco ter uma opinião diferente da dela, mas não porque ela acha que a opinião dela seja absoluta, mas porque ela demora a entender, sabe? Tipo, eu e a minha irmã temos muito isso, a nossa opinião, a gente fica batendo, batendo, até o final [...]. A gente fala: "Por que é assim?". (FaA6, 16 anos)

Kaufmann (2007) pontua que há uma distância entre o discurso e a prática igualitária. O contraste entre o ideal e a prática pode ser observado, por exemplo, na divisão tradicional das tarefas domésticas, evidenciando a perda de força da regra de igualdade. A hierarquia parental também continua a existir, apesar de estar mais esmaecida.

Considerações finais

Constatamos, a partir do discurso dos entrevistados, que os pais estão mais presentes, participativos e envolvidos no cotidiano dos filhos, compartilhando com as mães os cuidados. Assim, essa nova forma de exercer a paternidade vai de encontro à figura do pai tradicional, concebido como provedor e disciplinador, para fazer surgir a figura do pai nutridor, que acolhe e satisfaz necessidades físicas e emocionais dos filhos. Os pais afirmam que estão exercendo essas novas funções com muita satisfação.

As mães, ao mesmo tempo que falam de uma experiência de plenitude no exercício da maternidade, ressaltam também as responsabilidades e dificuldades relacionadas aos cuidados com os filhos. Na medida em que despendem grande parte do tempo no trabalho, algumas se sentem culpadas e destacam a importância de passar tempo de qualidade com os filhos. Apesar das preocupações e responsabilidades, as mães relatam sentir grande prazer e satisfação no exercício da maternidade, assim como os pais em relação à paternidade.

Tanto as crianças quanto os adolescentes descrevem a experiência de ser filhos/filhas como boa, evidenciando a existência de uma família democrática e igualitária, em que as relações são cada vez mais horizontais, guardadas as diferenças entre as fases do desenvolvimento. Percebemos, assim, a horizontalização das relações reduzindo a possibilidade de crise entre pais e filhos e proporcionando mais intimidade e conforto aos integrantes da família.

Quanto à forma de resolver os conflitos, tanto os pais quanto as mães destacam o diálogo como a primeira alternativa. A conversa, para eles, é considerada muito importante no processo educativo, permitindo trocas e ensinamentos. Os castigos são apontados como uma segunda opção para resolver as discordâncias ou o não cumprimento das regras. A possibilidade de bater nos filhos surge como última alternativa em alguns casos, embora a maioria dos pais e mães entrevistados não faça uso desse tipo de punição e até a condene.

Para as crianças, os conflitos familiares estão, na maioria das vezes, relacionados à rivalidade fraterna, resultando na necessidade da intervenção dos pais por meio do estabelecimento de limites e castigos. Elas consideram que as atitudes dos pais diante desses conflitos são adequadas e necessárias para que a família funcione bem.

Os adolescentes descrevem os castigos como parte de uma fase anterior de seu desenvolvimento, e alguns têm mais facilidade para resolver os conflitos com os pais, considerados mais calmos, do que com as mães, vistas como mais emotivas.

Por fim, gostaríamos de ressaltar que chama a atenção, no discurso dos nossos entrevistados – tanto dos pais como dos filhos –, a ênfase dada aos aspectos positivos da relação paterno-filial. Tais resultados podem estar evidenciando o quanto a família ainda é idealizada nos dias atuais. Estariam, de alguma forma, os pais e filhos de famílias heterossexuais casadas em busca da família perfeita?

Em trabalhos a serem propostos posteriormente, apresentaremos os resultados referentes às demais categorias de análise surgidas no discurso dos 18 pais (10 pais e 8 mães) e dos 16 filhos (8 filhos e 8 filhas), membros de famílias heterossexuais casadas. Também daremos prosseguimento à realização das entrevistas com membros das demais configurações familiares heterossexuais e homossexuais, ou seja, das famílias separadas, recasadas e monoparentais, para posterior apresentação e discussão dos resultados, buscando analisar as semelhanças e diferenças encontradas nas múltiplas formas de ser família na contemporaneidade.

Referências

Araújo, M. F. (2009). Gênero e família na construção de relações democráticas. In T. Féres-Carneiro (Org.). *Casal e família: permanências e rupturas* (pp. 9-24). São Paulo: Casa do Psicólogo.

Badinter, E. (2011). *O conflito: a mulher e a mãe.* Rio de Janeiro: Record.

Borges, C. C., & Magalhães, A. S. (2009). Transição para a vida adulta: autonomia e dependência na família. *Psico, 40*, 42-49.

Bradt, J. O. (1995). Tornando-se pais: famílias com filhos pequenos. In B. Carter, & M. McGoldrick (Orgs.). *As mudanças no ciclo de vida familiar* (pp. 206-221). Porto Alegre: Artes Médicas.

Campos, A. L. A. (2003). *Casamento e família em São Paulo colonial: caminhos e descaminhos.* São Paulo: Paz e Terra.

Dantas, C., Jablonski, B., & Féres-Carneiro, T. (2004). Paternidade: considerações sobre a relação pais-filhos após a separação conjugal. *Paideia, 14*, 347-357.

Féres-Carneiro, T. (2005). Conjugalidade dos pais e projeto dos filhos frente ao laço conjugal. In T. Féres-Carneiro (Org.). *Família e casal: efeitos da contemporaneidade* (pp. 111-121). Rio de Janeiro: PUC-Rio.

Féres-Carneiro, T., & Magalhães, A. S. (2008). Novas configurações familiares e as repercussões em psicoterapia de família. *Revista Brasileira de Psicoterapia, 10*, 7-16.

Fonkert, R. (1998). *Mediação familiar: recurso alternativo à terapia familiar na resolução de conflitos em famílias com adolescentes.* Recuperado em 20 de maio, 2012, de www.productivedialogue.net/upload/publications/04022009164518.pdf

Giddens, A. (1993). *A transformação da intimidade: sexualidade, amor e erotismo nas sociedades modernas*. São Paulo: UNESP.

Gomes, A. J. S., & Resende, V. R. (2004). O pai presente: o desvelar da paternidade em uma família contemporânea. *Psicologia: teoria e pesquisa*, *20*(2), 119-125.

Heilborn, M. L. (2004). *Dois é par: gênero e identidade sexual em contexto igualitário*. Rio de Janeiro: Garamond.

Henriques, C. R. (2004). *"Geração Canguru": o prolongamento da convivência familiar*. Dissertação de Mestrado, Pontifícia Universidade Católica do Rio de Janeiro, Rio de Janeiro, RJ, Brasil.

IBDFAM. (2007). *Estatuto das Famílias*. Instituto Brasileiro de Direito de Família.

Jablonski, B. (1997). Paternidade hoje: uma metanálise. In P. Silveira (Org.). *Exercício da paternidade* (pp. 121-129). Porto Alegre: Artes Médicas.

Jablonski, B. (1999). Identidade masculina e o exercício da paternidade: de onde viemos e para onde vamos. In T. Féres-Carneiro (Org.). *Casal e família: entre a tradição e a transformação* (pp. 55-69). Rio de Janeiro: NAU.

Jablonski, B. (2007). O cotidiano do casamento contemporâneo: a difícil e conflitiva divisão de tarefas e responsabilidades entre homens e mulheres. In T. Féres-Carneiro (Org.). *Família e casal: saúde, trabalho e modos de vinculação* (pp. 203-228). São Paulo: Casa do Psicólogo.

Kaufmann, J. C. (2007). *Agacements: Les petites guerres du couple*. Paris: Armand Colin.

Lewis, C., & Dessen, M. A. (1999). O pai no contexto familiar. *Psicologia: Teoria e Pesquisa*, *15*, 9-16.

Lopes, R. C. S., Menezes, C., Santos, G. P., & Piccinini, C. A. (2006). Ritual do casamento e planejamento do primeiro filho. *Psicologia em Estudo*, *11*(1), 55-61.

Lourenço, O. M. (2002). *Psicologia de desenvolvimento cognitivo: teoria, dados e implicações*. Coimbra: Almedina.

Moshman, D., Glover, J. A., & Bruning, R. H. (1987) *Development psychology: a topical approach*. Boston: Little, Brown and Company.

Muzio, P. A. (1997). Paternidade (ser pai)... para que serve? In P. Silveira (Org.). *Exercício da paternidade* (pp. 165-174). Porto Alegre: Artes Médicas.

Osório, L. C. (1996). *Família hoje*. São Paulo: Artes Médicas.

Passos, M. C. (2011) Família, amizade e reinvenção da vida. In T. Féres-Carneiro (Org.). *Casal e família: conjugalidade, parentalidade e psicoterapia* (pp. 107-118). Rio de Janeiro: Casa do Psicólogo.

Pereira, R. C., & Silva, C. M. (2006). Nem só de pão vive o homem. *Sociedade e Estado, 21*(3), 667-680.

Ponciano, E. L. T., & Féres-Carneiro, T. (2010). Transição para a vida adulta: processo de transformação de pais e filhos. In Garcia, A. (Org.). *Relacionamento interpessoal: uma perspectiva interdisciplinar* (pp. 7-17). Vitória: ABPRI.

Ponciano, E. L. T., & Seidl-de-Moura, M. L. (2011). Identity and parents–children's relationship in the transition to adulthood. In G. Moita, A. R. Torres & L. Ribeiro (Eds.). *Proceedings of 4th Regional Mediterranean and Atlantic Congress of the IAGP* (pp. 115-124). Porto: Sociedade Brasileira de Psicodrama.

Rocha-Coutinho, M. L. (2009). De volta ao lar: mulheres que se afastaram de uma carreira para melhor se dedicar aos filhos. Retrocesso ou um "novo" modelo de família? In T. Féres-Carneiro (Org.). *Casal e família: permanências e rupturas* (pp. 219-235). Rio de Janeiro: Casa do Psicólogo.

Rocha-Coutinho, M. L. (2011). De volta ao lar: mulheres que abandonaram uma carreira profissional bem sucedida com o nascimento dos filhos. In T. Féres-Carneiro (Org.) *Casal e Família: conjugalidade, parentalidade e psicoterapia* (pp. 133-148). Rio de Janeiro: Casa do Psicólogo.

Roudinesco, E. (2003). *A família em desordem*. Rio de Janeiro: Jorge Zahar.

Romanelli, G. (1995). *Papéis familiares e paternidade em famílias de camadas médias*. Encontro Anual da *ANPOCS*, 19. Caxambu/MG.

Santos, J. L., & Macedo, R. M. S. (2008). Valores familiares e educação dos filhos na contemporaneidade. In R. M. S. Macedo (Org.). *Terapia familiar no Brasil na última década* (pp. 169-179). São Paulo: Roca.

Singly, F. (2007). *Sociologie de la famille contemporaine*. Paris: Nathan.

Sutter, C., & Bucher-Maluschke J. S. N. F. (2008). Pais que cuidam dos filhos: a vivência masculina na paternidade participativa. *Psico, 39*(1), 74-82.

Vasconcelos, A. C., & Souza, M. B. (2006). As noções de educação e disciplina em pais que agridem seus filhos. *Psico, 37*, 15-22.

Velho, G. (1987). Família e subjetividade. In A. M. Almeira (Org.). *Pensando a família no Brasil: da colônia à modernidade* (pp. 37-52). Rio de Janeiro: Espaço e Tempo/UFRJ.

Wagner, A., Ribeiro, S. L., Arteche, X. A., & Bornholdt, A. E. (1999). Configuração familiar e o bem-estar psicológico dos adolescentes. *Psicologia: Reflexão e Crítica, 12*(1), 147-156.

Weber, L. N. D., Viezzer, A. P., & Brandenburg, O. J. (2004). O uso de palmadas e surras como prática educativa. *Estudos de Psicologia, 9*, 227-237.

Ziviani, C., Féres-Carneiro, T., & Magalhães, A. S. (2012). Pai e mãe na conjugalidade: aspectos conceituais e validação de construto. *Paideia, 22(52)*, 165-175

Zornig, S. M. A. (2010). Tornar-se pai, tornar-se mãe: o processo de construção da parentalidade. *Tempo psicanalítico*, *42*(2), 453-470.

O tráfico de drogas e o destino das famílias

Maria do Carmo Cintra de Almeida Prado
Universidade do Estado do Rio de Janeiro

> *"É assim que os homens deveriam ser, para serem felizes e tornarem os outros felizes, mas terão de levar em conta que eles não são assim."*
> *Shakespeare*

Relatos que dizem respeito à ação do tráfico de drogas costumam promover sentimentos de medo, vulnerabilidade e impotência, haja vista o poderio associado a essa organização e sua força junto a comunidades, com regras, hierarquia, código de honra e moral próprios. Diante de suas determinações e intransigências, a primeira reação é de medo, pois se está diante de uma organização poderosa, cuja violência é bem conhecida e temida como extrema e impiedosa. Trata-se de outro mundo, cuja particularidade se considera mais pela ideologia que o sustenta do que por um critério de anomalia ou patologia.

Um dos eixos de reflexão que propomos neste trabalho diz respeito à condição de sujeitos apanhados e submetidos a uma situação externa que os tiraniza, cuja singularidade e autonomia se anulam; o outro refere-se aos efeitos dessa condição sobre o psicoterapeuta, em termos contratransferenciais, especificamente no enquadre da terapia familiar psicanalítica.

O tráfico de drogas é uma organização administrativa competente, bastante articulada e com ramificações pouco conhecidas, mas que habitam nosso imaginário. Ele está presente em nosso cotidiano, ataca e afeta a vida, promovendo mortes e desaparecimentos, o que repercute em nosso sentimento de vulnerabilidade, ainda que com direitos e livre-arbítrio. Histórias individuais são mal contadas, sem que haja referência direta a um sujeito ou a um grupo específico. Tudo é meio vago e, em consequência, dão-se lacunas causadas por pactos e desaparecimentos que, muitas vezes, representam para nós a realização do inimaginável ou a concretização de nossas mais terríveis fantasias, sobretudo no que diz respeito ao que seres humanos podem fazer com outros seres humanos.

O desamparo tem suas raízes na condição de dependência absoluta da primeira infância e também deriva do exterior, sobretudo em regimes totalitários e de dominação. Em certas condições, pode ser bastante difícil estabelecer um vínculo entre o que foi destruído no psiquismo e aquilo que foi destruído no mundo exterior, sobretudo quando se tem medo de falar ou se considera que fazê-lo não levará a lugar algum, numa espécie de descrédito e desistência sociais, frutos também do desamparo diante do poder público.

O medo produz silêncio, o que impede o acesso à possibilidade de representação, fazendo-se necessário alguém que possa escutar e entender. Se o medo silencia, ele também paralisa por implicar uma ameaça de destruição, na qual o sujeito se vê cortado de si mesmo. Na busca da criação de sentido, o pensamento e a palavra permitem que se explorem outros mundos, passados e presentes, bem como a relação entre eles.

Na assistência a famílias que vivem em comunidades dominadas pelo tráfico e, portanto, em uma realidade particular que, muitas vezes, só é conhecida por nós através do noticiário, surgem situações específicas promotoras de reações contratransferenciais não diretamente relacionadas à família, mas ao tráfico em si, como um terceiro elemento presente no atendimento. Vínculos de submissão internos, tanto dos membros da família em tratamento quanto do terapeuta que deles se ocupa, ao pactuarem com os vínculos de dominação externos, se transformam em fator de conluio, impedimentos e, se não de franca destrutividade, também em pactos denegativos.

As famílias de Lila

Lila foi submetida a uma cirurgia cardíaca em um hospital universitário público, com troca de válvulas mitral e aórtica, requerendo outra intervenção para reparo seis anos depois. Tais válvulas têm durabilidade prevista de dez anos, mas, por ocasião da cirurgia, Lila entendera que teria dez anos de vida a mais. Antes de esse tempo se completar, começaram a surgir sintomas. Na ocasião, ela e o companheiro estavam desempregados, e o serviço social do referido hospital mobilizou-se no sentido de requerer para ela aposentadoria integral por invalidez, que lhe foi concedida. Com esse provento, as dívidas começaram a ser pagas, mas, mesmo com o companheiro e o filho tendo algum trabalho, as relações familiares se apresentavam muito tensas e agressivas. Deu-se, então, o encaminhamento para terapia familiar psicanalítica por uma profissional que atendia Lila na unidade de psiquiatria do mesmo hospital. Não havia diagnóstico fechado, e sua medicação era mantida em dosages muito baixas, porém, quando sofria alguma alteração, ela reagia muito.

Lila mobilizava bastante vários profissionais, requisitava cuidados, corria atrás de consultas, exames, bolsa auxílio, passe livre, conseguindo tudo o que reivindicava; praticamente morava no hospital. Apesar das diversas propostas terapêuticas e da adesão a elas, não se observavam progressos em suas condições clínica e psíquica; a terapia familiar passou a ser mais uma forma de assistência oferecida. Acolhida a família, foram acertadas sessões semanais de uma hora de duração. As histórias de Lila eram "movediças" e assumiam diferentes versões.

A família se constituía por três membros: Lila, com 51 anos por ocasião do início do atendimento; seu companheiro, Valdo, 28 anos mais jovem, com ela desde os 16 anos; e um filho, João, então com 25 anos. O rapaz apresentava sequelas decorrentes do parto prematuro, acrescidas de outras em decorrência de um atropelamento quando já adulto, levando sua mãe a afirmar que ele "perdera o cérebro". Lila tivera outras duas uniões; seu filho, nunca desejado, era fruto da segunda.

Lila conta que sua mãe não queria ter filhos e, por isso, fizera vários abortos. Contudo, em uma das gestações, ao saber que se tratava de uma menina, decidiu levá-la a termo para que cuidasse dela na velhice. Ainda assim, batia muito nela, dizendo-lhe que nunca deveria ter tido filho. No encaminhamento que nos fora feito havia referências a estupro, abuso sexual e violência, situações não abordadas diretamente por Lila em um primeiro momento. Ela nos contou, a princípio, que sua mãe a punha na cama quando mantinha relações com outras mulheres e que, certa ocasião, quando ainda era menina, ao entrar no banheiro enquanto o pai ou o padrasto se barbeava, ele a cortou na coxa com a navalha "para ela aprender". Depois dessa agressão, que lhe deixou uma cicatriz profunda, acabou por abandonar o lar, afirmando que nunca quisera ter filhos.

Lila relata ter-se casado muito jovem, com o casamento tendo sido "arranjado" por sua mãe para se livrar dela [*sic*]. O casamento durou pouco, o marido era viciado em drogas e tinha uma amante, chegando a lhe dizer que se casara "para ter casa", mas que gostava de sua "pretinha". Separada, Lila não quis voltar a morar com a mãe; comprou um barraco em um morro. Nessa ocasião, ela costumava sair com chefes da empresa na qual trabalhava, ganhando dinheiro por isso.

Veio então a conhecer aquele que se tornaria seu segundo companheiro, Luiz, do qual não gostava, mas de quem engravidou. Sua mãe pressionou-a para interromper a gestação, e ela tentou abortar ingerindo medicamentos e chás, mas não conseguiu. A criança nasceu prematura e com várias deficiências; os problemas motores chegaram a ser recuperados após tratamento contínuo.

Luiz também era usuário de drogas e tinha dívidas com o tráfico. Valdo, ainda adolescente, era "mula"[1] que, naquela ocasião, precisava sair de circulação. Luiz "deu" mulher e filho como parte do pagamento de sua dívida, e ficou estabelecido que Valdo ficaria instalado na casa da família. Em uma briga, Luiz agrediu Lila fisicamente e Valdo a defendeu, mas não saiu da casa, porque ela e o filho, João, tinham sido dados como "penhora". Saturado da situação, Luiz abandonou a mulher e o filho à própria sorte e desapareceu. Natural de outro estado, sem nenhum contato nem referência de sua família de origem, Valdo fez uma série de ameaças, inclusive quanto à possibilidade de João vir a ser morto pelo tráfico, e com isso permaneceu instalado na casa. Começou a

1 Traficante responsável pelo transporte e pela comercialização de quantidades relativamente pequenas de drogas.

trabalhar, e Lila passou então a cuidar dele e do filho. Nesse novo arranjo familiar, começaram a surgir outras demandas, relativas à vida marital. Mesmo não querendo, mas devido a ameaças, Lila acabou por ceder às pressões de Valdo, a quem chamava de "filho", e passou a manter relações sexuais com ele, o que em seguida veio a ser reivindicado também por João. A constelação familiar passou de "uma mãe com dois filhos" para outra, em que a mãe mantinha relações sexuais com "um dos filhos", fazendo com que o outro também se sentisse no direito e dando origem a intensos conflitos. Cabe lembrar que Valdo era dois anos mais novo do que João. Sem ceder ao filho, Lila "se casou" com Valdo e ambos passaram a usar alianças por imposição dele.

Lila manteve-se trabalhando na empresa, onde veio a sofrer um estupro violento que requereu hospitalização e suturas; depois desse fato, foi demitida. Durante esse tempo, Valdo cuidou dela. Ela passou a trabalhar em uma cooperativa de táxi, mas tempos turbulentos envolveram a família: sua mãe teve câncer e João foi atropelado, ficando com graves sequelas. Lila tratou intensivamente do filho, que perdeu todas as vagas conseguidas em serviços especializados "por ser homem feito" e, de acordo com o "mandato materno", se ocupou da mãe até sua morte. Esta lhe deixou uma casa "no asfalto"[2], dizendo-lhe que, se tivesse cabeça, se daria bem. As palavras da mãe soaram como uma maldição e se confirmou o que parecia estar contido nelas: o desprezo por sua capacidade. Lila levou "volta" do advogado, para quem veio a perder seu patrimônio, o que entendeu como uma confirmação de sua incapacidade. Com o dinheiro que lhe sobrou, fez reformas em seu barraco – mas as tensões continuaram, advindas do exterior, com invasões a seu quintal, roubos, vidros de janelas quebrados e o medo de a casa ser invadida pelo pessoal do tráfico de drogas e do próprio meio familiar, com João correndo nu atrás dela, já que ela mantinha relações sexuais com "o outro filho". Lila costuma dizer-lhe que ele a está matando. Teme muito a situação dele com sua morte, mas se queixa do transtorno que ele representa para sua vida.

Ocorrem muitas brigas em casa, cíclicas, com violência física e sempre pelos mesmos motivos: sexo, dinheiro, afeto, desemprego, desejo de que Valdo vá embora – mas como ele não tem para onde ir...

---

2 Em favelas ou comunidades, diz respeito às casas que ficam à beira de ruas, a princípio asfaltadas, portanto mais valorizadas, contrapostas àquelas que são construídas nas encostas de morros, cujo acesso se dá por vielas.

Lila se refere ao sexo como algo "nojento" ("papai-mamãe, rápido e pronto") reconhecendo, no entanto, haver necessidade física, o que também parece dizer-lhe respeito, de forma muito ambivalente. O afeto fica por conta dos animais da casa, que demonstram que a amam e dos quais ela cuida com muito apreço, mas a cadela que era sua referência, seu amor, foi sacrificada por ter contraído leptospirose com a chuva.

Com a perspectiva de nova cirurgia cardíaca, Lila afirma "não estar mais ali". Pensa na morte, abordada indiretamente ao afirmar que a casa ficaria para João – mesmo que considere a possibilidade de seu pai vir a se apropriar dela –, mas também na vida, ao assinalar que ainda havia reformas a serem feitas e desejar sair da favela, comprando uma casa na área urbana.

Objeto utensílio e incesto

O que poderia ter acontecido a Lila e sua família se seu segundo companheiro não fosse usuário de drogas, não tivesse dívidas com o tráfico de drogas e não se visse premido a negociar com ele? Ao deixar mulher e filho como "penhora", com um "mula" albergado na casa, delineava-se um destino para aquelas pessoas. Quais escolhas teriam elas sobre suas vidas, qual livre-arbítrio, ainda mais com a restrita situação financeira, sem ter para onde ir, e as precárias condições psíquicas decorrentes de vivências de violência e abandono que as acompanham desde sempre?

Lila, ao longo de sua vida, nunca teve o reconhecimento de seu valor enquanto sujeito, tendo sido concebida como *objeto utensílio* (Racamier, 1987) para os objetivos narcísicos de sua mãe. Passou toda a infância e a juventude sendo lembrada por seus pais de que eles não queriam ter tido filho, como se fosse culpa dela a contrariedade que eles viviam a esse respeito. Convivia, então, com pessoas que não tinham nenhuma empatia sobre suas necessidades afetivas e psíquicas, nem consideração por seu corpo, marcado a navalha.

Embolada na vida sexual da mãe, Lila vem a se envolver sexualmente com seus chefes, dos quais recebe dinheiro, colocando-se mais uma vez em condição marginal, e será na situação de trabalho que virá a ser violentamente estuprada. A demissão que se segue a esse fato parece responsabilizá-la pela violência sofrida, sem que haja referência ao possível perpetrador, sobre o qual Lila silencia. Em sua vida, tudo parece acontecer independentemente de sua vontade: o primeiro casamento arranjado pela mãe; o segundo devido à gravidez indesejada, cuja interrupção, almejada, não foi viabilizada; e o terceiro em decorrência da ação do tráfico de drogas, com Lila se apresentando em todas essas circunstâncias como objeto utensílio, aparentemente sem vontade e sem querer – mas, evidentemente, não apenas dessa forma. Fatores de identificação entravam em jogo e ela ia ocupando os lugares que lhe eram destinados, nos quais permanecia desconsiderada, desvalorizada e à margem.

Na situação presente, o desamparo mantinha os membros da família unidos: Lila ficava com pena por Valdo não ter para onde ir, conforme assinalava, mas ela e o filho teriam? A ela restava o hospital como rede de apoio, lugar onde via sua vida valorizada, seu corpo cuidado e suas necessidades assistidas, ainda que com repetidas substituições de profissionais, por se tratar de um hospital-escola. A cada troca, muitas lágrimas, mas o hospital permanecia. Ainda assim, apesar dos diversos projetos terapêuticos e de sua adesão a eles, Lila não parecia responder aos tratamentos. Melhorar não representaria, para ela, a ameaça de perder referências, de ficar sem ninguém, sem cuidados, sem ter para onde ir, sem destino?

Valdo nos chega sem história, a não ser a partir de seu albergamento pela família. Aos 16 anos, já era "soldado do tráfico" e precisava sair de circulação. Vinha de outro estado e nunca fez nenhuma menção à sua família de origem, levando-nos a pensar em rupturas e carências prévias que o levaram ao tráfico. Para ele, o uso de drogas era intermitente. Evitava falar de sua vida pregressa, e não houve possibilidade de abordá-la, como se envolvesse transações perigosas, transgressões que não deveriam ser conhecidas. Em Lila, parecia ter encontrado uma mãe, mas também uma mulher, instaurando-se uma situação de características incestuosas: chamado de "filho" pela mulher, não se via em posição de interditar os desejos do enteado em relação à própria mãe.

A participação de João na terapia era esporádica, e seus déficits cognitivos e intelectuais eram notórios. No entanto, ele reivindicava seus direitos sexuais junto à mãe, em uma dinâmica incestuosa, pois o padrasto era visto mais como seu irmão do que como marido de sua mãe. Questões edípicas assim se reeditavam, já que Lila se vira imiscuída nas relações extraconjugais de sua mãe, de modo invertido, compartilhando o leito com outras mulheres.

Respondendo à pergunta proposta no início deste tópico, consideramos que, mesmo sem a intervenção do tráfico de drogas, o destino de Lila e de sua família decorreria dos padrões relacionais apresentados até então, caracterizados pela passividade dela e pelo aparente esvaziamento de sua vontade. Tal passividade não é apenas defensiva, mas também bastante destrutiva e, paradoxalmente, ativa (Joseph, 1989): acarreta consequências. Se, de um lado, Lila busca assistência e toma providências para si e os demais membros da família, sendo bem-sucedida em suas demandas, de outro não há mudanças, reproduzindo-se tal dinâmica em sua relação com a equipe hospitalar: dão-se tratamentos, mas sem resposta efetiva, a não ser, até então, quanto à possibilidade de mantê-la viva. Terminamos este tópico com outra pergunta: Não terá sido nessas condições que se dava a relação com seus pais, particularmente com a mãe?

Inquietantes estranhezas

Contamos a história das famílias de Lila sem fazer referência às intervenções que se deram ao longo do atendimento, pois, com esse relato, pretendemos abordar o efeito de situações sociais devastadoras sobre a família e o terapeuta que a atende. Trata-se de situações próximas e distantes, familiares e estranhas, pois ele vive em uma sociedade em que o tráfico de drogas está presente, mas não habita uma comunidade dominada por ele, portanto, não está sob seu efeito direto. No entanto, nem por isso o tráfico de drogas deixa de produzir efeitos em sua mente, promovendo questionamentos sobre a eficácia de sua atuação.

Ao abordar o tema do "estranho" e relacioná-lo com o que é assustador, com o que provoca medo e horror, Freud (1919) se interessa pelo núcleo comum que nos permite distinguir como "estranhas" determinadas coisas presentes no campo daquilo que é considerado amedrontador. O estranho diz respeito àquela categoria do assustador que remete ao que é conhecido, familiar e está há muito estabelecido na mente. Entre os fatores abordados por

Freud como sendo em parte responsáveis pela impressão de estranheza está o retorno a determinadas fases na evolução do sentimento de autoconsideração, uma regressão a um período em que o ego não se distingue claramente do mundo externo e de outras pessoas – um período, portanto, de extrema dependência e consequente desamparo. Outro fator a ser considerado é a repetição, fenômeno que, sujeito a determinadas condições e combinado com certas circunstâncias, provoca uma incontestável sensação estranha, que evoca a sensação de desamparo experimentada em alguns estados oníricos – mas não apenas isso, como é o caso de situações de real abandono, negligência e desinvestimento emocional, sobretudo por parte dos pais.

Uma base segura (Bowlby, 1988) se estabelece a partir de um sentimento que se desenvolve no enquadre da relação intersubjetiva e da identificação primária. Quando o bebê ou a criança se sente desamparado, mas o contexto de suas experiências é naturalmente sustentado por adultos cuidadores interessados nele, o mundo exterior lhe revela, através do comportamento deles, a dimensão da doação, da reciprocidade e da disponibilidade psíquica. Tais experiências se consolidam quando o sujeito vive no seio de uma família suficientemente organizada e sustentável, em um contexto social no qual normas, tradições e regras éticas são vividas, experimentadas e transmitidas. De outro lado, quando essa estrutura se desfaz ou inexiste, devido à própria dinâmica familiar e/ou sob efeito da violência social, dão-se rupturas subjetivas e intersubjetivas, e percepções de descaso, desqualificação, ambivalência, violência e destruição acarretam um inquietante sentimento de estranheza.

Passado e presente se entrelaçam em um sujeito que, assim, se compõe de aspectos múltiplos e de cisões. Aqueles que tiveram experiências traumatizantes relacionadas à violência familiar e/ou social têm necessidade de dissociá-las para continuar vivendo ou para poderem sobreviver, de modo a não se verem constantemente invadidos por esse passado. A possibilidade de abordá-lo traz à tona sentimentos ligados a um sofrimento tido como insuportável, que, muitas vezes, recai sobre o corpo através de somatizações, como parece se dar com Lila. De outro lado, o sujeito se vê sem defesa com relação a aspectos temíveis e destrutivos da realidade externa que penetram em seu psiquismo, nele se enquistam e produzem efeitos, sem que ele tenha controle ou meio de proteção contra esses aspectos.

O terapeuta de família e o mal-estar na cultura

Ao abordar a transferência familial, Eiguer (1995) afirma que ela está implícita – nunca por acaso – no relato que aparece em determinado momento do tratamento, sendo a sede dos vínculos típicos da família. No *sentido sincrônico* da atividade de ligação intersubjetiva, ela ultrapassa o individual e, complementando o que foi colocado pelo autor, reflete os diversos contextos sociais pelos quais os familiares transitam. Já no *sentido diacrônico*, envolve a história comum dos encontros e das linhagens de cada um dos pais. O autor assinala que transferências se dão para o terapeuta, o enquadre e o processo, e a elas gostaríamos de acrescentar o hospital ou a instituição e os membros da equipe, quando se dão diferentes propostas terapêuticas e/ou há clínicas diversas envolvidas. Ainda que fugindo ao propósito deste trabalho e, por isso mesmo, sem pretensão de aprofundamento, gostaríamos apenas de mencionar que, se existem intertransferências entre os familiares na situação de atendimento à família, elas também se dão entre eles e os diferentes especialistas envolvidos no projeto assistencial – o que, por sua vez, terá reflexos sobre tais profissionais, em uma ação nem sempre integrada, conforme seria desejável.

Constata-se, então, que a transferência familial é particularmente complexa e, na abordagem psicanalítica da família, também o será a contratransferência, constituída pelo conjunto de emoções, representações e atos do terapeuta que se dão em resposta à transferência e às intertransferências da família – que incluem seu contexto social –, envolvendo forçosamente seu funcionamento psíquico inconsciente.

Nos atendimentos a Lila e sua família, uma série de assuntos ficavam inabordados, e tal fato era registrado pelo terapeuta. Havia muitas lacunas, histórias que não se completavam; contudo, referir-se a elas por iniciativa própria parecia-nos intrusivo, sobretudo considerando-se as diversas situações de invasão vividas pela família ao longo de seu percurso. Supomos que houvesse medo de falar, pois o silêncio se apresentava como alguma garantia, já que envolvia um pacto implícito, fosse com quem fosse: a família convivia com ameaças e não falava sobre elas; chegava a relatar os fatos, mas não seus desdobramentos. Áreas da vida familiar se mantinham, assim, conhecidas e desconhecidas pelo terapeuta, que era levado, então, a ficar na mesma posição da família: sem mobilidade e circunscrito a um lócus limitado – como também o da palavra e o do pensar. Tais aspectos se apresentavam como uma comunicação não verbal e, ainda que abordados em interpretações, o silêncio prevalecia – e, evidentemente, também o medo. Na realidade, a família, coagida pelo tráfico de drogas, também não podia contar com a proteção dos meios de segurança públicos, sem condições de inspirar confiança e oferecer garantias de vida.

Ao abordar como são regulados os relacionamentos entre os homens, em termos sociais, Freud (1930 [1929]) considerava ser inegável a existência do mal, e assinalou como passo decisivo da cultura a substituição do poder do indivíduo pelo poder de uma comunidade. As possibilidades de satisfação se restringem aos membros de uma comunidade, ao passo que o indivíduo desconhece tais restrições. Assim, a primeira exigência da cultura é a garantia de que uma lei, uma vez criada, não será violada em favor do indivíduo. A cultura impõe sacrifícios não apenas quanto à sexualidade humana, mas também à agressividade, vista pelo autor como o maior impedimento à cultura, sendo que a perda de satisfação pulsional deverá ser economicamente compensada para que sejam evitados maiores transtornos. Porém, será justamente a pulsão agressiva do homem, sua hostilidade mútua, que se oporá ao programa de aculturação.

Trabalhar em condições em que se fica, junto com os membros da família assistida, na fronteira entre dois mundos, cada qual com leis que seguem em paralelo, acarreta uma forma peculiar de mal-estar no terapeuta de família, em parte culpado por conta de seu medo e sua impotência diante dos fatos. No caso em análise, estaria ele também refém do tráfico?

Além disso, por falta de material e greve de anestesistas, Lila, indicada para cirurgia para substituição de válvulas cardíacas, vê-se mais uma vez refém, dessa vez do próprio sistema público de saúde, que também interfere em seu destino; já se trata, então, de uma questão de vida ou de morte, pois o tempo urge. Inserido nesse mesmo sistema está o terapeuta de família, que não pode fazer nada. Deixamos ao leitor espaço para suas próprias conclusões.

Algumas considerações

A percepção objetiva dos fatos e, portanto, da natureza da psicodinâmica patológica em causa pode se ver falseada quando o terapeuta de família se identifica com seus pacientes enquanto vítimas de uma organização opressiva. Não que não existam atos abusivos carregados de desrespeito e violência, mas convém ressituá-los em um contexto global de modo a avaliar suas justas consequências e evitar possíveis manipulações. Isso pode ser ainda mais difícil quando ele próprio tende a se ver como impotente e calado diante do medo opressivo – nem sempre consciente –, causado pelo tráfico de drogas.

Se as dificuldades ficarem circunscritas a uma ordem relacional opressor-oprimido, parte da psicodinâmica patológica familiar, inclusive de sua perspectiva transgeracional, será perdida. O que se mostra relevante é considerar comportamentos e manifestações psicodinâmicas dos membros da família, com um olhar sobre o que se passava *antes* da intervenção do tráfico de drogas em sua casa e em suas vidas.

Encontram-se comportamentos regressivos em estruturas hierarquizadas que regem as relações, sejam naquelas que dizem respeito à organização do tráfico de drogas e as pessoas do entorno, sejam naquelas que regulam os relacionamentos dos membros do próprio grupo familiar. Deles decorrem a passividade, a dependência, a impotência e, em consequência, uma dessocialização agravada: uma vida de excluídos, sem direitos e sem escolhas. A fragilidade inicial do Eu está na origem de tais comportamentos regressivos. Trata-se, portanto, de transtornos preexistentes que se revestem de uma nova psicodinâmica com a ação do tráfico de drogas, dando-se repetições: o todo poderio narcísico que aterroriza se transforma em depressão, a violência comportamental, em angústia, e o medo do abandono em passividade e submissão.

Não se trata, então, de cuidar de perturbações reacionais a um ambiente nocivo, mas de assistir aquelas diretamente relacionadas a transtornos intrassubjetivos, intersubjetivos e transubjetivos, a serem analisados como tais. No entanto, tal ambiente nocivo também afeta o terapeuta e repercute em seu psiquismo, o que dificulta pôr em prática o seguinte propósito: diante de tanta violência e abandono, do medo e do silêncio, trata-se de um verdadeiro *tour de force*, que inclui sua vulnerabilidade e seu próprio desamparo, para além de suas mobilizações contratransferenciais.

Referências

Bowlby, J. (1988). *Uma base segura*. Porto Alegre: Artes Médicas.

Eiguer, A. (1995). *O parentesco fantasmático. Transferência e contratransferência em terapia familial psicanalítica*. São Paulo: Casa do Psicólogo.

Freud, S. (1919). "*O estranho*" (v. XVII, pp. 275-314). Rio de Janeiro: Imago.

Freud, S. (1930/1929). *O mal-estar na civilização* (v. XXI, pp. 81-171). Rio de Janeiro: Imago.

Joseph, B. (1992). *Equilíbrio psíquico e mudança psíquica*. Rio de Janeiro: Imago.

Racamier, P.-C. (1987). De la perversion narcissique. *Gruppo 3. Perversité dans les familles* (pp. 11-27). Paris: Clancier-Guénaud.

O lugar do padrasto na clínica com famílias recasadas[1]

Andrea Seixas Magalhães
Terezinha Féres-Carneiro
Celia Regina Henriques
Fernanda Travassos-Rodriguez
Pontifícia Universidade Católica do Rio de Janeiro

A configuração constituída pela família recasada é cada vez mais comum e contém a representação de um mundo em transformação, colocando os psicoterapeutas diante de múltiplos desafios (Féres-Carneiro & Magalhães, 2008, 2011; Sibertin-Blanc, 2003). Tal configuração se estrutura a partir de uma trama complexa de relações entre adultos e crianças. Nessas famílias, a parentalidade se expande, podendo ser exercida por adultos que, embora muitas vezes não sejam reconhecidos pelo sistema jurídico, exercem a função parental. A competência das famílias no exercício da parentalidade depende, sobretudo, da qualidade das relações estabelecidas entre seus membros (Lazartigues, 2007). A complexidade das famílias recasadas exige flexibilidade e originalidade nas interações.

---

1 Trabalho desenvolvido com o apoio do CNPq e da FAPERJ e com a colaboração dos bolsistas de Iniciação Científica Ana Cláudia Vasconcelos (IC/PIBIC), Ana Luisa Guayer (IC/CNPq), Claudina Ozório (IC/CNPq), Marcella Bueno (IC/FAPERJ), e das bolsistas de Apoio Técnico Edjane Rocha (PUC-Rio) e Pérolla Sauwen (PUC-Rio).

Questiona-se, muitas vezes, se a complexidade das famílias recasadas poderia estar relacionada à disfuncionalidade familiar. Contudo, inúmeras pesquisas apontam que não há diferenças significativas em relação à capacidade de promoção de saúde em famílias casadas e recasadas (Féres-Carneiro, 1987; Costa, Penso & Féres-Carneiro, 1992; Wagner, Falcke & Meza, 1997; Wallerstein e Kelly, 1998). Souza (2000), baseando-se em resultados de pesquisa com adolescentes filhos de pais separados, ressalta que, apesar de os filhos relatarem sentimentos de solidão e dificuldades em encontrar fontes de apoio após a separação dos pais, o divórcio foi apontado como a melhor solução para a família.

Considera-se que o mais importante para a saúde emocional é que a família apresente uma base intersubjetiva bem estabelecida, alicerçada na circulação dos afetos. O recasamento, muitas vezes, representa uma oportunidade não somente para o casal conjugal de resgatar a vida amorosa em novas bases, como também para os filhos de estabelecer novos vínculos familiares socioafetivos, encontrando neles suportes emocionais significativos.

Na clínica, por sua vez, as famílias recasadas tendem a apresentar excessiva idealização das funções conjugais e parentais. Frequentemente, no parceiro recasado são projetadas expectativas não cumpridas, o que pode gerar indiscriminação entre as dimensões da conjugalidade e da parentalidade. No esforço de transitar da conjugalidade para a parentalidade, por vezes, deflagra-se um desequilíbrio entre o investimento narcísico e o investimento objetal no casal.

Neste trabalho, discutiremos questões relativas à clínica com famílias recasadas a partir de análises parciais do material clínico coletado na pesquisa intitulada “Conjugalidade e parentalidade na clínica com famílias”, realizada no Serviço de Psicologia Aplicada (SPA) da Pontifícia Universidade Católica do Rio de Janeiro. O objetivo da referida investigação é analisar as relações entre as dimensões da conjugalidade e da parentalidade, delimitando-as na avaliação familiar, na elucidação da demanda terapêutica e no processo mais amplo de psicoterapia familiar, visando ao aprimoramento da intervenção clínica nesse campo (Magalhães & Féres-Carneiro, 2011; Magalhães, 2009).

Foi utilizada uma metodologia clínico-qualitativa (Turato, 2003), centrada em entrevistas clínicas com famílias e na aplicação de instrumentos de avaliação psicológica familiar, a Entrevista Familiar Estruturada (EFE) (Féres-Carneiro, 2005) e o Arte-Diagnóstico Familiar (Kwiatkowska, 1978). Participaram dessa pesquisa vinte famílias atendidas pelas equipes de Casal e Família da Graduação e da Especialização no SPA da PUC-Rio. Os sujeitos da pesquisa assinaram o Termo de Consentimento Livre e Esclarecido, concordando com a utilização dos dados clínicos para fins de ensino, pesquisa e publicação científica.

Entre as vinte famílias, há seis casadas, nove recasadas, três separadas e duas monoparentais. Embora não se tenha buscado representar quantitativamente o universo familiar encontrado na sociedade brasileira contemporânea, o grupo pesquisado reflete a diversidade de configurações familiares analisadas em outros estudos recentes (Berquó, 2002; Wagner, 2002; Wagner & Grzybowski, 2003; Féres-Carneiro & Ziviani, 2009).

Ressaltamos, ainda, que as transformações sociais ocorridas nas últimas décadas têm influenciado não somente a estrutura como também a psicodinâmica do grupo familiar, desencadeando mudanças na demanda de psicoterapia de família e de casal. O psicoterapeuta, por sua vez, é levado a repensar os modelos teóricos, as técnicas psicoterápicas e as consequentes implicações para seu posicionamento ético diante das novas configurações familiares (Féres-Carneiro & Magalhães, 2008, 2011).

Evidencia-se, nas famílias, uma estreita relação entre a demanda de psicoterapia de família e a delimitação imprecisa das dimensões da conjugalidade e da parentalidade. Nas análises do material obtido, emergiram cinco categorias principais: *modelos parentais*, *interação conjugal*, *interação familiar*, *promoção de saúde emocional na família* e *demanda terapêutica*. Neste livro, destacaremos apenas resultados referentes aos *modelos parentais*, ressaltando os modos de ser pai/padrasto e o lugar do padrasto nas famílias recasadas.

As nove famílias da pesquisa são formadas por diferentes tipos de casais parentais: três com pai/padrasto e mãe/madrasta, ou seja, ambos os membros do casal têm filhos e enteados; duas com pai/padrasto e mãe, ou seja, os homens têm filhos e enteados, e as mulheres têm filhos; duas com padrasto e mãe, ou seja, os homens têm enteados, e as mulheres têm filhos; duas com pai e mãe/madrasta, ou seja, os homens têm filhos, e as mulheres têm filhos e enteados.

Ressalta-se que, das nove famílias, sete contêm a figura do padrasto e que, entre elas, há duas com padrastos sem filhos biológicos. Nas famílias, constatou-se maior presença de padrastos do que de madrastas, assim como destacou-se o lugar que esses padrastos ocupam nas relações familiares. A maioria deles assume a parentalidade socioafetiva dos enteados, cujos pais biológicos são ausentes. A análise do material clínico despertou alguns questionamentos acerca das relações entre conjugalidade e parentalidade nas famílias recasadas.

A pesquisa clínica com famílias fornece precioso material para a compreensão mais aprofundada da psicodinâmica da parentalidade e dos diferentes tipos de sofrimento psíquico relacionados aos laços familiares contemporâneos. Na família recasada, muitas vezes, a complexidade dos papéis parentais e as expectativas a eles associadas geram sofrimento psíquico, sobretudo quando as bases da conjugalidade não estão bem estabelecidas, contribuindo para a indiscriminação entre funções conjugais e parentais.

Para ilustrar esta discussão, das nove famílias recasadas, foram selecionadas três, cada uma contendo um tipo de casal parental com padrasto, ou seja, uma família com pai/padrasto e mãe/madrasta, nomeada "Família Superfilha"; uma família com pai/padrasto e mãe, nomeada "Família Pai Socioafetivo"; e uma família com padrasto e mãe, nomeada "Família Inclusão-Exclusão". Por meio das vinhetas clínicas dessas três famílias, cada uma representando um tipo de configuração de família recasada, buscou-se discutir o lugar do padrasto tendo em vista as imbricações entre conjugalidade e parentalidade.

Três famílias recasadas, três modos de "ser pai e/ou padrasto"

Na clínica com famílias, no SPA da PUC-Rio, constata-se que a grande maioria da clientela é formada por famílias com padrastos. Nas análises de nossa investigação, ressaltam-se algumas questões relativas ao lugar do padrasto na parentalidade. Embora a adesão de padrastos ao tratamento psicoterápico seja frágil – o mesmo ocorre com a adesão dos pais biológicos –, observa-se que eles têm função decisiva na parentalidade, nas famílias recasadas. As mães, em geral, trazem as famílias para o tratamento. Contudo, na avaliação familiar, fica evidente a necessidade de incluir o padrasto e de elucidar seu papel nas famílias. Além disso, ressaltam-se, entre as funções da psicoterapia de família, a elaboração dos vínculos socioafetivos e a discriminação entre a conjugalidade e a parentalidade nas famílias recasadas. Seguem três vinhetas clínicas que ilustram a parentalidade na família recasada com padrasto.

"Família Superfilha"

A "Família Superfilha" é composta por P (pai/padrasto, 46 anos, garçom), M (mãe/madrasta, 43 anos, dona de casa), Fo18 (filho de P, 18 anos, morando com sua mãe, ex-mulher de P), Fa15 (filha de M, 15 anos, morando com a família materna, no Nordeste), Fa6 (filha de P e M, 6 anos, morando com os pais).

M procurou o SPA relatando que o marido e ela tinham dificuldades de relacionamento com Fa6, "devido à diferença de idade entre os pais e a filha". Fora aconselhada, pela escola da menina, a procurar o Serviço de Psicologia devido a problemas de comportamento, como desatenção, hiperatividade e "sentimentos de superioridade em relação aos colegas". Na primeira sessão, estiveram presentes M e Fa6. Enquanto a mãe falava, a menina desenhava, reproduzindo elementos observados através da janela da sala. Ela desenhava "a janela da sala" e "as plantas, vistas pela janela", parecendo estar ao mesmo tempo dentro e fora do ambiente terapêutico.

Segundo o relato da mãe, ela teve uma filha mais velha no Rio de Janeiro, Fa15, sem o apoio do pai da menina. O pai de Fa15 nunca assumiu M como esposa e queria que ela abortasse. Então, M voltou para o Nordeste buscando a ajuda da família. Teve dificuldades para conseguir emprego e retornou ao Rio de Janeiro, deixando Fa15, então com 9 meses de idade, aos cuidados da família materna. Enfatiza que, a partir do início da adolescência de Fa15, as duas passaram a ter um relacionamento conflituoso. Gosta de trazê-la para passar as férias no Rio, mas "as tias acham que ela vai ficar com a menina e não a deixam vir". Queixa-se de que sua família diz para Fa15 que ela a abandonou.

De volta ao Rio de Janeiro, alguns anos mais tarde, conheceu P e se casou. Durante a gravidez de Fa6, teve problemas de saúde e parou de trabalhar. Relata também ter tido conflitos com a ex-mulher e com o filho de seu marido,

Fo18, durante aquele período. Fa6 apresenta problemas digestivos e alergias alimentares desde os cinco meses de vida e, por esse motivo, a mãe decidiu não trabalhar para cuidar exclusivamente dela.

Em entrevista com o casal, P e M revelam que têm pouco espaço para intimidade. A mãe dorme com Fa6 num quarto arejado, "por causa da alergia da filha". O pai dorme sozinho, em outro andar da casa, e se queixa de que M o afasta de Fa6. O pai trabalha exaustivamente para sustentar M, Fa6 e os outros familiares (Fo18; Fa15 e a família de M, parcialmente). P encarna a figura do provedor familiar, cuidando para que não falte nada a ninguém.

P, durante entrevista com a família (P, M e Fa6), demonstra desconforto diante dos comentários da esposa acerca do relacionamento de cada membro do casal com seus enteados. M tem relação conflituosa com Fo18 e justifica que ele é "falso e finge gostar da irmã". Fa6 afirma que gosta do irmão, contrapondo-se a M. Segundo M, seu marido trata de forma desigual os dois núcleos familiares: M e Fa6; ex-mulher e Fo18. Revela também sentir-se desconfortável por viver na mesma casa em que seu marido morou com a ex-mulher e ressalta que a casa foi comprada com o dinheiro da poupança de Fo18. M fala sobre suas angústias e sobre o "medo de estar enlouquecendo". P relata que tem bom relacionamento com Fa6 e que M não permite que ele saia com a filha por ciúmes. Apesar das queixas quanto ao distanciamento de Fa6 provocado por M, elogia a mulher quanto aos cuidados parentais, dizendo que M educa bem Fa6. Por esse motivo, ele se submete a seus desígnios parentais. Acrescenta, ainda, que mantém um relacionamento distante com a enteada, embora tenha assumido parcialmente a responsabilidade por seu sustento financeiro.

As relações parentais, nessa família, estão profundamente abaladas. De um lado, os conflitos com a família de origem de M colocam impedimentos para o vínculo entre M e Fa15, assim como entre P e Fa15; de outro, as desavenças conjugais entre P e M geram conflitos entre M e Fo18, que é depositário de elementos mal elaborados da separação conjugal de P, sob a perspectiva de M, afastando, consequentemente, P de Fo18. Nessa família, a elaboração precária dos vínculos conjugais e parentais também é manifestada por meio do isolamento físico. Os membros do casal dormem em quartos separados, M dorme no quarto do casal com Fa6, Fo18 raramente visita a família, e Fa15 também fica isolada, vivendo com a família materna.

A família foi nomeada "Superfilha" devido à sobrecarga de expectativas depositadas em Fa6. A menina, filha do casal parental em questão, tinha a missão de restabelecer a parentalidade fracassada dos pais em relação aos filhos de uniões anteriores. M apresenta sofrimento em relação ao "abandono" de Fa15, revelando sentimentos de culpa e projetando seus receios em Fa6. P, por sua vez, também reconhece falhas como pai de Fo18. Como consequência, ambos fragilizam Fa6 no que concerne à saúde. De outro lado, fazem um superinvestimento afetivo na filha. A relação mãe-filha é fusionada, e Fa6 absorve as ansiedades da mãe, que apresenta sentimentos de rejeição, abandono e "medo de enlouquecer". Tais angústias refletem-se no comportamento escolar da menina.

A figura do pai/padrasto é enfraquecida, e as relações familiares, sobretudo com os enteados, Fo18 e Fa15, são conflituosas. P revela-se impotente como pai/padrasto e como marido. Durante a avaliação familiar, no ADF, no desenho da família abstrata, ele desenha figuras vivas e destacadas representando M (cinco flores) e Fa6 (árvore em grande proporção), em primeiro plano. Porém, representa a si mesmo como uma casa muito simples e pobre ao fundo, não inclui os outros dois filhos, e intitula o desenho "Preserve a paz da nossa família". Denota-se, assim, o temor aos conflitos por parte de P, o que pode contribuir para o exercício pouco suficiente da parentalidade e para o desinvestimento na conjugalidade. Revela-se, também, por meio do desenho, a demanda terapêutica.

Na "Família Superfilha", a conjugalidade é quase inexistente e há dificuldades na promoção de saúde emocional familiar, na medida em que os sujeitos estão pouco individualizados e são submetidos ao narcisismo infantil da filha. Durante o período de avaliação familiar, P apresenta fortes resistências à psicoterapia, e, apesar de terem sido realizadas intervenções terapêuticas com o objetivo de valorizar sua inclusão, sua adesão ao tratamento não foi obtida.

"Família Pai Socioafetivo"

A "Família Pai Socioafetivo" é composta por P (pai/padrasto, 34 anos, motorista de caminhão de entregas), M (mãe, 28 anos, empregada doméstica),

Fo10 (filho de M, 10 anos), Fo8 (filho de M, 8 anos), Fo3 (filho de M e P, 3 anos). Os dois filhos mais velhos haviam sido encaminhados para o SPA por um núcleo de apoio comunitário, devido a brigas com os colegas de escola (Fo8) e ao baixo rendimento escolar (Fo10).

Na primeira entrevista, M entrou na sala sozinha e P permaneceu na sala de espera com o filho mais novo – a entrevistadora obteve essa informação no final da entrevista. M relata sérios problemas de relacionamento com a ex-cunhada, acusando-a de ter ateado fogo no quarto em que dormiam seus filhos. A família mora no mesmo quintal da ex-sogra e da ex-cunhada de M. O episódio do incêndio levou o padrasto a ir morar com a família para protegê-los. Os filhos mais velhos se relacionam bem com o padrasto. O pai biológico de Fo10 e Fo8 não dedica muito tempo ou atenção aos meninos e tem outros filhos com outra mulher. M apresentava dificuldades de expressão verbal e parecia estar um pouco desorientada, tendo comentado, ao final da entrevista, que não havia percebido que P tinha permanecido na sala de espera. Ao final desse encontro, todos foram convidados para a entrevista familiar.

Na primeira entrevista familiar, apesar do atraso de 40 minutos, vieram todos. M relata que F2 estava agressivo, e F1 se mostrava desatento e com notas baixas. A escola colocou os meninos em turnos diferentes, visando evitar conflitos. A mãe revelou que eles brigavam entre si e que esse comportamento havia surgido após o episódio do incêndio. Durante o incêndio, P conseguiu impedir que a casa fosse completamente destruída. A mãe afirma que se relaciona bem com a família do ex-marido. Entretanto, declara que a avó paterna não mantém um relacionamento afetivo com os netos e que, por isso, não fica com eles enquanto trabalha.

Os meninos passam o dia na escola e no núcleo de apoio ou na creche (Fo3), e P cuida das crianças quando chega cedo do trabalho. P afirma manter um relacionamento afetivo com os meninos. A hostilidade entre os irmãos é evidenciada nas sessões, mas P diz que procura não interferir, pois "a mãe deve ser responsável por eles". A mãe intervém colocando-os em quartos separados e, por vezes, "bate neles", mas afirma que "nada funciona". Quanto ao pai biológico, ele não paga pensão, mal encontra os filhos e é agressivo com eles. Os filhos já presenciaram o pai agredindo a mãe. Contudo, relatam que sentem falta dele.

Nas primeiras entrevistas, outros episódios de agressividade são discutidos, como: "Fo8 ameaçou a professora com uma faca que havia trazido de casa, por chamar sua atenção" e "Fo8 ameaçou Fo10 com faca, embora o mais velho não acredite que o irmão o mataria". Relacionaram a agressividade dos filhos à agressividade do pai biológico, que havia espancado Fo8 sem motivo aparente. P revela que "não gosta do pai deles, por considerá-lo um covarde e idiota por bater em criança".

Nessa família, P recusa parcialmente a função parental, apesar de atuar como cuidador dos enteados e de seu filho mais novo. Da parte de M, o exercício da parentalidade também é inconsistente, com pouca presença materna. A rede familiar extensa é pouco protetora, sendo presente, porém conflituosa. O comportamento hostil dos filhos mais velhos parece refletir a agressividade familiar e as falhas no exercício da parentalidade. Ao final da avaliação familiar, o grupo aderiu ao tratamento, e P foi apontado como elemento fundamental para o trabalho terapêutico.

"Família Inclusão-Exclusão"

A "Família Inclusão-Exclusão" é composta por P (padrasto, 29 anos, profissional de serviços gerais, sem filhos), M (mãe, 38 anos, profissional técnica de saúde), Fo20 (filho do primeiro casamento de M, 20 anos, em regime prisional havia um ano), Fo16 (filho do segundo casamento de M, 16 anos), Fo12 (filho do terceiro casamento de M, 12 anos) e Fo9 (filho do terceiro casamento de M, 9 anos).

A família foi indicada para tratamento a partir de duas solicitações feitas pela justiça. O motivo informado era que Fo12 e Fo9 necessitavam de psicoterapia, pois sofriam em decorrência de litígio por disputa de guarda entre seus pais. Anteriormente, M fora acusada pelo pai dos meninos de bater muito neles e perdera a guarda dos filhos. A guarda fora reconquistada havia aproximadamente três anos. Essa situação foi relatada na primeira entrevista, realizada com M, Fo12 e F09.

Nas entrevistas posteriores, P e Fo16 compareceram. Além da queixa inicial, a agressividade de M e outras questões ligadas a desentendimentos familiares foram identificadas. Relatam que Fo12 apresenta comportamentos de roubo, incentivados pelo pai. A prisão de Fo20 desperta um sentimento forte de raiva em Fo16, que diz querer "ser do Bope e matar o irmão". M sente-se culpada por não poder ajudar Fo20 e receia que os mais jovens (Fo12 e Fo9) tenham o mesmo destino do irmão mais velho. Denotam-se conflitos entre Fo12 e P e alianças entre Fo16 e P. O padrasto parece ser muito carinhoso com os filhos, mas demonstra certa insegurança no modo de cuidar deles.

A relação conjugal, segundo M, "é difícil, porque ele tem dificuldades em cumprir o papel de pai, por não ter tido filhos", ou seja, M queixa-se da conjugalidade por meio de falhas no exercício da parentalidade. M se mostra agressiva e controladora, e P, muitas vezes, se coloca no lugar de filho na família. O casal coabita há três anos. Fo16 demonstra querer ocupar o lugar do pai, dizendo que "se preocupa com os irmãos e que, se a mãe morresse, não teria condições de cuidar deles". Fo12 sugere que M e P deveriam fazer terapia de casal, "mostrando um *folder* de propaganda de terapia de casal".

O lugar do padrasto nas famílias recasadas

Entre as questões evidenciadas a partir do material clínico de famílias recasadas, ressaltam-se: o exercício da parentalidade pelos padrastos; a fragilidade do padrasto como figura de autoridade familiar; a importância da discriminação entre conjugalidade e parentalidade no casal recasado; as relações conflituosas com a família extensa dos filhos; a afetividade nas relações entre padrastos e enteados.

As três vinhetas clínicas selecionadas para este trabalho ilustram as questões aqui ressaltadas. Nos três casos relatados, embora os padrastos sejam convocados ao exercício da parentalidade nessas famílias, eles parecem estar deslocados do lugar parental, por diferentes motivos.

Autores contemporâneos apontam para o declínio do poder paterno (Roudinesco, 2002; Lebrun, 2004) e discutem as implicações do sentimento de desamparo vivenciado pela família assentada em laços mais instáveis. Singly (2004) destaca a tendência à autonomia da família conjugal em relação à parental, e Julien (2000) refere-se à disjunção entre parentalidade e conjugalidade.

Apesar de haver uma tendência à disjunção entre conjugalidade e parentalidade, as famílias ainda mantêm ideais familiares herdeiros da família conjugal moderna. Kehl (2003) ressalta que a "família tentacular" contemporânea tem desenho irregular e é marcada por sonhos frustrados do passado.

> Pois cada filho de um casal separado é a memória viva do momento em que aquele amor fazia sentido, em que aquele par apostou, na falta de um padrão que corresponda às novas composições familiares, na construção de um futuro o mais parecido possível com os ideais da família do passado. Ideal que não deixará de orientar, desde o lugar das fantasias inconscientes, os projetos de felicidade conjugal das crianças e adolescentes de hoje. Ideal que, se não for superado, pode funcionar como impedimento à legitimação da experiência viva dessas famílias misturadas, engraçadas, esquisitas, improvisadas e mantidas com afeto, esperança e desilusão, na medida do possível (Kehl, 2003, p. 169).

Na "Família Superfilha", o padrasto assume o sustento financeiro da enteada e demonstra afeto pela menina, mas não obtém o reconhecimento do exercício da parentalidade. Em relação ao seu filho mais velho, também há distanciamento afetivo, e, mesmo em relação à filha mais nova, com quem coabita, também se sente distanciado. A função parental é atribuída quase exclusivamente à figura materna e o pai/padrasto se mantém em função acessória, tendo, consequentemente, os vínculos filiais enfraquecidos, a autoridade familiar abalada e a afetividade embotada, tanto na conjugalidade quanto na parentalidade. O desinvestimento na relação com os filhos de uniões anteriores e na conjugalidade se contrapõe ao superinvestimento libidinal na "Superfilha". Nessa família, denotam-se sentimentos de nostalgia e tristeza em relação à parentalidade e de frustração em relação à conjugalidade.

Pesquisas sobre famílias recasadas (Costa, Penso, & Féres-Carneiro, 1992; Féres-Carneiro, 1999a) apontam que essas famílias são mais capazes de promover saúde emocional quando o(a) padrasto/madrasta desenvolve predominantemente um vínculo afetivo com a criança e o adolescente, deixando o exercício da autoridade para o(a) pai/mãe. Contudo, deve haver clareza quanto ao reconhecimento dos limites no exercício da autoridade por parte do padrasto/madrasta para que a mesma não seja abalada, fragilizada ou esvaziada. Na clínica com famílias recasadas, observa-se a necessidade de esclarecer esses limites, evitando a desqualificação do papel do padrasto (ou madrasta) e contribuindo para a preservação dos vínculos socioafetivos na família.

Na "Família Pai Socioafetivo", o padrasto/pai tem também uma função protetora e cuidadora, sendo reconhecido o vínculo socioafetivo com os filhos mais velhos. Contudo, a autoridade do padrasto é frágil e ele atribui à mãe o lugar privilegiado de autoridade, embora ela também encontre dificuldades em colocar limites para os filhos de modo eficaz. Nessa família, a parentalidade parece estar esvaziada, pois a mãe também é percebida como figura frágil e com pouca disponibilidade para os filhos. Bowlby (2006) afirma que um dos principais parâmetros para o desempenho da parentalidade é o grau em que os pais oferecem uma base segura para os filhos, reconhecendo e respeitando o desejo e a necessidade que a criança tem do apego ou de um comportamento de ligação. O autor complementa que o desejo de explorar e de ampliar as relações com outras crianças e adultos também deve ser reconhecido.

Acrescenta-se, ainda, que o padrasto da "Família Pai Socioafetivo" sente-se deslocado por ocupar o território – terreno da casa pertencente à família paterna dos meninos – do pai dos filhos mais velhos. Essa família possui uma rede familiar conflituosa e incapaz de oferecer proteção suficiente. Isso se evidencia no transbordamento da agressividade dos filhos, reflexo do fracasso da autoridade parental e da contenção dos impulsos destrutivos na família. Winnicott (1993) ressalta que os afastamentos da criança e a rebeldia destrutiva representam um contraponto à necessidade de conservar o relacionamento primário com os pais.

A conjugalidade, nessa família, é apontada como conflituosa por um dos filhos, que parece buscar o fortalecimento do casal conjugal como meio de proteção familiar. A nova configuração familiar, a família recasada, apresenta conflitos com a família de origem dos filhos mais velhos. As relações de aliança referidas à primeira união de M não foram reconfiguradas. O novo casal conjugal não está suficientemente discriminado da família extensa.

Na terceira vinheta, a "Família Inclusão-Exclusão" ilustra uma parentalidade forjada na figura do padrasto. Um homem jovem e sem filhos assume uma família com quatro filhos de três pais diferentes. Nesse caso, a conjugalidade forja a parentalidade. O padrasto é convocado a assumir o papel parental para permanecer com a parceira conjugal. Embora ele tenha um vínculo afetivo importante com os meninos, oscila entre os modos de vinculação fraterno e filial. Ela, por sua vez, deseja um parceiro que preencha a lacuna do casal parental junto a seus filhos.

A parentalidade opera, nessa família, como uma prótese e, consequentemente, a autoridade familiar é enfraquecida. Os conflitos entre os filhos refletem o fracasso da lei paterna, pois na "Família Inclusão-Exclusão" o pai equivale ao irmão, ou seja, ora o padrasto é incluído no subsistema fraterno, ora no subsistema parental. Eiguer (1985) ressalta o valor de compromisso da escolha amorosa no casal. O homem escolhe uma mulher possível, diferente da mãe, embora mantendo traços semelhantes. O padrasto da "Família Inclusão-Exclusão" parece não conseguir elaborar esse dilema estruturante e, portanto, também não pode sustentar a função paterna.

Considerações finais

As três vinhetas de famílias recasadas aqui abordadas ilustram algumas falhas da parentalidade evidenciadas na clínica. Consideramos que tais falhas não podem ser atribuídas ao modo como as famílias estão configuradas, mas aos remanejamentos simbólicos que se fazem necessários para que os *modelos parentais* sejam suficientemente embasados.

Os *modelos parentais* referem-se ao modo como se estabelecem as relações entre pais e filhos e como essas posições estão demarcadas na família. Introduzem a assimetria, a heterogeneidade e a complexidade como organizadores das relações pais-filhos, favorecendo a introjeção de noções como sexo, gênero, idade e geração (Solis-Ponton, 2004). Na maioria das famílias recasadas, os *modelos parentais* se revelam abalados de alguma forma e os padrastos têm dificuldades para exercer as funções parentais. Há dominância da figura parental feminina, que é a principal responsável pelo exercício da parentalidade na maioria dessas famílias. Em alguns casos, os padrastos encontram-se na posição de filhos, e é atribuída às mães a liderança familiar de modo exclusivo. Observa-se que a inconsistência no exercício da parentalidade se reflete em dificuldades de contato afetivo entre padrastos e filhos.

A base intersubjetiva da família recasada depende de rearranjos simbólicos envolvendo o casal conjugal, o casal parental e a família extensa. Nesse sentido, na clínica com famílias, devemos atentar para a qualidade das trocas intersubjetivas subjacentes aos vínculos socioafetivos, visando à promoção de saúde emocional.

Referências

Berquó, E. (2002). Perfil demográfico das chefias femininas no Brasil. In C. Bruschini, & S. Unbehaun (Orgs.). *Gênero, democracia e sociedade brasileira* (pp. 243-265). Rio de Janeiro: Fundação Carlos Chagas.

Bowlby, J. (2006). *Formação e rompimento dos laços afetivos*. São Paulo: Martins Fontes.

Costa, L. F., Penso, M.A., & Féres-Carneiro, T. (1992). Reorganizações familiares: as possibilidades de saúde a partir da separação conjugal. *Psicologia: Teoria e Pesquisa, 8*(1), 495-503.

Eiguer, A. (1985). *Um divã para a família: do modelo grupal à terapia familiar psicanalítica*. Porto Alegre: Artes Médicas.

Féres-Carneiro, T. (1987). Aliança e sexualidade no casamento e no recasamento contemporâneo. *Psicologia: Teoria e Pesquisa, 3*(3), 250-261.

Féres-Carneiro, T. (2003). Separação: o doloroso processo de dissolução da conjugalidade. *Estudos de Psicologia (Natal), 8*, 367-374.

Féres-Carneiro, T. (2005). *Entrevista Familiar Estruturada: um método clínico para avaliação das relações familiares*. São Paulo: Casa do Psicólogo.

Féres-Carneiro, T. (2008). Clínica de família e casal: narrando quatro décadas de pesquisa. *Revista Brasileira de Terapia Familiar, 1*, 91-101.

Féres-Carneiro, T., & Magalhães, A. S. (2008). Novas configurações familiares e as repercussões em psicoterapia de família. *Revista Brasileira de Psicoterapia, 10*, 7-16.

Féres-Carneiro, T., & Magalhães, A. S. (2011). A parentalidade nas múltiplas configurações familiares contemporâneas. In L. V. C. Moreira, & E. P. Rabinovich (Orgs). *Família e parentalidade: olhares da psicologia e da história* (pp. 117-134). Curitiba: Juruá.

Féres-Carneiro, T., & Ziviani, C. (2009). Conjugalidades contemporâneas: um estudo sobre os múltiplos arranjos conjugais da atualidade. In T. Féres-Carneiro. *Casal e família: permanências e rupturas* (pp. 83-107). São Paulo: Casa do Psicólogo.

Julien, P. (2000). *Abandonarás teu pai e tua mãe*. Rio de Janeiro: Companhia de Freud.

Kehl, M. R. (2003). Em defesa da família tentacular. In G. Groeninga, & R. Pereira (Orgs.). *Direito de família e psicanálise: rumos a uma nova epistemologia* (pp. 163-176). Rio de Janeiro: Imago.

Kwiatkowska, H. Y. (1978). *Family therapy and evolution through art*. Illinois: Charles C. Thomas.

Lazartigues, A. (2007). Nouvelles familles, nouveaux enfants, nouvelles pathologies. *Neuropsychiatrie de l'enfance et de l'adolescence, 55*, 304-320.

Lebrun, J. P. (2004). *Um mundo sem limite: ensaio para uma clínica psicanalítica do social*. Rio de Janeiro: Companhia de Freud.

Machado, R. N, Féres-Carneiro, T., & Magalhães, A. S. (2008). Demanda clínica em psicoterapia de família: Arte-Diagnóstico Familiar como instrumento facilitador. *Paideia, 18*(41), 555-566.

Machado, R. N., Féres-Carneiro, T., & Magalhães, A. S. (2011). Entrevistas preliminares em psicoterapia de família: construção da demanda compartilhada. *Mal-Estar e Subjetividade, 11*, 669-699.

Magalhães, A. S. (2009). Conjugalidade e parentalidade na clínica com famílias. In T. Féres-Carneiro. (Org.). *Família e casal: permanências e rupturas* (pp. 205-217). São Paulo: Casa do Psicólogo.

Magalhães, A. S., & Féres-Carneiro, T. (2011). Em busca de uma conjugalidade perdida: quando a parentalidade prevalece. In T. Féres-Carneiro. (Org.). *Casal e família: conjugalidade, parentalidade e psicoterapia* (pp. 161-172). São Paulo: Casa do Psicólogo.

Puget, J., & Berenstein, I. (1993). *Psicanálise do casal*. Porto Alegre: Artes Médicas.

Roudinesco, E. (2002). *A família em desordem*. Rio de Janeiro: Zahar.

Sibertin-Blanc, D. (2003). La saga des familles recomposés. *Neuropsychiatrie de l'enfance et de l'adolescence, 51*, 145-152.

Singly, F. (2004). *Sociologie de la famille contemporaine*. Paris: Nathan.

Solis-Ponton, L. (2004). *Ser pai, ser mãe: parentalidade, um desafio para o terceiro milênio*. São Paulo: Casa do Psicólogo.

Souza, R. M. (2000). Depois que papai e mamãe se separaram: um relato dos filhos. *Psicologia: Teoria e Pesquisa, 16*, 203-211.

Turato, E. R. (2003). *Tratado da metodologia da pesquisa clínico-qualitativa*. Petrópolis: Vozes.

Wagner, A., Falcke, D., & Meza, E. (1997). Valores e crenças dos adolescentes acerca da família, casamento, separação e projetos de vida. *Psicologia: Reflexão e Crítica, 10,* 155-167.

Wagner, A., & Grzybowski, L. S. (2003). Uma andorinha sozinha não faz verão ? A mulher divorciada e a monoparentalidade familiar. *Psicologia Clínica, 15*(2), 13-30.

Wallerstein, J., & Kelly, J. B. (1998). *Sobrevivendo à separação.* Porto Alegre: Artmed.

Winnicott, D. W. (1965). *Família e desenvolvimento individual.* São Paulo: Martins Fontes, 1993.

Intimidade: origem na família e repercussões na clínica

Maria Consuêlo Passos
Universidade Católica de Pernambuco

"A porta me pressente, ela hesita."
Jean Pellerin

Origem do problema e alguns desdobramentos

O interesse pelo estudo da intimidade surgiu de observações do cotidiano no qual encontramos indivíduos cada vez mais encapsulados, que privilegiam sua satisfação e a defendem a qualquer preço, levando-os, quase sempre, a manter relações interpessoais desafetadas. Parece haver aí um empobrecimento na maneira como as pessoas estão implicadas com o outro e criam seus laços. Nesse contexto, observa-se uma ausência de compaixão e de cumplicidade nas relações humanas, dificuldades na expressão dos sentimentos, ou excesso e desmedida na vivência das paixões, o que parece revelar duas faces de uma mesma moeda.

Além disso, as reflexões deste trabalho se orientam por experiências clínicas, nas quais queixas e demandas são trazidas por meio de narrativas que explicitam sofrimentos oriundos não necessariamente de sintomas e adoecimentos, mas de dificuldades no contato consigo, expressos sob a forma de um grande vazio interior. São questões que, de alguma maneira, revelam extrema superficialidade nas relações amorosas, dificuldades de implicação recíproca entre pais e filhos, descartabilidade do outro, supervalorização dos objetos materiais etc.

Para alguns autores, essas características evidenciam diferentes formas de subjetivação na contemporaneidade. Mizrahi (2010), por exemplo, nos mostra, que:

> O novo sujeito, quase totalmente permeável à exterioridade, voltado intensamente para as demandas vindas de fora, apresenta-se muitas vezes esvaziado de sentimentos, afetos e desejos, e envolve-se numa busca permanente para alcançar a imagem corporal ideal (Mizrahi, 2010, p. 72).

As repercussões desse esvaziamento se fazem notar seja no consumo abusivo de medicamentos ou outras drogas, seja na exposição excessiva do corpo, no uso exagerado de exercícios e na busca da saúde a qualquer preço. É preciso observar também que a competitividade do mercado de trabalho em diferentes áreas tem revelado uma adição à produtividade que é incompatível com a capacidade humana de criar e de produzir uma força de trabalho que seja vital, e não mortífera. Tudo isso parece mais do que características de uma subjetividade, mas, em muitos casos, se revela como seus próprios fundamentos.

Nesse debate, é preciso ressaltar ainda o caráter pouco delineado dos laços sociais na atualidade, em que a busca de uma pretensa interioridade não conduz à emergência de si mesmo, mas, ao contrário, a uma defesa contra essa aproximação. Com frequência inviabilizamos o encontro com o outro, fazendo prevalecer atitudes narcísicas, sob a alegação de uma pretensa preservação dos espaços privados.

Enfim, tudo isso nos preocupa, sobretudo porque vem acompanhado de uma busca incessante pelo prazer e pela incapacidade de enfrentamento dos sofrimentos inerentes à vida. E parece haver aqui um grande paradoxo. De um lado, uma tentativa de ser feliz a qualquer preço; de outro, uma impossibilidade de que isso aconteça, já que a busca tem sido feita no lugar errado, na exterioridade, numa certa "zona de conforto", na qual as demandas internas são pouco consideradas e, como tal, se voltam contra o próprio sujeito, sob a forma de sintomas.

Poderíamos encontrar um entendimento plausível para isso em eventuais dificuldades primárias; uma delas é a ausência de contenção materna da condição de precariedade inerente ao bebê.

É a partir da presença dessa contenção que a criança amadurece seu potencial para sustentar a si mesmo. Nesse processo, ela pode adquirir confiança na mãe como condição de possibilidade para se relacionar com o mundo externo. Essa confiança pode surgir, entre outros fatores, da presença da mãe em seus momentos de solidão, "do estar só na presença dela", como define Winnicott (1993). Em tais momentos, ele privilegia a si mesmo na condição de poder transitar livremente em seu mundo, embora haja ali a presença de um outro silencioso, disponível para ser acessado a qualquer momento. A liberdade criada nessas circunstâncias possibilita o amadurecimento do bebê, na medida em que lhe permite confiar em si, por acreditar no outro que favorece sua existência.

Desse modo, podemos afirmar que, quando se sente contido pelo objeto, o bebê vivencia a segurança e concebe seu lugar no psiquismo do outro, criando, simultaneamente, seu mundo interno. Tudo isso nos remete à ideia de que a criança só pode criar uma intimidade consigo quando tem confiança no objeto externo, quando este, sem ameaças, favorece a emergência do *self*.

Evidentemente, essas questões pressupõem muito mais desdobramentos, e, não obstante, a grande importância da intimidade para a constituição do psiquismo trata-se de uma noção pouco explorada. Por ora, a intenção é contribuir para o debate sobre a dimensão psicológica da noção de intimidade, trazendo reflexões que a explicitam como elemento organizador no processo de subjetivação, sobretudo aquele que se dá prioritariamente nas relações com as figuras familiares primordiais. Esse é o desafio maior deste trabalho, que pretende dimensionar as origens da intimidade e sua importância na relação mãe-bebê, a qual marca, sobremaneira, o processo de amadurecimento da criança.

A intimidade em diferentes perspectivas

A noção de intimidade traz algumas imprecisões em seu delineamento. Há alguns anos, Carel (1992) propôs uma distinção entre os espaços do íntimo, do privado e do público, procurando discernir quais são os aspectos que os qualificam.

Para ele, o íntimo está associado ao secreto, àquilo que se constitui como segredo para o sujeito; o privado diz respeito ao que pertence à interioridade de cada um; e o público associa-se à transparência, à ordem da exterioridade.

Assim, se o segredo qualifica o íntimo, é preciso levar em conta as versões subversivas do segredo, suas especificidades e formas de expressão. Sabemos bem os estragos de certos materiais recalcados, que, em certa medida, poderiam ser qualificados como segredos tão bem guardados que desaparecem do horizonte pessoal, podendo ressurgir sob a forma de sintoma. Aqui parece residir um sentido importante para o estudo da intimidade: o caráter de segredo inerente ao espaço depositário do que não pode ser revelado – embora esse espaço, muitas vezes, possa ser partilhado com um outro, um amigo especial ou mesmo um analista.

Meltzer (1995) refletiu sobre a relação da mãe como elemento que contém seu bebê e sobre a relação analista-paciente, propondo uma modelização nessas relações, em que o íntimo não é diferenciado do privado, mas o é do secreto. Para ele, a intimidade seria alguma coisa que é produto da relação entre o sujeito que contém e o que é contido. Assim, a intimidade consigo mesmo, com os objetos internos, depende também de uma intimidade partilhada. Se o íntimo qualifica, de certo modo, o laço com os objetos internos, ele também diz respeito ao laço do sujeito com seus objetos externos. O espaço do íntimo pode ser entendido, portanto, como aquele em que se desenvolvem o contato e o diálogo entre esses objetos.

Os sentidos psicológicos da intimidade foram discutidos também por Eiguer (1999), que busca na psicanálise os fundamentos para a compreensão dos laços íntimos. Ele chama a atenção para a noção winnicottiana de *self*, mostrando como ela dimensiona o que é próprio do indivíduo, dando-lhe a condição de existir e de se expressar a partir da sua existência singular. Como tal, o *self* surge do encontro primordial da mãe com o bebê, contexto que se torna o solo a partir do qual a criança constrói sua referência no mundo, sua condição de existir baseada na relação primária com um outro. Nessa perspectiva, o *self* se constitui como uma função organizadora do psiquismo, que surge desde os primórdios da relação sensorial da mãe com o bebê.

Em outra direção, esse autor traz a noção de *Unheimliche* como um contraponto, um sentimento insólito e de estranheza que marcaria o oposto e situaria o que deveria permanecer em segredo, guardado, escondido. Assim, o estranho, o que não é familiar serviria para reafirmar a *performance* do íntimo como algo que liga, que associa pessoas a si mesmas e a outros. Em uma visão conjunta, teríamos o estranho como algo que, ao afastar-se do íntimo, afirma sua presença e sua importância na constituição do psiquismo. Seriam elementos antagônicos, ambos fundamentais e indicativos da presença e da ausência do outro, de que tanto necessitamos para criar nosso próprio lugar.

Ao falar dessas duas facetas, estamos entrando no domínio da constituição dos laços, que demanda a presença e, ao mesmo tempo, o distanciamento do outro. A presença sem distanciamento nos levaria a uma alienação no outro – daí a importância de um certo afastamento para que no entre dois se faça um hiato e para que neste cada um possa inventar a si mesmo.

No contexto da relação primitiva da mãe com seu recém-nascido, é possível verificar a mamada como uma experiência de intimidade que contém desdobramentos sensoriais e psíquicos importantes no processo de amadurecimento. Mamando, a criança vive os primórdios de uma sensorialidade com um outro e registra aspectos fundamentais para a criação de uma estética que seguirá sendo recriada ao longo da vida. Além disso, o bebê vive uma ilusão criadora, a partir da qual têm lugar a desilusão e os primórdios de sua inserção na realidade externa.

Em tal situação, a presença da mãe precisa estar destituída de angústia, pois ela precisa oferecer conforto ao bebê e preservar a intimidade, de modo a que nela se deem as transformações afetivas e perceptivas indispensáveis ao seu amadurecimento. Nesse contexto, a criança faz seus primeiros ensaios relacionais, a partir da confiança que adquire com a mãe, a qual surge na maneira como esta se oferece à criança de forma fidedigna e espontânea.

Para Winnicott (1993), é fundamental preservar essa relação primária de possíveis invasões, o que significa que o entorno da família deve respeitar os gestos e cuidados da mãe com seu bebê. É preciso, no entanto, ressaltar a presença do pai nesse momento como o elemento que possibilita que essa intimidade entre a mãe e a criança tenha lugar. Ele deve se aproximar como um terceiro que organiza o ambiente para que eles possam transitar sem intrusões. A sustentação do pai será criada no momento em que mãe e bebê abrirem espaço para que ele assuma seu lugar na tríade. Aí, a intimidade entre eles pode surgir sem que haja perda das singularidades vividas pela criança no aconchego materno.

Comumente associada ao que há de mais profundo e intenso em nós, a intimidade, como vimos, não se restringe a esses aspectos. Ela se apresenta como um espaço simbólico que comporta alguns paradoxos e ambivalências, sem que seja necessária uma operação de síntese ou de integração destes. Assim, ela seria uma espécie de "morada subjetiva" na qual o livre trânsito entre perspectivas distintas fornecem as bases para a constituição do *self*. A intimidade contém uma versão que criamos de nossa própria história, mas também uma síntese da história de cada sujeito com quem nos relacionamos. Ao mesmo tempo, nela coexistem os sonhos, devaneios e interpretações que fazemos do mundo.

Nesse sentido, a intimidade pode ser associada à casa tal como ela foi estudada por Bachelard (1974), para quem o espaço que habitamos potencializa uma integração entre os pensamentos, a memória e os nossos sonhos. Esse autor nos apresenta, por meio de imagens poéticas, a experiência paradoxal de viver os opostos na imensidão contida no íntimo. Ele diz:

> O ser é, alternativamente, condensação que se dispersa explodindo e dispersão que retorna até um centro. O no exterior e o no interior são ambos íntimos: estão sempre prontos a inverter-se, a trocar suas hostilidades (Bachelard, 1974, p. 497).

Embora o aspecto da integração não seja fundamental na abordagem da intimidade, o importante dessa aproximação casa-intimidade é que ela nos permite pensar nesta última como uma possibilidade de acolhimento simbólico não só de partes dispersas, mas, às vezes, antagônicas, na organização do eu em sua inexorável convivência com o outro. Ela nos permite pensar na convivência dentro de um mesmo espaço, do que há do outro em mim e vice-versa, sem que necessariamente tal confronto exija integração ou exclusão do diferente. Nesse sentido, é possível pensar a intimidade em sua função de acolher os paradoxos e as descontinuidades.

É exatamente nessa região onde cada sujeito procura manifestar-se e ao mesmo tempo esconder-se que se situa o íntimo, como elemento que contém os paradoxos. E mantém o homem, segundo Bachelard (1974), como um ser entreaberto, por natureza hesitante, dada a vastidão de experiências que precisa conter.

A intimidade seria, assim, uma potência que possibilita a experiência dos paradoxos na subjetividade. Ao contrário do que comumente se diz, ela não é apenas o reduto do profundo, mas, sobretudo, a possibilidade de convivência dos opostos.

Origem e tipos de intimidade

De modo geral, a ideia de intimidade nos remete sempre à noção de próximo, de conhecido, de familiar. Como já foi visto, ela tanto é remetida ao objeto externo, quando se trata de um laço íntimo com outro sujeito, quanto ao interno, quando está em foco a existência de uma intimidade consigo mesmo. Nesse sentido, ela se constitui como fundamental no processo de subjetivação, que leva em conta os investimentos intrapsíquicos do sujeito e também aqueles que advêm do outro, do ambiente. Sabe-se que são esses investimentos de afeto que permitem a cada indivíduo criar seu lugar no grupo de origem – a família – e, a partir daí, reinventar permanentemente os lugares psíquicos e sociais que ocupa ao longo da vida.

Pois bem: o espaço subjetivo onde nos identificamos com o outro a ponto de investi-lo libidinalmente e criarmos laços pressupõe que haja intimidade. Como, então, pensá-la nessa criação? Como significá-la nos espaços psíquicos que nos constituem, sobretudo, nas experiências fundamentais das nossas relações intersubjetivas?

Em sua origem, podemos pensar a intimidade a partir da relação primária, na qual prevalecem a indiferenciação e a fusão da mãe com seu bebê. Dessa experiência inicial surge a separação, que enseja também uma expansão relacional por meio dos contatos com o pai e os irmãos. Com essa nova experiência, surgem paulatinamente os sentidos de grupalidade, nos quais a criança decodifica as funções e os lugares de cada membro do grupo. Tudo isso pressupõe um processamento psíquico baseado em investimentos libidinais recíprocos. Veremos a seguir como isso se dá.

De acordo com Darchis (2003), a intimidade surge, em primeiro lugar, da sustentação que a psique imatura obtém junto aos pais e é, nesse caso, compreendida como intimidade primária. Essa etapa é vivida por meio de uma relação de sensorialidade baseada nas experiências de reciprocidade que a mãe e a criança têm dos movimentos e cadências, tons, tonalidades e odores, como signos sensórios que constituem uma primeira estética relacional. Para a autora, nesse momento, o bebê hesita entre a satisfação da intimidade grupal e a satisfação narcísica que o faz permanecer centrado em si mesmo. Aliás, tal hesitação está presente ao longo da vida, marcando o caráter singular e plural no intermediário das nossas relações intersubjetivas.

Podemos dizer que é amadurecendo esse caráter paradoxal inerente ao investimento em si e no outro que a criança ultrapassa o limiar da relação fusional e caminha em direção à singularização. Essa nova etapa, conhecida como *intimidade secundária*, exige um processo de desilusão, no qual a criança abandona a onipotência vivida até então, marcada pela ilusão de que a mãe era uma criação sua. Essa mudança suscita o enfrentamento das frustrações e dos conflitos, o qual se torna possível tendo em vista o suporte do objeto transicional que passa a representar a mãe em suas ausências. Isso lhe permite ampliar suas relações, conceber uma filiação ao grupo e também criar um espaço íntimo. Esse espaço implica a presença de outros sujeitos, mas também a possibilidade da criança de estar sozinha na presença destes, como enfatizou Winnicott (1993). Para ele, essa possibilidade indica o potencial de amadurecimento da criança e lhe permite existir por si própria, sustentando suas próprias singularidades.

Ainda para Darchis (2003):

> No mais profundo do nosso narcisismo primário, habita um mundo em grande parte desconhecido de nós mesmos, que vem ressurgir nos encontros íntimos, encontrando eco no inconsciente do outro. Assim, o caráter idêntico dos vividos originários ressoa na relação com os íntimos (Darchis, 2003, p. 91).

São esses vividos que fundamentam uma estética baseada nos primórdios da relação mãe-bebê e reinventada em todos os encontros e desencontros que têm lugar ao longo da vida.

O íntimo e a criação de si: repercussões na clínica

Em alguns textos, Winnicott (1990, 1993) trata de uma dimensão estética associada à criatividade, não no sentido artístico, mas da criação de si mesmo e dos sentidos do existir no mundo. Para ele, a origem dessa estética encontra-se na relação mãe-bebê, no que ela tem de expressão de vida, baseada em seus aspectos sensórios. Safra (1999), apoiado nessa posição, afirma:

> As formas estéticas têm sua origem nas configurações do corpo da criança em contato com o corpo da mãe. Este se organiza segundo o que a mãe percebe em seu bebê. Tal processo permite que a criança habite um corpo que foi significado pela presença afetiva do outro. Dessa forma, tocar uma parte de seu corpo é reencontrar a experiência afetivo-existencial vivida com a mãe ou seu substituto, é ter acesso a um repertório imaginativo através do qual o psíquico vive no corpo (Safra, 1999, p. 45).

Assim, a estética depende de um movimento de reciprocidade em que cada um se oferece ao outro para ser criado. Caso essa possibilidade não exista, estaremos diante de uma situação em que ambos estão aprisionados em si mesmos e impossibilitados de dirigir ao outro seu desejo. Poderíamos pensar, então, numa intimidade consigo mesmo confusa, porta aberta para vários conflitos advindos das dificuldades de diferenciação daí decorrentes, a saber: eu-outro, interno-externo, privado-público, e assim por diante.

Tal indiferenciação relaciona-se às dificuldades de contenção e de oferta das referências primárias, que deveriam ter sido apresentadas pelas figuras principais do mundo infantil. Quando esse estado de confusão se faz, segundo Darchis (2003), o sujeito se defende colocando o outro à distância ou mantendo uma excessiva proximidade, como formas de evitar a separação. Essas dinâmicas favorecem a criação de laços frágeis e confusos nos quais a representação de família a torna indiferenciada para o sujeito, com repercussões severas no processo de amadurecimento e, principalmente, na constituição de um novo núcleo familiar.

Na clínica, isso se revela sob a forma de sintomas e de sofrimentos em diferentes perspectivas. É interessante notar as aproximações entre essas formas de expressão e as imposições feitas aos sujeitos no contexto da sociedade contemporânea. Mizrahi (2010), a partir da clínica, faz algumas reflexões que aproximam disfunções nos laços de intimidade e as intrusões provindas do contexto social contemporâneo. Diz ela:

> Boa parte dos pacientes que me chegavam apresentavam, por trás de uma aparente fachada narcísica, uma experiência de vazio extremo e futilidade existencial que tentavam apenas compensar com consumo, excesso de trabalho e preocupação com a imagem corporal. Confundiam-se a tal ponto com as demandas externas que pareciam perder quase todo contato com aquilo que realmente queriam para si, caindo, por vezes, em angústias extremas, pânico ou reações somáticas de maior ou menor gravidade. Essa ausência de uma experiência básica de existência pessoal capaz de sustentar um nível mínimo de diferenciação em relação às solicitações externas sugeria não tanto a ausência de frustrações e limites, mas falhas muito primitivas do ambiente que afetavam sua possibilidade de construir um sentido fundamental de ser (Mizrahi, 2010, p. 15).

Tudo isso nos remete ao sentido de criatividade na teoria winnicotiana. Nela, a principal criação do ser humano é a de si mesmo. É a partir daí que o sujeito constitui sua própria existência e, contando com a cumplicidade do outro, é capaz de reinventá-la permanentemente. Nesse caso, a intimidade, em suas duas facetas, pode ser compreendida como uma potência de criação.

Considerações finais

Essas reflexões nos permitem relacionar algumas dificuldades vividas pelo bebê e por sua mãe no que diz respeito à intimidade entre ambos e às imposições do mundo externo. Vimos como essa intimidade é condição fundamental para o vínculo de dependência do bebê e para uma saída posterior deste, a qual ensejará os passos iniciais em direção a uma dependência relativa. Tal movimento configura uma condição necessária ao existir da criança, baseado no amadurecimento de sua capacidade de criar a si mesmo.

Na atualidade, observamos como essa condição da vida relacional infantil tem sido dificultada por algumas intrusões do ambiente, tendo, mais particularmente, a posição da mãe como alvo. Referimo-nos, mais especificamente, a uma certa idealização da *performance* materna, o que coloca a mãe prisioneira das novas regras do bem-estar do bebê. Tais regras estão baseadas não só em posições que ela deve assumir em relação aos cuidados do bebê, mas também no que diz respeito às respostas que ela deve oferecer a seus pedidos. Isso, sem falar na ditadura das "bugingangas", objetos supérfluos oferecidos para consumo, como se fossem indispensáveis à saúde "perfeita" da criança e ao "mais que perfeito" desempenho materno.

Enfim, essas exigências desmedidas do consumo tornam os pais reféns de intrusões do ambiente, com sérios prejuízos na apreensão das expressões espontâneas da criança. Nessas circunstâncias, o olhar da mãe se torna opaco em relação aos pedidos do filho, aqueles que poderiam proporcionar o compartilhamento sensorial necessário ao jogo de afetos que constitui o filho nos primórdios de sua existência.

Refém das imposições culturais, a mãe se torna depositária de uma normatividade e, ao mesmo tempo, agente de um certo ideário da boa maternagem que, infelizmente, não contempla as necessidades singulares do filho.

Dessa forma, a mãe não favorece as expressões íntimas entre ela e seu bebê que são indispensáveis ao processo de diferenciação da criança. Isso nos leva a supor dificuldades futuras no que concerne à busca de um encontro íntimo consigo e com o outro.

Referências

Bachelard, G. A. (1974). Poética do espaço. In *Os Pensadores* (v. 38, pp. 339-512). São Paulo: Abril Cultural.

Carel A. (1992). L'intime, le public et le privé. Em *Secrets de famille et pensée perverse* (pp. 23-38). Paris: Apsygée.

Darchis, E. (2003). Aux sources de l'intimité. *Le Divan Familial*, *11*, 87-101.

Eiguer, A. (1999). *Du bon usage du narcissisme*. Paris: Bayard Éditions.

Meltzer, D., & Williams, M. H. (1995). *A apreensão do belo*. Rio de Janeiro: Imago.

Mizrahi, B. (2010). *A vida criativa em Winnicott*. Rio de Janeiro: Garamond.

Nordmann, J. F. (2003). Sur l'intériorité, la profundeur e l'intimité subjectives: un état des lieux. *Le Divan Familial*, *11*, 75-85.

Safra, G. (1999). *A face estética do* self. São Paulo: Unimarco.

Winnicott, D. (1990). *O ambiente e os processos de maturação* (3. ed.). Porto Alegre: Artes Médicas.

Winnicott, D. (1993). *Da pediatria à psicanálise* (4. ed.). São Paulo: Francisco Alves.

O casal homoafetivo e a parentalidade

Lidia Levy
Pontifícia Universidade Católica do Rio de Janeiro

Muito se tem dito sobre as transformações sofridas pela família na contemporaneidade e sobre a substituição do poder paterno por uma autoridade compartilhada. Da mesma forma, não resta dúvida de que os progressos da medicina contribuíram para desconectar procriação e sexualidade e, em consequência, a filiação não é mais necessariamente associada à realidade biológica. O aumento do número de divórcios também provocou uma disjunção entre conjugalidade e parentalidade, e ganhou espaço a noção de pluriparentalidade. Além do mais, se, por longo tempo, homens e mulheres tiveram lugares e funções bem definidos, atualmente a rígida correspondência entre sexo e gênero foi abalada da mesma forma que a heteronormatividade deixou de ser regra geral. Na medida em que o biológico e o conjugal deixam de ser parâmetros fundamentais na definição da parentalidade, faz-se necessária uma reconfiguração que inclua situações novas, como as procriações assistidas e aquelas até então marginalizadas, como as famílias homoafetivas.

As mudanças vividas pela sociedade como um todo facilitaram a expressão por parte dos homossexuais do desejo de constituir família e, portanto, ter filhos. Em sua luta pela igualdade de direitos, eles questionaram os princípios fundamentais do sistema de paternidade, principalmente a exigência de representantes de dois sexos formando o casal parental.

As pesquisas que se debruçam sobre o tema da homoparentalidade deveriam, segundo Ducousso-Lacaze e Grihom (2010), partir de um saber advindo do estudo das novas formas de família e do processo de tornar-se pai do ponto de vista psíquico em vez de se limitar a abordar os possíveis prejuízos ao desenvolvimento da criança educada em um lar homoafetivo. Para esses autores, faz-se necessário sair da posição de especialista, que julga e avalia a partir de um suposto saber estabelecido e que, muitas vezes, classifica a homossexualidade como perversão.

Rotenberg (2010), por sua vez, sugere que se fale de *homossexualidades*, e não mais de homossexualidade. Ele acrescenta que existem neuróticos, perversos e psicóticos tanto entre os homossexuais quanto entre os heterossexuais. Fiorini (2010), da mesma forma, critica aqueles que se referem aos homossexuais em bloco e ao exercício da homoparentalidade em termos gerais, pois entende que o único ponto em comum entre eles é a escolha de um objeto do mesmo sexo. Essa é a mesma conclusão a que chegou Gratton (2008), a partir de uma pesquisa na qual entrevistou 27 homossexuais e constatou a grande diversidade existente na prática da homoparentalidade masculina.

Diante de um questionamento sobre as repercussões da homoparentalidade no processo de subjetivação dos filhos, Fiorini (2010) afirma que é preciso ir além da interpretação "tradicional" e patriarcal do Édipo, que remete ao pai a função de retirar mãe e filho de uma situação simbiótica. A operação simbólica excede tanto o pai quanto a mãe, podendo ser eventualmente exercida por ambos e, portanto, também por pessoas homossexuais. Novas pesquisas deveriam debater quais modificações do jogo edipiano são introduzidas pelas novas parentalidades.

Ducousso-Lacaze e Grihom (2010) discordam de afirmações que atribuem à homoparentalidade mudanças profundas no que se entende por parentalidade. Percebem que as alterações significativas ocorreram no sistema de parentesco, conceito que remete a regras socialmente construídas. A parentalidade, por sua vez, designa o conjunto de processos conscientes e inconscientes pelos quais um sujeito se torna pai/mãe do ponto de vista psíquico. Assim, no nível político e a partir de uma análise sociológica ou antropológica, as famílias homoafetivas interrogam o funcionamento das sociedades ditas democráticas e demandam uma redefinição do modo como os laços de aliança e de filiação são instituídos. Mas, no nível psicológico, a noção de parentalidade aplicada aos homossexuais sugere, para os referidos autores, mudanças limitadas.

Utilizaremos aqui as contribuições de Houzel (2004), para quem as funções e os papéis parentais estão reagrupados sob a designação de parentalidade, entendida a partir de três eixos:

1. O exercício da parentalidade, tomado em um sentido próximo ao sentido jurídico de um direito, organiza e situa o sujeito em seus laços de parentesco. Este é definido como "o lugar de cada indivíduo numa sociedade concebida como um conjunto organizado. Os laços de parentesco constituem um conjunto genealógico ao qual pertence cada membro e que é regido por regras de transmissão" (p. 48).
2. A experiência da parentalidade, por sua vez, corresponde à experiência subjetiva de tornar-se pai ou mãe e preencher papéis parentais. Aqui, o desejo de filho se inclui na medida em que a maturidade psíquica do indivíduo supõe que a vida recebida deva ser transmitida. A transmissão da vida faria parte de um processo de reparação dos objetos parentais danificados na fantasia.
3. A prática da parentalidade consiste nas tarefas cotidianas executadas pelos pais junto aos filhos, cuidados parentais a serem realizados por ambos os pais. Houzel (2004) aponta para a existência de interações fantasmáticas entre os sujeitos e a criança na prática da parentalidade, organizadas pela história de cada um, pelo funcionamento do casal e por características de personalidade de cada um dos pais.

Neste estudo, utilizamos um material obtido através de entrevistas com dois casais homoafetivos adotantes para abordar as implicações do desejo de filho em sujeitos que assumem uma relação homoafetiva. Partimos do pressuposto de que toda experiência de parentalidade, além de estar inserida em uma cultura que determina papéis a serem desempenhados, depende das marcas advindas da história de cada sujeito e do lugar atribuído por eles à criança. Portanto, o discurso dos entrevistados será analisado considerando-se sua singularidade.

A experiência da homoparentalidade

Que determinações inconscientes estariam por trás do desejo de ter um filho? Quando se busca um filho, seja biológico, seja adotivo, deve-se levar em conta qual é a fantasia de filho e qual é a fantasia de parentalidade dos sujeitos implicados e avaliar em que lugar o filho está sendo colocado, se no de sujeito ou no de objeto. Uma configuração familiar, mesmo que não corresponda aos princípios do sistema de paternidade vigente na cultura, dificilmente escapa de uma referência a certos princípios organizadores.

Ducousso-Lacaze e Grihom (2010) ressaltam que o processo de tornar-se pai/mãe demanda um trabalho psíquico de definição e redefinição de lugares, onde são reatualizadas as referências aos próprios pais. A parentalidade, seja ela homo, seja hetero, deve se inscrever na continuidade das gerações precedentes e implica a renúncia do lugar de filho para cedê-lo à criança que nasce. Assim é que o acesso à parentalidade supõe a perda da própria posição de filho acompanhada de um movimento psíquico de reativação das identificações aos pais, ao mesmo tempo que se mantém o processo de diferenciação em relação a eles.

A experiência de tornar-se pai/mãe, tanto para o sujeito homossexual quanto para o heterossexual, promove uma reatualização dos fantasmas edípicos e uma mudança simbólica de lugares, que demanda a realização de um processo de luto. Os desejos de suplantar os pais, de se parecer com eles, de inscrevê-los na geração dos avôs são mobilizados. Segundo Rotenberg (2010), o desejo consciente de ter um filho condensa diversas representações inconscientes que procedem dos vínculos infantis edípicos e pré-edípicos. O ser humano faz um percurso que se inicia com o desejo de ser objeto de desejo da mãe até o desejo de que, um dia, seu filho se converta em pai/mãe.

Ducousso-Lacaze (2006) constata que os casais homoafetivos também constroem alianças que precisam ser referendadas pelo olhar de um terceiro, ou seja, demonstram a importância das próprias figuras parentais na sua constituição psíquica e em suas escolhas, olhar este que pode ter um peso significativo em sua experiência de parentalidade. Em sua pesquisa com casais de lésbicas, o autor percebeu que a experiência de parentalidade em casais do mesmo sexo reatualiza a referência à diferença de sexos, não escapando, portanto, de uma estruturação edípica. Uma identificação com os pais em suas funções parentais foi observada nos sujeitos por ele entrevistados.

Para instaurar a parentalidade, Passos (2007, 2009) indica ser necessário, além de recursos intrapsíquicos, permitir aos sujeitos desejar e criar imaginariamente seus filhos – um movimento de retorno às redes parentais de origem, de modo a reescrever uma nova posição na cadeia geracional. A experiência de parentalidade, segundo a autora, exige um trabalho psíquico de reatualização dos fantasmas edípicos e de luto, visando liberar o lugar fantasmático de criança para aquela que chega. Desse modo, o desejo de ter filhos, a forma como cada sujeito viabilizará sua concretização e o investimento afetivo feito merecem ser investigados.

Outro importante ponto a ser ressaltado na experiência subjetiva de construção da parentalidade em sujeitos que estabelecem relações homoafetivas é a constatação de que a função paterna irrompe incessantemente no mundo social e no cultural; ela é representada nas outras famílias, nos amigos próximos e na família ampliada, dando acesso aos códigos sociais fundamentais. Assim, a presença de um terceiro do sexo oposto ao da mãe/pai, compondo o casal parental, não é um impeditivo para que a criança reconheça a diferença e se inscreva na cultura. Segundo Perelson (2006), é apenas a partir da construção de laços em um registro simbólico, pelo estabelecimento de códigos sociais, de pontos de referência reconhecidos por todos que a instituição de uma diferença entre os dois pais do mesmo sexo torna-se possível. Com a desarticulação entre sexo e reprodução, não sendo mais necessário reunir em uma mesma figura encarnada a atribuição do falo e o real da diferença entre os sexos, a autora percebe que a figura do terceiro termo perde sua unidade, se fragmenta e se multiplica.

Dando voz aos entrevistados

Neste estudo, entrevistamos dois casais homoafetivos que haviam passado pelo processo de habilitação para adoção em uma Vara da Infância e da Juventude e conviviam com seu(s) filho(s) há mais de um ano.

O casal 1, composto por duas mulheres de 46 (A) e 36 (B) anos, convivia há quinze anos e, há um ano, havia adotado um recém-nascido do sexo masculino.

O casal 2, composto por dois homens de 45 (C) e 33 (D) anos, convivia há seis anos e, há três anos, havia adotado dois irmãos, na época com 2 e 3 anos.

A partir do material obtido nas entrevistas, destacamos as seguintes temáticas: o encontro com a criança: reações e transformações; dificuldades ocorridas durante o período de adaptação, acolhimento da criança na família mais ampla; preconceito e inclusão social; desejo de filho e prática da parentalidade.

O encontro com a criança: reações e transformações

Durante o processo de habilitação, os requerentes falam de suas preferências em relação à criança que desejam adotar. O encontro com a criança, no entanto, pode provocar mudanças significativas. Alguns sujeitos, após inúmeros tratamentos fracassados, afirmam não poder renunciar a mais nada e fixam um padrão para a criança desejada. Outros, diante da criança possível, tendem a interpretar o encontro como algo que lhes era destinado. Ao se deixar conquistar, portanto, passam a existir como pais e permitem a formação imediata do vínculo. Diante da criança a ser adotada, outra imagem é criada, e o discurso dos adotantes revela construções que vão desde a percepção de semelhanças físicas até a valorização do amor sentido, comparado às rejeições anteriores sofridas pela criança.

O discurso dos sujeitos que compõem o casal 1 revela a surpresa e a emoção comumente encontrada em sujeitos já habilitados em processos de adoção quando, inscritos no Cadastro Nacional de Adoção, são chamados ao encontro de um bebê.

> A: Por telefone disseram: "Vem buscar seu filho!". "Como é que é?!". "Vem buscar seu filho". Nossa mãe! Ficamos nervosas... Fomos direto lá pra pegar... esquecemos de levar mamadeira, leite, a gente esqueceu tudo.
>
> B: Quando a gente viu o moleque?! Eu fiquei doida na hora que eu vi aquela criança... já era meu filho.

> A: Eu queria menina, né ... mas sou apaixonada pelo meu filho, não troco ele por nada nesse mundo.

No caso do casal 2, a expectativa inicial foi radicalmente modificada, sendo descrita da seguinte forma:

> C: Queríamos uma menina, branca, recém-nascida e se possível com olhos claros, achávamos que uma menina seria mais compreensiva no futuro com a nossa homossexualidade.

A história do encontro entre o casal 2 e seus filhos revela o que, muitas vezes, ocorre com diversos sujeitos heterossexuais, que, igualmente, constroem a parentalidade a partir de uma adoção; ou seja, diante da criança, um acontecimento, uma característica que sobressai, um olhar expressivo são aspectos suficientes para compor o que se poderia chamar de "momento inaugural" da parentalidade. As transformações percebidas tanto nos adotantes quanto na criança adotada são, muitas vezes, referidas às marcas do primeiro encontro.

> C: Recebemos um telefonema dizendo que havia um menino em outra comarca. Resolvemos ir, e a mãe de D foi junto. Ao chegar no hotel, ligamos pra conselheira, que falou: "A gente vai levar os meninos aí!". "Os meninos?", perguntamos. Quando eles chegaram não sabíamos se eram pretos, vermelhos ou amarelos, estavam muito sujos. A primeira impressão foi horrível. Estavam sujos e fedorentos, com anemia profunda, pneumonia e sem cabelo. No momento em que olhamos pra eles ficamos impactados. A mãe de D ajudou muito; eles foram pro colo dela, que havia levado um saco de balas. "E agora?" "Vamos em frente!" "Com os dois?" Durante a comida, o mais velho não falava, era arredio; só gesticulava, me encarou por um instante; nessa hora pensei: "Esse olhar era como se ele dissesse 'me socorre', como se fosse um pedido de ajuda". A partir daí, já estávamos envolvidos.

C nos revela que as expectativas em relação ao filho que pretendiam adotar precisaram ser completamente reconstruídas. Verificamos que, a partir do investimento afetivo feito naquele momento, as exigências anteriores sofreram profundas modificações. As transformações das crianças e sua rápida recuperação em consequência do investimento afetivo que neles foi feito são facilmente observadas. As respostas das crianças gratificam os pais e os confirma nesse lugar, levando-nos a concluir que, da mesma forma como a criança precisa ser investida e contida, os pais precisam dessa confirmação (Levy, 2001).

Dificuldades no período de adaptação

As necessidades regressivas das crianças adotivas são comuns, mas permiti-las e entendê-las auxilia na construção do vínculo. Na entrevista com o casal 2, destacamos uma fala em que as dificuldades que geralmente ocorrem no período de adaptação são acrescidas da insegurança diante da própria capacidade de maternagem:

> D: Um dia depois de chegarmos em casa, C foi pra São Paulo a trabalho e os meninos ficaram o dia inteiro agarrados comigo. Quando ele voltou com presentes, os meninos choraram e nós também: "depressão pós-adoção". Chorávamos pelas dificuldades que estávamos passando. A primeira semana foi um desastre, que melhorou por causa da minha mãe. Os dois tiveram uma reação alérgica a um medicamento, febre, vomitavam muito. Ficamos apavorados e não sabíamos o que fazer. C pediu uma semana de licença no trabalho e fomos todos pra casa da minha mãe, que ajudou em tudo e, por isso, foi primordial. Passado o primeiro mês, aí ganha amor, carinho, acha que o comportamento deles parece com o seu, as dificuldades vão sendo superadas.

A adoção de um bebê, feita pelo casal 1, trouxe as mesmas dificuldades vividas por qualquer casal diante de um primeiro filho, principalmente depois de um tempo relativamente longo sem filhos.

> B: Eu tinha o apoio da mãe da A. Ela mora com a gente. Nosso filho mudou totalmente a nossa dinâmica. Agora é primeiro ele, segundo ele, terceiro ele.
>
> A: A gente não tem mais vida... Tudo é ele! Eu saio de casa às 7h da manhã, quando ele acorda, dou de mamar... Aí, quando chego em casa, fico com ele até ele dormir. Mas é tão bom, né?

As dificuldades narradas por ambos os casais nos apresentaram um elemento significativo: a mãe de A (casal 1) e a mãe de D (casal 2) foram convocadas a ajudá-los para que pudessem superar as dificuldades apresentadas. Os depoimentos remetem ao que comumente ocorre com indivíduos, independentemente de sua orientação sexual, em relação ao primeiro filho: diante do inesperado e da inexperiência, não é raro que se recorra às avós.

Para Zambrano (2006), os casais de homens que criam filhos dificilmente escapam da presença das mulheres no cotidiano, se considerarmos que os trabalhos com a primeira infância são profundamente feminilizados. Os homossexuais por ela entrevistados, em sua maioria, reconhecem a necessidade de uma pessoa do sexo feminino na vida cotidiana para ajudar nos cuidados com a criança; contam com empregada, mãe e irmãs para auxiliar no cuidado com os filhos.

É ainda interessante ressaltar que, tomando a referência de autores como Winnicott (1965/1980), para quem o investimento materno dá à criança a percepção de existir e cuja ausência provoca uma sensação de dissolução, não tivemos dúvidas do "investimento materno" proporcionado pelo casal 2.

Acolhimento da criança na família mais ampla

A inclusão da criança adotiva no círculo familiar mais amplo e o apoio da rede social (amigos, vizinhos e parentes próximos) exerce um impacto benéfico sobre as relações familiares e favorece a construção do sentimento de filiação.

A história familiar do casal 1 e do casal 2, antes e depois da adoção, apresenta entre elas diferenças e semelhanças que merecem análise.

Para o casal 2, "o processo de adoção ficou reservado aos mais próximos, e todos apoiaram". Descreveram suas famílias como "muito animadas" e ressaltaram que "todos elogiam a educação dos meninos, que serve de exemplo pra família". Os comentários sobre a inclusão na família mais ampla em nada diferem daqueles feitos pelos casais heterossexuais.

Já o casal 1, quando assumiu a relação, foi rejeitado por ambas as famílias. Após a adoção, porém, ocorreu uma transformação:

> B: Depois de um tempo ficou tudo bem. Todo mundo se perdoou. Quer dizer, meus pais também, mas a pessoa mais próxima é a mãe da A, porque mora com a gente.
>
> A: Meu pai não queria que a gente adotasse. Ele só aceitou agora, no aniversário de um ano dele. Eu vejo a minha mãe, ela tem um carinho, ela é louca por ele. Tudo bem, ela mora com ele, ela fala: "Na hora que ele entrou e eu olhei pra ele, ele entrou direto no meu coração".
>
> B: Ela fala pros outros netos que ele é o preferido dela.

Lembremos que todo sujeito, quando realiza suas escolhas amorosas, deseja que elas sejam reconhecidas e valorizadas pelas pessoas que lhe são significativas. A fala de A sobre a preferência de sua mãe a legitima como mãe e reforça seu narcisismo, da mesma forma que o valor atribuído à educação dada aos meninos pelos familiares do casal 2.

Preconceito e inclusão social

Nesses casos, o receio do preconceito em relação à adoção, ainda existente no imaginário social (Levy & Jonathan, 2004), é acrescido ao preconceito em relação à orientação sexual dos sujeitos e à homoparentalidade. Preconceitos que podem existir dentro da própria família, como ilustra o comentário feito por B:

> B: Assim que meus pais souberam, eu fui expulsa de casa, e ela foi expulsa do trabalho. Eu achava que meus pais eram liberais, e aí eu descobri que eles não eram tão liberais quanto eu imaginava... Então eu tive que sair de casa... Aí, fui morar com A e com a mãe dela. E meus pais, totalmente liberais, não foram liberais com a história. Eu nunca escondi nada deles, mas na hora que eu realmente fui expor a minha escolha... Eles acharam bonito da porta pra fora, então eu sai.

E preconceitos que podem refletir o receio de aceitação da criança pela rede social, como é expresso pelos quatro sujeitos:

> A: Semana passada, a gente já foi visitar uma escola que é a que a gente quer que ele estude. A gente encontrou uma escola que a gente acha que nosso filho vai ser bem aceito e ter um bom suporte psicológico. E a realidade dele é essa... Ele tem duas mães. E se ele se deixar abalar por isso, se questionar, nós vamos tentar dar um suporte... O mundo dele é esse, ele não vai conhecer outro mundo...
>
> B: Logicamente o ambiente é muito importante. Eu não vou colocar ele numa escola tipo Sagrada Maria, porque não vai dar certo. Vai ser perseguido, vai ser um horror.
>
> C: Demos sorte porque a dona da escola disse que esse era um desafio que ela estava disposta a enfrentar, e eles hoje estão completamente adaptados.
>
> D: Os colegas pararam de perguntar, e o mais velho já corta de vez e diz: "Tenho dois papais". Uma vez perguntaram e uma amiguinha dele, que estava perto, falou: "Você não sabe? Ele tem dois papais, não tem mamãe".

Passos (2007, 2009) comenta que o preconceito talvez seja um dos maiores impasses a serem vividos pelos homossexuais e por seus filhos. Verificamos que ele emergiu aqui através da preocupação com a escolha da escola, ou seja, quando a diferença do modelo familiar em relação ao habitual foi apresentada a um novo contexto.

Desejo de filho

Até recentemente, uma escolha de objeto homossexual quase que automaticamente significava que o sujeito teria que abdicar da parentalidade. A contestação da ordem social até então vigente permitiu que o desejo de filho fosse cada vez mais externalizado. As falas aqui incluídas levantam algumas questões específicas da homoparentalidade:

> A: Bom, a gente queria ser mãe! O sonho da minha vida era ser mãe, o dela também. Então, entramos em vários processos de tentativa de engravidar. Fizemos várias inseminações, tentamos com um amigo. Tentamos várias vezes e não deu certo. Depois decidimos sem a influência

> de um terceiro, né, na relação, e que dificultaria a relação. Pra que colocar um terceiro?! Aí procuramos uma outra forma. Compramos sêmen nos Estados Unidos. Aí é aquela confusão, primeiro você olha, entra no banco de sêmen, você olha e vê as características do par. E aí a gente resolveu pegar alguém bem parecido com ela, já que eu ia ser a... quem ia carregar o neném. [...] Aí, tentamos, tentamos, tentamos e uma hora... E isso é muito doloroso, dolorosa essa tentativa, né, uma tensão, uma frustração?! E aí gastamos todo o dinheiro que a gente tinha, o que não tinha, pegamos empréstimos tudo para conseguir engravidar [...]. Aí, fizemos a consulta médica e ele virou pra mim e disse: "Por que vocês não entram na fila pra adotar?". Aí a B disse pra mim: "Vamos adotar?".
>
> B: E eu não fazia a mínima questão que fosse gerado da minha barriga. [...] A gente entrou na fila e eu achei que depois, a gente conversando aqui em casa [...] na verdade, assim as duas ficam também numa relação igual... O filho não fica na barriga dela, nem na minha, é das duas. Sem aquela coisa "ah, porque veio da barriga dela". Eu acho que ela tinha mais desejo do que eu de ser mãe. Mas hoje em dia nós somos de quatro pela criança, eu sou apaixonadíssima por ele.

C e D fazem parte de famílias numerosas, sendo que o desejo de ser pai sempre esteve presente em D. Quando começaram a considerar essa possibilidade, chegaram a pensar em barriga de aluguel, e a irmã de um deles se ofereceu. É interessante lembrar que os homossexuais que desejam exercer a parentalidade costumam recorrer ou a um processo de adoção, isoladamente ou com o parceiro da relação homoafetiva, ou a técnicas de procriação assistida. Os exemplos dados aqui confirmam os resultados obtidos por diversas pesquisas sobre a homoparentalidade, como a realizada por Gratton (2008). Em sua maioria, essas pesquisas revelam que os casais masculinos, quando se implicam em um projeto de parentalidade, recorrem de imediato à adoção. Já as mulheres recorrem inicialmente às técnicas de reprodução assistida.

Os discursos dos quatro sujeitos, em momentos diferentes, revelaram o desejo de serem reconhecidos como pais pelos próprios pais, inscrevendo-se, assim, no processo de sucessão de gerações, tal como teorizado por Ducousso-Lacaze e Grihom (2010).

Constatamos que, além do desejo de filho, sempre marcado por identificações imaginárias a serem analisadas em sua singularidade, há também um desejo de família semelhante ao expresso por sujeitos heterossexuais em processos de adoção, que revelam, por exemplo, necessidades como o desejo de transcendência, de perpetuação do nome, de assegurar herança ou companhia na velhice. Segundo Eiguer (2010), existem diversas razões para os homossexuais desejarem um filho, mas o principal motivo deveria ser o mesmo que se espera de sujeitos heterossexuais, ou seja, educá-lo e transmitir-lhe um patrimônio cultural e psíquico.

Prática da parentalidade

As atividades parentais não são inerentes ao sexo do indivíduo, mas seu exercício depende de como o desejo de filho é por ele construído e como é partilhado com o parceiro. Foi interessante observar que os sujeitos entrevistados afirmaram que a carga horária profissional de cada um ajudou a definir quem se encarregaria de atividades consideradas maternas, ou seja, quem assumiria as responsabilidades do cotidiano das crianças. Isso fica nítido na vivência de ambos os casais. A, que havia sido mais ativa no sentido de movimentar-se em direção à parentalidade, continuou exercendo sua profissão por obter maior retorno financeiro, enquanto B reduziu sua carga de trabalho para se dedicar aos cuidados cotidianos do filho. Da mesma forma, foi a atividade profissional de C que definiu quem se ocuparia mais do dia a dia das crianças e das tarefas domésticas.

> B: Como eu me formei há pouco tempo e a experiência profissional dela era maior, então eu fiquei cuidando dele.
>
> A: Ele fica mais com ela durante a semana, né?! Mas, quando é final de semana, feriado, eu tento ficar o máximo de tempo que eu puder com ele. E tento suprir a minha falta durante a semana. Ele é mais apegado a ela, né? Infelizmente! Eu sou ciumenta...

> B: É que eu brinco mais com ele. Rolo com ele no chão, engatinho. Até aprendi a engatinhar. Então eu entro nas brincadeiras.
>
> A: Eu acordo com ele de noite, troco as fraldas, dou de mamar e coloco pra dormir.
>
> B: No meu colo ele não dorme, não, só dorme com ela. É a dificuldade que eu tenho, colocar ele pra dormir. Com ela, ele pega no sono mais rápido.

Em relação à prática da parentalidade, foi possível perceber que os quatro sujeitos entrevistados exercem as funções de ser "materno", acolhedor, cuidador e mais rígido e castrador quando necessário. Aquele que passa mais tempo fora de casa procura estar presente, exercendo diversas tarefas junto ao filho nos momentos em que está em casa. Os papéis se organizaram em função da especificidade da relação estabelecida entre os membros do casal, entre estes e a criança, e entre esta e cada um deles.

Em sua pesquisa, Zambrano (2006) observa que, nos casais homossexuais, não há necessariamente uma divisão rígida de "papel de gênero": feminino para o que cumpre uma função dita "materna" e masculino para uma função dita "paterna". Um dos dois pode exercer mais o papel de autoridade, enquanto o outro ocupa um lugar mais "maternal", não porque seja mais feminino em sua identidade, mas porque se encarrega dos cuidados domésticos, o que nos remete aos modelos de gênero tradicionais.

Passos (2004) entende que o lugar que cada parceiro da relação deverá ou poderá ocupar diante do filho decorre da criação imaginária de cada um e precisará ser sustentado pelo outro. Indo mais além, discorda de argumentos que valorizam o compartilhamento das mesmas funções pelo par conjugal, acreditando que o processo de diferenciação dos membros da família seria dificultado para a criança.

Os quatro sujeitos que contribuíram para este estudo, ao mesmo tempo que compartilhavam as mesmas funções (materna e paterna), assumiam posições complementares nos papéis que desempenhavam. Os lugares ocupados, como já mencionado, partiram de um fato objetivo que não necessariamente coincidiu com o projeto originado na história fantasmática dos sujeitos. Penso ser necessário distinguir quando se trata de um bebê ou de uma criança mais velha. No casal 1, era A quem mais desejava "maternar"; entretanto, a referência de cuidados maternos no início da vida do filho de ambas estava na figura de B. Isso não impediu A de encontrar papéis considerados maternos no imaginário social. Uma fala de B merece ser destacada:

> B: Sempre vai ter alguém que vai ter um papel. Tem momentos que eu sou a mais repressora, tem momentos que é ela. Não é a questão do órgão masculino ou órgão feminino.

Considerações finais

Os estudos sobre a homoparentalidade evidenciam as transformações do modelo bioconjugal de família e demonstram que a orientação homossexual não é, em si, um obstáculo ao trabalho psíquico indispensável para renunciar à posição de filho e desejar ocupar o lugar de pai/mãe. Para os autores que se debruçam na questão da homoparentalidade, não é necessário ter uma sexualidade potencialmente reprodutora para poder aceder, no plano psíquico, ao lugar de pai/mãe, mas é necessário realizar a troca simbólica de lugares para sustentar uma posição parental.

Verificamos que a prática da homoparentalidade adquire formas variadas tanto quanto as encontradas em famílias de orientação heterossexual. Os sujeitos por nós entrevistados demonstraram uma preocupação com o reconhecimento de seus pais ao casal conjugal e parental que haviam construído, semelhante àquela relatada por sujeitos heterossexuais em pesquisa anterior.

Partindo da premissa de que não é possível homogeneizar o exercício e a experiência da homoparentalidade, questionamos aqueles que afirmam que o desejo de ter filho expresso por um sujeito homossexual revele a necessidade de manter uma relação especular, na qual o filho seria aprisionado no lugar de objeto, bem como qualquer interpretação reducionista que limite a motivação para adoção por homossexuais em decorrência de uma necessidade de pertencer, de alguma forma, a um modelo normativo de sociedade.

É bom lembrar que, da mesma maneira que casos de adoção monoparental ou por um casal homoafetivo podem encobrir uma verdadeira não diferenciação do outro como sujeito, isso pode ocorrer em adoções realizadas por um sujeito ou um casal heterossexual.

Por fim, as formas através das quais os sujeitos de nossa amostra se organizaram, levando em conta a urgência da vida profissional e o desejo de dispensar cuidados aos filhos, revelaram a importância de entender a estrutura do casal em sua especificidade, independentemente de uma avaliação que privilegie a orientação sexual dos sujeitos.

Referências

Ducousso-Lacaze, A. (2006). Homoparentalité et coparentalité: réflexions métapsychologiques. *Dialogue*, *173*, 31-44

Ducousso-Lacaze, A., & Grihom, M-J. (2010). Homoparentalité: apports d'une approche psychanalytique. *Le divan familial*, *25*, 128-142.

Eiguer, A. (2010). Homoparentalidades, afiliación y vínculo filial. In E. Rotenberg, & B. A. Wainer (Orgs.). *Homoparentalidades: nuevas familias* (pp. 127-137). Buenos Aires: Lugar Editorial.

Fiorini, L. G. (2010). Parentalidad en parejas homosexuales. In E. Rotenberg, & B. A. Wainer (Orgs.). *Homoparentalidades: nuevas familias* (pp. 47-56). Buenos Aires: Lugar Editorial.

Gratton, E. (2008). *L'homoparentalité au masculin. Le désir de'enfant contre l'ordre social.* Paris: PUF.

Houzel, D. (2004). As implicações da parentalidade. In L. Solis-Ponton (Org.). *Ser pai, ser mãe. Parentalidade: um desafio para o terceiro milênio* (pp. 47-51). São Paulo: Casa do Psicólogo.

Levy, L. (2001). Da criança idealizada à criança real. In T. Féres-carneiro (Org.). *Casamento e família: do social à clínica* (pp. 12-22). Rio de Janeiro: Nau.

Levy, L., & Jonathan, E. G. (2004). A criança adotada no imaginário social. *Psico*, *35*(1), 61-68.

Passos, M. C. (2004). Liens affectifs et homoparentalité. *Le divan familial*, *13*, 57-69.

Passos, M. C. (2007). Função materna e paterna nas famílias homoparentais. In T. Féres--Carneiro (Org.). *Casal e família: saúde, trabalho e modos de vinculação* (pp. 269-281). São Paulo: Casa do Psicólogo.

Passos, M. C. (2009). Os filhos da homoparentalidade: elementos para pensar o processo de subjetivação. In T. Féres-Carneiro (Org.). *Casal e família: permanências e rupturas* (pp. 71-82). São Paulo: Casa do Psicólogo.

Perelson, S. (2006). A parentalidade homossexual: uma exposição do debate psicanalítico no cenário francês atual. *Estudos Feministas*, *14*(3), 709-730.

Rotenberg, E. (2010). La homosexualidade y el deseo de un hijo: su impacto en la parentalidad. In E. Rotenberg, & B. A. Wainer (Orgs.). *Homoparentalidades: nuevas famílias* (pp. 99-112). Buenos Aires: Lugar Editorial.

Winnicott, D. W. (1965/1980). *A família e o desenvolvimento do indivíduo*. Belo Horizonte: Interlivros.

Zambrano, E. (2006). Parentalidades "impensáveis": pais/mães homossexuais, travestis e transexuais. *Horizontes Antropológicos*, *12*(26), 123-147.

Estratégias de resolução de conflito e violência conjugal

Denise Falcke
Universidade do Vale do Rio dos Sinos
Adriana Wagner
Universidade Federal do Rio Grande do Sul
Clarisse Mosmann
Universidade do Vale do Rio dos Sinos

Embora nas últimas décadas tenha crescido o número de estudos nacionais e internacionais a respeito do relacionamento conjugal, é consenso na literatura considerá-lo uma das mais complexas entre as relações íntimas de afeto vividas pelas pessoas. A qualidade experimentada pelos casais, na vida a dois, resulta da interação de inúmeros fatores, entre eles as características pessoais de cada membro do casal e os aspectos contextuais e adaptativos de ambos os cônjuges (Mosmann, Wagner & Féres-Carneiro, 2006). A amplitude de possibilidades de interação dessas variáveis expressa o desafio que os cônjuges enfrentam para permanecer casados e com bons níveis de satisfação no relacionamento.

Essa possibilidade parece ter caído cada vez mais em descrédito, pois os dados sociodemográficos da população brasileira revelam uma estabilidade das taxas anuais de divórcio, observando-se índices crescentes de ruptura do vínculo conjugal na primeira década de matrimônio. Em 2010 (IBGE), quatro em cada dez divórcios ocorreram entre pessoas casadas há no máximo dez anos. Esse índice é maior que o de 2000 (33,3%) e o de 2005 (31,8%). Ao investigar os motivos alegados pelos cônjuges para a separação através de uma análise documental de 152 processos judiciais, arquivados no período de 1992 a 2006 em um fórum de uma cidade do Rio Grande do Sul, Zordan, Wagner e Mosmann (2012) encontraram, como o maior percentual (28,9%), *brigas e discussões*, seguidas por *agressões do cônjuge* (em 23,7% dos casos). Esses resultados elucidam a dificuldade dos casais em lidar com os conflitos inerentes à vida a dois e, especialmente, a incapacidade de resolução dessas discórdias, que, em muitos casos, culminam em situações de violência.

Os dados corroboram aqueles encontrados por Mosmann e Falcke (2011) ao analisar os motivos e a frequência de conflitos em uma amostra de 149 casais de nível socioeconômico médio, residentes na capital e no interior do Rio Grande do Sul. Os resultados indicaram que o motivo mais frequente de desentendimento entre o casal é a relação com os filhos, seguido do tempo que os cônjuges desfrutam juntos, o dinheiro, as tarefas domésticas, o sexo e as questões legais. A maioria dos casais pesquisados reportou que resolviam suas brigas e discussões "com calma", mas situações de agressão verbal foram apontadas como já tendo ocorrido em 75,8% desses casais. Episódios de agressão física ou arremesso de objetos no outro também foram situações referidas por essa amostra em 7,3% dos casais.

Esses dados corroboram o caráter intrínseco do conflito nos relacionamentos conjugais. Provavelmente, essa característica é o que justifica o expressivo número de investigações realizadas, especialmente no contexto internacional, que buscam mapear as possíveis associações do conflito com a qualidade e a estabilidade conjugal, assim como com a saúde mental dos cônjuges e de seus filhos (Gerard, Krishnakumar & Buheler, 2006; Goeke-Morey, Cummings & Papp, 2007). Entretanto, nesses estudos, chama a atenção a presença de indicadores de violência nas relações conjugais, marcando a importância de diferenciar não a presença ou a ausência de conflito, mas sim a maneira de resolvê-los. Correlações entre violência e qualidade conjugal demonstram que as estratégias aversivas e violentas utilizadas pelos casais para resolver conflitos estão associadas à menor satisfação conjugal, enquanto as estratégias de compreensão mútua e negociação entre o casal estão associadas à maior satisfação no relacionamento (Duarte, 2005). Nesse sentido, há indícios empíricos que demonstram a importância de se considerarem as estratégias de resolução de conflito como preditores da qualidade (Caughlin & Huston, 2002; Gottman & Levenson, 2000) e da violência conjugal (Marshall, Jones & Feinberg, 2011).

Partindo dessas evidências, neste capítulo buscamos refletir acerca das estratégias de resolução de conflito utilizadas pelos casais, assumindo-as como potencial fator de risco para o desenvolvimento de padrões que culminem em violência conjugal.

Estratégias de resolução de conflito conjugal

Conceitualmente, *conflito conjugal* é definido como a oposição ostensiva entre os cônjuges, identificada pelos mesmos como desentendimentos ou fonte de dificuldades no relacionamento (Fincham, 2009). Esse conceito abarca algumas características relevantes, como a ostensividade que classifica a forma de expressão do mesmo, assim como o fato de ser tanto causa quanto consequência, denotando o caráter relacional e processual do conflito conjugal.

Na tentativa de desvelar os processos interativos estabelecidos entre os cônjuges ao lidar com suas discórdias, as pesquisas da área têm enfocado no comportamento expresso pelos pares, o que na literatura tem sido denominado *estratégias de resolução de conflito*. Tais estratégias vêm sendo estudadas há mais de três décadas (Deutsch, 1973), e a maioria das pesquisas as define em duas categorias: *construtivas* e *destrutivas* (Fincham & Beach, 1999).

As construtivas são consideradas atitudes de cooperação, intenção de resolver o problema, aceitar o ponto de vista do outro, estar aberto a conversar sobre o conflito e, especialmente, priorizar o relacionamento, e não os aspectos individuais (Sillars, Canary & Tafoya, 2004). De outro lado, as destrutivas compreendem comportamentos coercitivos por parte dos cônjuges, evitação e a tentativa de um sobrepor seu ponto de vista ao do outro, visando dominação e subordinação (Olson & Braithwaite, 2004).

A primeira geração de pesquisas sobre o comportamento que os cônjuges adotam no manejo de conflitos teve como principal característica metodológica a realização em laboratório, e os resultados evidenciaram principalmente as estratégias destrutivas. Através da observação de discussões entre os casais, identificavam-se suas formas de resolução de conflitos associadas a alguma medida global de satisfação conjugal, permitindo que se distinguissem os comportamentos dos casais com menores ou maiores níveis de dificuldades (Karney & Bradbury, 1995; Gottman, Coan, Carrere & Swanson, 1998).

Os resultados apontaram que os casais com os piores níveis de satisfação conjugal são aqueles que, durante o conflito, utilizam o maior número de afirmações negativas, o menor número de interações positivas e respondem mais de forma contrária, por exemplo, rebaixando-se mutuamente. Essas características foram agrupadas em um padrão de interação denominado *negatividade recíproca* (Markman, 2004; Fincham, 2009).

Alguns casais, durante o conflito, são dominados por uma sequência de comportamentos negativos que se desenvolvem normalmente, em escalada e são difíceis de ser interrompidos. Um grande desafio para esses casais é encontrar uma alternativa mais adaptativa para sair desse tipo de ciclo. Em geral, a tentativa de parar a escalada negativa vem acompanhada de outros sentimentos contraproducentes, que alimentam e mantêm o ciclo. Esse padrão de interação conflituosa foi denominado *escalada negativa* (Wagner & Mosmann, 2012).

Outro padrão identificado pelas pesquisas em laboratório é o denominado *demanda e recuo*, no qual um dos parceiros tenta discutir sobre um assunto e o outro o ignora, evita a conversa ou simplesmente se recusa a dialogar (Christensen, 1988). Esse padrão é considerado pelos estudiosos da área como o mais nocivo ao relacionamento e o menos eficaz na solução do conflito. Inúmeros estudos já o associaram à disfuncionalidade no relacionamento conjugal (Eldridge, Sevier, Jones, Atkins & Christensen, 2007; Shoham & Rohrbaugh, 2002).

A complexidade do processo de coconstrução dessas interações fez com que surgissem novas pesquisas, e não somente observacionais, em laboratório. Isso porque uma das críticas a essa metodologia, feita pelos próprios casais participantes, era a de que os conflitos simulados pelos pesquisadores, bem como os comportamentos expressos pelos casais no laboratório, pouco se assemelhavam ao cotidiano conjugal (Fincham, 2009).

Especificamente em relação ao padrão *demanda e recuo*, ainda restam muitas dúvidas sobre os mecanismos que engendram essas interações no dia a dia dos casais. Os resultados são contraditórios, especialmente no que se refere à existência de cônjuges sempre no papel de demandante e o outro que ignora, recua. Alguns estudos afirmam que as mulheres assumiriam, na maior parte dos casos, o papel de demandar determinados comportamentos do cônjuge e os homens sempre as ignorariam (Christensen, Eldridge, Catta-Preta, Lim & Santagata, 2006; Fincham, 2009). De outro lado, diferentes pesquisas apontam para uma perspectiva diádica bidirecional. O estudo de Papp, Kouros e Cummings (2009) avançou metodologicamente ao realizar observações na casa de 116 casais norte-americanos para investigar se havia diferenças de sexo no padrão *demanda e recuo*. Os resultados indicaram que tanto homens quanto mulheres oscilaram nesses papéis, dependendo de quem desejava ter seu argumento aceito, configurando um estilo de resolução de conflito do casal.

Independentemente de quem demanda e de quem recua, há entre os pesquisadores consenso de que o parceiro que recua passa ao outro a mensagem de que sua opinião ou ponto de vista não existe, não é válida ou importante. Essa comunicação produz no parceiro um sentimento de que suas necessidades, seus desejos ou suas motivações não são relevantes e isso, consequentemente, é interpretado como a não aceitação do companheiro. À medida que esse padrão se cristaliza, cresce também o sentimento mútuo de não ser compreendido e amado (Weger, 2005).

As pesquisas já demonstraram os reflexos desse padrão de resolução de conflito na qualidade conjugal e especialmente na estabilidade das relações (Caughlin & Huston, 2002). O estudo de Gottman e Levenson (2000) identificou que o padrão *demanda e recuo* foi preditor de divórcio tanto nos anos iniciais do casamento (até sete anos), quanto nos anos posteriores (entre sete e catorze anos). Entretanto, as contradições acerca do conceito e seus mecanismos de funcionamento permanecem.

A pesquisa longitudinal realizada por Birditt, Brown, Orbuch e McIlvane (2010) investigou as repercussões dos padrões de resolução de conflitos sobre o divórcio em 373 casais norte-americanos, no primeiro, terceiro, sétimo e décimo sexto anos de casamento. Esses pesquisadores tinham como hipótese do estudo a concepção de que o recuo seria uma estratégia positiva de resolução de conflito, sem incluir o comportamento de demanda, assumindo que haveria uma correlação negativa com os índices de divórcio dos casais em que um dos cônjuges conseguisse se retirar no calor da discussão. Essa ideia é difundida por psicoterapeutas de casais, que defendem o caráter benéfico de um dos cônjuges ser capaz de se retirar no momento do conflito e não "colocar lenha na fogueira". Os resultados, contudo, são extremamente interessantes e apontam que o comportamento de recuo teve correlação positiva com os níveis de divórcio, não diminuindo ao longo dos anos. Quando um dos cônjuges apresentou comportamento de recuar diante do conflito, ainda que o outro tenha apresentado padrões construtivos, como a escuta ativa e a disposição de resolver calmamente o problema, essa interação não se manteve ao longo do tempo, sobressaindo os reflexos negativos do recuo. Pode-se refletir que somente o comportamento de retirar-se não é capaz de se constituir em estratégia positiva se estiver inserido em uma dinâmica pouco construtiva. Ao contrário, parece que o cônjuge interpreta negativamente essa postura de recuo, sentindo-se ignorado, o que estimula o disparo de outras interações negativas.

Esses resultados suscitam muitos questionamentos acerca da composição e da articulação entre as estratégias construtivas e as destrutivas, e especialmente ao caráter diádico dessas interações. O que está claro é que, quando ambos os cônjuges utilizam predominantemente estratégias construtivas, isso se reflete em maiores níveis de satisfação e estabilidade, assim como em contextos nos quais preponderam as estratégias negativas ficam evidentes os reflexos deletérios à conjugalidade. Entretanto, os processos e os resultados inerentes à combinação de estratégias positivas e negativas, assim como a tendência de um dos cônjuges a adotar mais de um tipo de comportamento, ainda são pouco conclusivos.

A complexidade da interação conjugal torna esse tema extremamente desafiador, especialmente se assumirmos os riscos que os padrões destrutivos representam para a relação. Além do mais, sabe-se que a não resolução efetiva dos conflitos não faz com que eles desapareçam; ao contrário, vai criando um acúmulo de mágoas e ressentimentos que terminam retornando nos momentos de discórdias e, muitas vezes, com a carga emocional negativa ainda mais forte, podendo ser o estopim para situações de violência (Mosmann & Falcke, 2011). Esse *efeito bumerangue* (Markman; Stanley; Blumberg, 2001) justifica a necessidade de realizar mais pesquisas que investiguem o papel efetivo das estratégias construtivas de resolução de conflito no desenvolvimento de padrões mais funcionais no manejo da discórdia conjugal.

Nesse universo de interações, outra variável fundamental identificada pelas pesquisas é a percepção que cada cônjuge possui acerca da situação conflituosa, a qual geralmente difere. Cada indivíduo tem tendência a perceber, de maneira particular, os motivos de discórdia, e isso está diretamente relacionado à forma como se propõe a lidar com ela (Sillars, Canary & Tafoya, 2004). Se os cônjuges conseguem perceber o problema como sendo do casal, e não exclusivamente do outro, assumem também a corresponsabilidade de tentar encontrar uma alternativa para resolvê-lo (Wagner & Mosmann, 2012).

A comunicação conjugal é o conceito que permeia toda a interação conjugal e, consequentemente, se constitui em estratégia de resolução de conflito, podendo ser de caráter construtivo ou destrutivo. Casais que realizaram programas de educação conjugal (Markman, 2004) reportam que a aprendizagem de novas formas de comunicação, que incluem efetivamente escutar o outro, ser empático e responder de forma menos agressiva, termina se mostrando benéfica ao longo do tempo e permanece sendo utilizada ao final da participação na intervenção. Esses dados corroboram as pesquisas que apontam melhores níveis de qualidade conjugal em casais que tendem a ser mais responsivos (Mosmann & Wagner, 2008).

De maneira geral, identifica-se que todos os casais oscilam entre o uso de estratégias construtivas e negativas. Não há cônjuges que utilizam somente estratégias construtivas, sem que em nenhum momento entrem em uma escalada repleta de reciprocidade negativa. Mas aqueles que conseguem acumular maior repertório de estratégias positivas, utilizadas por ambos, mesmo quando empregam padrões negativos de resolução de conflitos, conseguem interrompê-los, não cristalizando um ciclo interacional negativo (Gottman, 1991). De outro lado, o mesmo é verdadeiro para os casais que utilizam predominantemente estratégias destrutivas, os quais terminam por enrijecer sua relação adotando sempre respostas com alta carga emocional negativa, configurando um processo difícil de ser interrompido e de risco para o estabelecimento de interações violentas.

Violência conjugal: uma estratégia disfuncional de resolução de conflitos?

É comum a ideia de que nos relacionamentos amorosos a presença de conflito seja, de antemão, considerada negativa pelo fato de poder ser um disparador para as situações de violência. Todavia, os pesquisadores e os terapeutas de casais e famílias destacam que os conflitos são inerentes a todos os relacionamentos humanos e que, como já foi visto, eles podem ser construtivos ou destrutivos. São construtivos quando associados a estratégias de resolução positiva, tais como a empatia, a escuta ativa, a busca de acordo, a disponibilidade para ceder e a presença de humor (Gottman, 1991); ou destrutivos quando se caracterizam por estratégias de resolução baseadas na evitação do conflito ou na manipulação, ameaça e coerção, além de agressão física, sexual e/ou psicológica, caracterizando um padrão competitivo de dominância e subordinação, em que se observa o foco dos cônjuges nas próprias necessidades em detrimento das demandas da relação (Greeff & Bruyne, 2000).

Observa-se que, entre os padrões destrutivos, se fazem presentes as diferentes formas de violência conjugal. A tipologia mais utilizada nos estudos sobre violência conjugal descreve a violência física, a psicológica e a sexual (Brandão, 2006; Corsi, 2003; Falcke, 2006; Gomes & Diniz, 2008). Mais recentemente, em vista da criação da Lei nº 11.340/06, conhecida como Lei Maria da Penha, com a intenção de coibir a violência doméstica contra a mulher através de medidas de prevenção, assistência e proteção a mulheres vítimas, foram ressaltadas também a *violência patrimonial* e a *violência moral*. A violência patrimonial é conceituada como qualquer conduta que configure retenção, subtração, destruição parcial ou total de seus objetos, instrumentos de trabalho, documentos pessoais, bens, valores e direitos ou recursos econômicos, incluindo os destinados a satisfazer suas necessidades, enquanto a violência moral é compreendida como qualquer conduta que configure calúnia, difamação ou injúria.

Se pensarmos nas estratégias de resolução de conflitos como um *continuum* que possui, em um polo, as estratégias mais saudáveis e, no outro, as mais disfuncionais, sem dúvida a violência pode ser entendida como expressão máxima de disfuncionalidade. Alguns pesquisadores propõem uma diferenciação na compreensão da violência, entre aquela que é resultado de uma escalada, na qual a violência emerge como a última estratégia de resolução de conflitos após uma sequência de trocas ofensivas e hostis entre os cônjuges, e a violência mais severa que caracteriza o abuso físico, sexual ou psicológico, que limita a liberdade do outro e pode chegar inclusive ao homicídio (Straus, 2007; Johnson, 1995; Duarte, 2005). Ainda que qualquer expressão de violência devesse ser banida das relações conjugais, sem dúvida é importante considerar os diferentes níveis nos quais ela se manifesta, a partir da intensidade e da frequência dos episódios, pois estratégias de intervenção diferenciadas se fazem necessárias conforme o caso (Straus, 2011).

Esses distintos níveis de violência também têm sido compreendidos como uma possível hipótese explicativa das diferenças encontradas entre os estudos clínicos e não clínicos quanto à direcionalidade da agressão conjugal. Estudos com populações clínicas ou baseados em dados de denúncia de violência evidenciam um padrão de violência unidireional, no qual os homens assumem preponderantemente a posição de agressores e as mulheres de vítimas (Dantas-Berger & Giffin, 2005; Mazurana & Mckay, 2001; Schraiber, D'Oliveira & Franca Júnior, 2008). De outro lado, as investigações realizadas com a população em geral revelam a preponderância da bidirecionalidade na violência conjugal, identificando homens e mulheres como agressores e vítimas (Capaldi, Shortt, Kim, Wilson, Crosby & Tucci, 2009; Fiebert, 2010; Gelles & Straus, 1998; Hines & Douglas, 2010; Renner & Whitney, 2012). Nesse sentido, Straus (2011) propõe a compreensão pautada nos diferentes níveis de violência, considerando que a violência que se faz presente nos relacionamentos como última tentativa de resolução de conflitos seja de cunho bidirecional, enquanto a violência que está mais vinculada à psicopatologia e se expressa na forma de abuso, pautada no uso da força física, seja exercida preponderantemente pelos homens em direção às mulheres, ainda que represente cerca de 1% dos casos de violência. O estudo de revisão proposto pelo autor revela, no entanto, que mesmo as agressões graves apresentam-se de forma simétrica e mútua entre os cônjuges, sejam de populações clínicas, sejam de populações não clínicas, ressaltando a necessidade de um olhar cuidadoso para o fenômeno da violência entre cônjuges.

Sustentando essa abordagem, o estudo desenvolvido por Marshall, Jones e Feinberg (2011), com a finalidade de construir um modelo integrativo para a ocorrência e frequência de violência entre parceiros íntimos, constatou que a simetria de gênero foi observada na predição da ocorrência da violência conjugal, enquanto diferenças de gênero emergiram em relação à frequência da violência. Mais especificamente, o estudo evidenciou que a predição da frequência de violência pareceu relacionada às vulnerabilidades duradouras (hostilidade), no caso dos homens, e existiu em função do conflito conjugal, no caso das mulheres. Esses dados, segundo os autores, podem refletir a natureza mais individualizada da violência perpetrada pelos homens em comparação à violência mais diádica perpetrada pelas mulheres, fazendo refletir sobre a natureza perigosa do conflito conjugal intenso, que produz as condições de "cruzar a linha" para o uso da violência, bem como sobre o papel da hostilidade na escalada da violência. Sendo assim, o estudo demonstrou a importância de considerar o conflito conjugal e suas formas de resolução um preditor da violência nos relacionamentos conjugais.

A intensa e complexa convivência em um relacionamento conjugal aciona constantemente o confronto entre as demandas individuais e conjugais, existindo várias demandas que são disparadoras de conflitos e de uma diversa gama de sentimentos entre os cônjuges. Assim se caracteriza o padrão de interação entre eles, sendo surpreendente que esse padrão, em muitos casos, tolere uma série de atos violentos que não seriam aceitos se exercidos por pessoas estranhas. A segurança de um relacionamento estável abre espaço para as manifestações de violência? Os atos violentos são minimizados nas relações amorosas? Como os casais convivem por longos períodos de tempo em relacionamentos violentos?

A complexidade do fenômeno da violência no casal é evidenciada pela construção da dinâmica de interação entre o casal que alimenta e perpetua o vínculo violento. A dinâmica da violência conjugal comumente revela um processo cíclico, relacional e progressivo, conforme já proposto por Walker (1999), compreendendo as fases de "construção da tensão", com pequenos incidentes – ainda considerados como se estivessem sob controle – de "tensão máxima", caracterizada pela perda do controle sobre a situação e agressões levadas ao extremo e, por fim, de "lua de mel", na qual há a reestruturação do relacionamento, ficando evidentes o arrependimento e o desejo de mudança. O envolvimento, nesse ciclo, provavelmente é um mantenedor homeostático dos vínculos conjugais violentos, fazendo com que muitos casais permaneçam em relações violentas durante vários anos. Presos no vínculo conjugal destrutivo, homens e mulheres desejam romper o padrão, mas se veem impotentes. Chegam à violência em busca de uma estratégia de resolução de conflitos, repetem essa mesma estratégia em situações consecutivas e custam a perceber que a estratégia inicialmente tida como a forma de resolver os conflitos passou a constituir-se no maior problema a ser enfrentado, na disfuncionalidade do sistema.

Sendo assim, a partir de uma perspectiva sistêmica, constata-se que a violência que permeia os relacionamentos conjugais geralmente é intrínseca ao contrato de relacionamento estabelecido entre os cônjuges, o qual é estabelecido a partir da história de vida de ambos, da construção do vínculo afetivo entre eles e da própria interação conjugal. É caracterizada como relacional e dinamicamente construída pelos cônjuges, que são coautores do funcionamento do casal, sendo necessário um olhar para o fenômeno a partir de uma perspectiva bidirecional e contextual.

Estratégias de resolução de conflito e violência conjugal

Partindo da premissa de que a violência conjugal integra o leque de possibilidades de um casal resolver seus conflitos, iniciamos, em 2010, um mapeamento das relações conjugais no Rio Grande do Sul (Edital 008/2009 –

PRONEX – FAPERGS/CNPq) com o objetivo de analisar como se associam os estilos de resolução de conflitos e a presença de indicadores de violência conjugal. Pesquisamos uma amostra de conveniência de 751 casais, distribuídos em 67 municípios da região Sul do Brasil; 68,8% dos casais eram casados oficialmente e 31,2% moravam juntos. Desses casais, 84,9% estavam em um relacionamento de primeira união e 15,1% já haviam vivido como casal anteriormente. O tempo de união dos casais variou entre 4 meses e 51 anos (m = 15,78; DP = 10,40). A idade mínima dos participantes foi 18 anos e a máxima, 80 anos (m = 40,87; DP = 11,09). Os cônjuges responderam, em separado, a um questionário composto por 172 questões, as quais investigavam os dados sociodemográficos, as estratégias de resolução de conflito (CRBQ) e os indicadores de violência (CTS2).

Os resultados preliminares apontam a presença preponderante de estratégias de resolução positiva de conflitos (dimensão de Acordo do CRBQ – média do sujeito = 18,93 e média de avaliação do companheiro = 17,96), indicando que os cônjuges avaliam a si mesmos e aos companheiros como buscando resolver os conflitos através do diálogo e da negociação em busca de um acordo. Em segundo lugar, aparecem as estratégias de evitação do conflito (média do sujeito = 14,34 e média de avaliação do companheiro = 14,48). A estratégia de evitação refere-se à recusa de um dos membros em manter a discussão em torno de um conflito ou o afastamento da discussão. Com menores índices, aparecem as estratégias de ataque (média do sujeito = 10,94 e média de avaliação do companheiro = 11,27). As estratégias de ataque correspondem às reações de ataque físico ou verbal, evidenciando a perda de controle durante uma discussão.

Com relação aos índices de violência na amostra investigada, os sujeitos avaliaram o quanto eles infringem violência e o quanto se sentem violentados pelo/a companheiro/a, no que se refere à coerção sexual (grave e menor), à violência física (grave e menor), à injúria (grave e menor) e à agressão psicológica (grave e menor). Os índices de violência encontrados estão apresentados no gráfico a seguir:

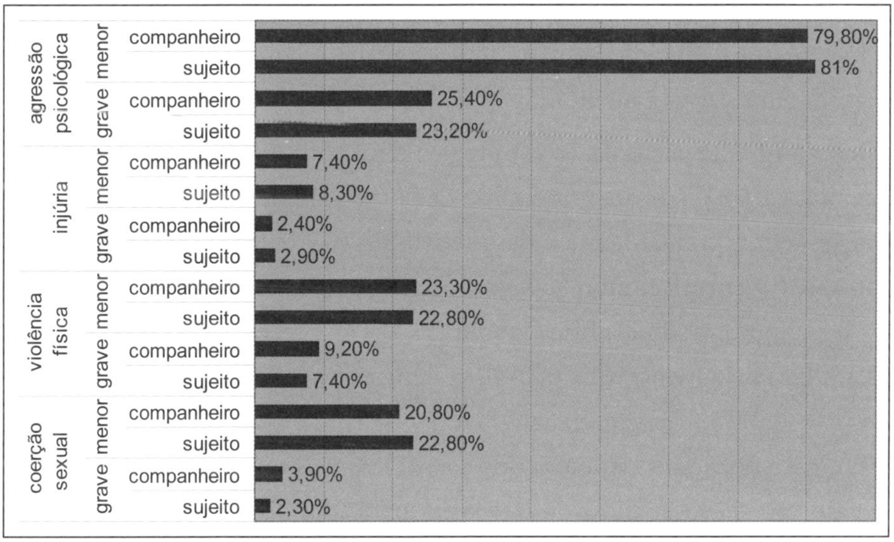

Figura 1 - Porcentagem de ocorrência de violência nos casais

Observa-se que a agressão psicológica se fez presente na vivência da maioria dos casais investigados em algum momento do relacionamento. A agressão psicológica refere-se a agressões, xingamentos, ofensas, destruição de objetos pessoais do/a companheiro/a ou afastamento e evitação dos conflitos. Em torno de 23% dos casais referiram a ocorrência de violência física menor (segurar o/a companheiro/a com força, dar tapas ou bofetadas, atirar objetos no parceiro) e 8% de violência física grave (usar faca ou arma, sufocar ou estrangular, dar um murro ou acertar o companheiro com algum objeto). A coerção sexual menor foi referida em torno de 21% dos casais (insistir em fazer sexo quando o/a companheiro/a não deseja, obrigar o/a companheiro a fazer sexo sem camisinha), enquanto a presença de coerção sexual maior foi indicada por 3% dos casais (usar força física para fazer sexo oral ou anal ou fazer ameaças para obrigar o/a companheiro/a a fazer sexo). Por fim, a injúria foi o tipo de violência com menor incidência. A injúria menor esteve presente em torno de 8% dos casais (ter dores, torção, contusão, mancha roxa ou corte após uma briga), enquanto a injúria maior esteve presente em 2,5% (desmaiar ou precisar recorrer a um serviço de saúde).

Considerando-se que os dados foram coletados a partir de casais da população em geral (população não clínica), avalia-se que os resultados sejam alarmantes em relação à incidência de violência entre os cônjuges.

Buscando correlacionar as estratégias de resolução de conflitos e a violência conjugal, realizou-se uma análise de correlação de Pearson que apontou associações entre praticamente todas as variáveis ($p < 0,05$). A dimensão de ataque do CRBQ correlacionou-se significativamente com agressão psicológica menor ($r = 0,664$), violência física menor ($r = 0,412$), agressão psicológica grave ($r = 0,340$), injúria menor ($r = 0,268$), violência física grave ($r = 0,243$), negociação ($r = -0,227$), coerção sexual grave ($r = 0,122$) e coerção sexual menor ($r = 0,099$). Esse resultado evidencia que as estratégias destrutivas, caracterizadas nesse caso por reações físicas e/ou verbais ativas em direção ao outro, culminam em situações de violência expressa em suas diferentes formas. A única correlação negativa ocorreu com a dimensão de negociação, indicando que, quando existe a postura de ataque, parece não haver espaço para a negociação, o respeito à opinião do outro e a busca por um acordo. Esses dados corroboram a literatura ao indicar que os casais tendem a estabelecer um padrão de resolução de conflitos conjugal, e, quando este é marcado pela predominância de estratégias destrutivas sobre as positivas, se configura como preditor de violência conjugal (Marshall, Jones & Feinberg, 2011).

Nesse mesmo sentido, a dimensão de evitação do CRBQ correlacionou-se positivamente com agressão psicológica menor ($r = 0,271$), agressão psicológica grave ($r = 0,144$), violência física menor ($r = 0,079$), injúria menor ($r = 0,076$) e negativamente com a negociação ($r = -0,194$). Esses dados reforçam o conceito destrutivo da estratégia de evitação do conflito, indicando que ela estimula o acúmulo de sentimentos negativos, a entrada em escalada e o reflexo em situações distintas de violência. Nesse padrão interacional, a busca por negociar, que inclui assumir uma postura de ouvir o outro e tentar compreender seu ponto de vista, não se efetiva, uma vez que os casais ignoram o conflito (Weger, 2005).

De outro lado, a dimensão *acordo* do CRBQ correlacionou-se positiva e significativamente com a *negociação* ($r = 0,555$), e negativamente com a *agressão psicológica menor* ($r = -0,369$), *violência física menor* ($r = -0,179$), *agressão psicológica grave* (r = –0,166), *violência física grave* (r = –0,0,94) e *coerção sexual grave* (r = –0,078). Esses dados indicam que no panorama inverso – quando predominam estratégias positivas de resolução de conflitos, que abarcam negociação e busca de acordo – não se efetivam situações de violência, desde as menores até as maiores, reforçando o caráter protetor que essas estratégias podem assumir para melhores níveis de funcionalidade dos relacionamentos conjugais.

Diante de tais evidências, podemos constatar que nos relacionamentos conjugais coexistem estratégias de enfrentamento de conflito muito opostas. Sendo assim, podemos dizer que expressões de violência nas suas mais variadas formas não são peculiares a determinados relacionamentos, mas integram o leque de possibilidades dos relacionamentos em geral. Sendo assim, a complexidade inerente aos conflitos conjugais e a gama de possibilidades de resolução adotada pelos casais faz com que nenhuma estratégia possa ser vista por si só como positiva ou negativa, pois não são as estratégias isoladamente que contam, mas sim a interação que se estabelece segundo o contexto e as características individuais de cada cônjuge.

Nesse sentido, o trabalho com a conjugalidade implica um grande desafio para entender os diversos fios que unem duas pessoas que parecem integrar-se num único ser chamado casal.

Referências

Birditt, K. S., Brown, E., Orbuch, T. L., & McIlvane, J. M. (2010). Marital conflict behaviors and implications for divorce over 16 years. *Journal of Marriage and the Family*, *72*, 1188-1204.

Brandão, E. R. (2006). Renunciantes de direitos? A problemática do enfrentamento público da violência contra a mulher: o caso da delegacia da mulher. *PHYSIS: Revista Saúde Coletiva*, *16*, 207-231.

Capaldi, D. M., Shortt, J. W., Kim, H. K., Wilson, J., Crosby, L., & Tucci, S. (2009). Official incidents of domestic violence: Types, injury, and associations with nonofficial couple aggression. *Violence and Victims*, *24*(4), 502-519.

Caughlin, J. P., & Huston, T. L. (2002). A contextual analysis of the association between demand/withdraw and marital satisfaction. *Personal Relationships*, *9*, 95-119.

Christensen, A. (1988). Dysfunctional interaction patterns in couples. In P. Noller, & M. A. Fitzpatrick (Eds.). *Perspectives on marital interaction* (pp. 31-52). Philadelphia: Multilingual Matters.

Christensen, A., Eldridge, K. A., Catta-Preta, A. B., Lim, V. R., & Santagata, R. (2006). Cross-cultural consistency of the demand-withdraw interaction pattern in couples. *Journal of Marriage and Family*, *68*, 1029-1044.

Corsi, J. (2003). La violencia en el contexto familiar como problema social. In J. Corsi (Ed.). *Maltrato y abuso en el ámbito doméstico* (pp. 15-40). Buenos Aires: Paidós.

Dantas-Berger, S.M., & Giffin, K. (2005). A violência nas relações de conjugalidade: invisibilidade e banalização da violência sexual? *Cadernos de Saúde Pública*, *21*, 417-425.

Deutsch, M. (1973). *The resolution of conflict*. New Haven: Yale University Press.

Duarte, C. M. N. (2005). *Percepções de conflito e violência conjugal*. Tese de Doutorado, Universidade do Porto, Porto, Portugal.

Eldridge, K. A., Sevier, M., Jones, J., Atkins, D. C., & Christensen, A. (2007). Demand--withdraw communication in severely distressed, moderately distressed, and non--distressed couples: rigidity and polarity during relationship and personal problem discussions. *Journal of Family Psychology*, *21*, 218-226.

Falcke, D. (2006). Filho de peixe, peixinho é: a importância das experiências na família de origem. *Colóquio*, *3*, 83-97.

Fiebert, M. S. (2010). References examining assaults by women on their spouses or male partners: an annotated bibliography. *Sexuality & Culture*, *14*, 49-91.

Fincham, F. D. & Beach, S. R. (1999). Conflict in marriage: implications for working with couples. *Annual Review of Psychology*, *50*, 47-77.

Fincham, F. D. (2009). Marital conflict. In H. T. Reis & S. Sprecher (Eds.) *Encyclopedia of human relationships* (v. 1, pp. 298-303). Thousand Oaks: Sage.

Gelles, R., & Straus, M. A. (1988). *Intimate violence: the causes and consequences of abuse in the American family*. New York: Simon & Schuster.

Gerard, J. M., Krishnakumar, A., & Buheler, C. (2006). Marital conflict, parent-child relations, and youth maladjustment: a longitudinal investigation of spillover effects. *Journal of Family Issues*, *27*(7), 951-975.

Goeke-Morey, M. C., Cummings, E. M., & Papp, L. M. (2007). Children and marital conflict resolution: implications for emotional security and adjustment. *Journal of Family Psychology*, *21*(4), 744-753.

Gomes, N. P. G., & Diniz, N. M. F. (2008). Homens desvelando as formas da violência conjugal. *Acta Paulista de Enfermagem*, *21*, 262-267.

Gottman, J. M. (1991). Predicting the longitudinal course of marriages. *Journal of Marital and Family Therapy*, *17*(1), 3-7.

Gottman, J. M., Coan, J., Carrere, S., & Swanson, C. C. (1998). Predicting marital happiness and stability from newlywed interactions. *Journal of Marriage & The Family*, *60*, 5-22.

Gottman, J. M., & Levenson, R. W. (2000). The timing of divorce: predicting when a couple will divorce over a 14-year period. *Journal of Marriage and the Family*, *62*, 737-745.

Greeff, A. P., & Bruyne, T. (2000). Conflict management style and marital satisfaction. *Journal of Sex & Marital Therapy*, *26*, 321-334.

Hines, D. A., & Douglas, E. M. (2010). Intimate terrorism by women towards men: does it exist? *Journal of Aggression, Conflict and Peace Research*, *2*(3), 36-56.

IBGE (2010). Recuperado em 20 abril, 2012, de <www.ibge.gov.br/home/eststistica/populacao/acessoainternet>.

Johnson, M. P. (1995). Patriarchal terrorism and common couple violence: two forms of violence against women. *Journal of Marriage and the Family*, *57*, 283-294.

Karney, B. R., & Bradbury, T. N. (1995). The longitudinal course of marital quality and stability: a review of theory, methods, and research. *Psychological Bulletin*, *118*, 3-34.

Markman, H., Stanley, S., & Blumberg, S. (2001). *Fighting for your marriage*. San Francisco: Jossey Bass.

Markman, H. J. (2004). Couples research & practice: toward a bolder boulder model. *The Family Psychologist*, *19*(4), 4-6.

Marshall, A. D., Jones, D. E., & Feinberg, M. E. (2011). Enduring vulnerabilities, relationship attributions, and couple conflict: an integrative model of the occurrence and frequency of intimate partner violence. *Journal of Family Psychology*, *25*(5), 709-718.

Mazurana, D., & McKay, S. (2001). Women, girls, and structural violence: a global analysis. In D. J. Christie, R. V. Wagner, D. H. Winter, & S. R. Upper (Eds.). *Peace, Conflict, and Violence: Peace Psychology for the 21st century* (pp. 130-138). New Jersey: Prentice Hall.

Mosmann, C., & Falcke, D. (2011). Conflitos conjugais: motivos e frequência. *Revista da SPAGESP*, *12*, 5-16.

Mosmann, C. P., & Wagner, A. (2008). Dimensiones de la conyugalidad y de la parentalidad: un modelo correlacional. *Revista Intercontinental de Psicología y Educación*, *10*, 79-103.

Mosmann, C., Wagner, A., & Féres-Carneiro, T. (2006). Qualidade conjugal: mapeando conceitos. *Paideia*, *16*(35), 315-329.

Olson, L., & Brathwaite, D. (2004). "If you hit me again I'll hit you back." Conflict management strategies of individuals experiencing aggression during conflicts. *Communication Studies, 55*(2), 271-285.

Papp, L. M., Kouros, C. D., & Cummings, M. (2009). Demand-withdraw patterns in marital conflict in the home. *Personal Relationships, 16*, 285-300.

Renner, L. M., & Whitney, S. D. (2012). Risk factors for unidirectional and bidirectional intimate partner violence among young adults. *Child Abuse & Neglect, 36*, 40-52.

Schraiber, L. B., D'Oliveira, A. P. L., & Franca Júnior, I. (2008). Violência sexual por parceiro íntimo entre homens e mulheres no Brasil urbano, 2005. *Revista de Saúde Pública, 42*, 127-137.

Shoham, V., & Rohrbaugh, M. J. (2002). Brief strategic couple therapy. In A. S. Gurman, & N. S. Jacobson (Eds.). *Clinical handbook of couple therapy* (3rd ed., pp. 5-25). New York: Guilford.

Sillars, A., Canary, D. J., & Tafoya, M. (2004). Communication, conflict, and the quality of family relationship. In A. Vangelisti (Ed.). *Handbook of family Communication* (pp. 413-446). Mahwah, NJ: Lawrence Erlbaum Associates.

Straus, M. A. (2007). Processes explaining the concealment and distortion of evidence on gender symmetry in partner violence. *European Journal of Criminal Policy and Research, 13*, 227-232.

Straus, M. A. (2011). Gender symmetry and mutuality in perpetration of clinical-level partner violence: empirical evidence and implications for prevention and treatment. *Aggression and Violent Behavior, 16*, 279-288.

Wagner, A., & Mosmann, C. (2012). Intervenção na conjugalidade: estratégias de resolução de conflitos conjugais. In M. N. Baptista, & M. L. M. Teodoro (Orgs.). *Manual de família: avaliação psicológica, teorias e intervenções*. (pp. 240-248). Porto Alegre: Artmed.

Walker, L. (1999). *The battered woman syndrome*. New York: Harper and Row.

Weger, H. Jr. (2005). Disconfirming communication and self-verification in marriage: Associations among the demand/withdraw interaction pattern, feeling understood, and marital satisfaction. *Journal of Social and Personal Relationships, 22*(1), 19-31.

Conflitos conjugais e transmissão psíquica geracional: das histéricas de Freud à mulher atual

Isabel Cristina Gomes
Universidade de São Paulo

Introdução

A família e, principalmente, o papel da mulher, dentro e fora dela, sofreram significativas transformações desde o fim do século XIX até os dias de hoje, o que gera questionamentos sobre a atualidade dos conceitos psicanalíticos acerca da feminilidade e do feminino. Conflitos conjugais podem ser influenciados pelo paradoxo que se instala em relação aos vários modos de se relacionar amorosamente na contemporaneidade e os modelos familiares transmitidos geracionalmente, ainda presos à heteronormatividade hegemônica da família tradicional.

Este trabalho tomará por base resultados parciais de uma pesquisa[1], realizada com dez casais em psicoterapia psicanalítica, que procuraram uma

1 Bolsa Produtividade CNPq 2009/2011.

clínica-escola de uma universidade da capital paulista com queixas conjugais explícitas (três casos) e implícitas (sete casos) – denominados assim os que se apresentaram com demandas pontuadas no(s) filho(s). Dentre os objetivos pretendidos no estudo mais amplo, focaremos aqui a influência da transmissão psíquica geracional na constituição de uma identidade feminina passiva e emocionalmente dependente da força e do poder do parceiro, ainda nos dias atuais. Quando o cônjuge não corresponde a esses desígnios, próprios do modelo tradicional e esperados pela parceira, temos um fator preponderante no surgimento de determinados conflitos conjugais.

Os dois casos relatados a seguir, cujos nomes são fictícios, exemplificam essa busca pela complementaridade conjugal como uma forma de idealização, principalmente por parte das mulheres. Quando isso não ocorre, a frustração é transformada em queixa e/ou conflito conjugal.

Pretendemos, então, refletir sobre o paradoxo citado acima, ou seja, mesmo diante das várias possibilidades de ser família e casal hoje, ainda encontramos casamentos baseados no modelo "tradicional", com mulheres buscando no homem (marido/pai) a completude nunca atingida, o que retoma a concepção freudiana sobre *masculino* e *feminino*, enquanto constituição psíquica, dentro de uma lógica de polaridades complementares: feminino/passivo e masculino/ativo, de dependência recíproca.

O debate psicanalítico sobre a atualidade das teorias de Freud para o entendimento das questões de gênero não é novo. Delouya (2002) e Wolff (2009) trazem contribuições no sentido de, de um lado, referendar a atualidade dos conceitos freudianos relativos à dimensão psíquica do feminino que existe em cada um de nós. Segundo os autores, esse feminino imutável ao longo dos tempos encontra-se englobado às noções da bissexualidade, do complexo de castração atingindo a todos (homens e mulheres, de diferentes formas) e à estrutura edípica como organizadora da família (independentemente de a qual arranjo corresponder) e do social. De outro lado, a feminilidade, relacionada a tornar-se mulher e feminina, numa associação do biológico com o cultural, é suscetível às transformações que se dão ao longo da história.

Uma breve retomada das histéricas de Freud

Nossa intenção, aqui, ao descrever com detalhes a visão de mulher revelada por Freud, por meio dos relatos clínicos de suas pacientes histéricas, não é nos deter sobremaneira na sintomatologia, e sim pontuar alguns papéis, funções e modelos familiares que subsistiram ao longo do tempo. Obviamente, essa visão de mulher não era apenas de Freud, mas a expressão de uma época e de um contexto histórico, como já mencionado. Comumente vistas como frágeis, desamparadas, dependentes e inferiores aos homens – salvo raras exceções –, os papéis sociais atribuídos às pacientes eram variados, mas os elementos comuns, na descrição da maioria dessas mulheres, eram as atividades domésticas e de cuidado com a família ou enfermos.

O relacionamento com a figura paterna era o fator determinante no desenvolvimento de sintomas histéricos em várias das pacientes, seja pelo amor idealizado a essa figura de grande importância na vida dessas mulheres, seja pelo abuso sexual por parte do pai, fato real ou não. Com a figura materna, o tipo de vínculo das pacientes histéricas variava, indo do total conflito ao afeto e cuidado, sempre permeado pelas disputas edípicas. O relacionamento com o cônjuge, ou potenciais parceiros, tinha uma forte semelhança com o relacionamento com a figura paterna, incentivado pelo fato de várias mulheres jovens casarem-se com homens mais velhos. Aqui Freud também constata que o apego, a perda súbita ou o conflito podiam levar à doença histérica.

A relação com o cônjuge, à semelhança do vínculo com a figura paterna, e a importância desses relacionamentos que, pelos costumes da época, só eram interrompidos pela morte, parece nos apontar um modo de viver centrado primordialmente na figura masculina, trazendo à tona a incompletude emocional e social dessas mulheres.

Para essa mulher doméstica, submissa, por vezes insatisfeita e histérica, sua identidade associava-se ao materno e a sexualidade estava a serviço da procriação. É essa mesma postura e concepção que podemos encontrar na família patriarcal brasileira que foi se constituindo a partir do século XIX e que permite pensar que as concepções freudianas acerca da feminilidade eram válidas também nesse contexto.

Um século depois... O que muda muda tudo?

A família e a mulher atuais

Tomando-se a família contemporânea com a sua multiplicidade de formas, para além do arranjo representado pela união de um homem e uma mulher que desejam ou não ter filhos, as uniões homoafetivas ou homoparentais, as monoparentais por opção, as famílias reconstituídas, encontramos maior complexidade relacional no exercício das novas funções e papéis de gênero, para além da lógica complementar. Perde-se gradativamente a hegemonia da família heterossexual e do modelo patriarcal tradicional para uma demanda crescente por relações familiares mais democráticas e igualitárias (Araújo, 2009).

As guerras mundiais, a crise econômica do início da década de 1930, a liberação sexual dos anos 1960, a derrocada do comunismo e das ditaduras, a transformação do capitalismo produtivo em capitalismo de consumo e a evolução tecnológica provocaram profundas transformações sociais ao longo do século XX, que consolidaram ideais democráticos, intensificaram o individualismo, o hedonismo e a efemeridade nas relações humanas (Bauman, 2004; Coelho & Severiano, 2007).

O modelo tecnológico acoplado às relações humanas, introduzindo as noções de *rapidez* e *descartabilidade*, substitui as certezas advindas do antigo e tradicional pela dúvida diante do novo e desconhecido, na pluralidade dos arranjos familiares atuais. Desde a pílula até a inseminação artificial, viemos tendo uma liberação paulatina e a tendência à dissociação entre sexo e constituição familiar, entre conjugalidade e parentalidade, possibilitando até a procriação sem sexo e sem a presença masculina, em que

> [...] o casamento, em constante declínio, tornou-se um modo de conjugalidade afetiva pelo qual os cônjuges – que às vezes escolhem não ser pais – se protegem dos eventuais atos perniciosos de suas respectivas famílias ou das desordens do mundo (Roudinesco, 2003, p. 197).

Entretanto, a necessidade de vinculação afetiva e de pertencimento a um grupo, seja ele de que natureza for, considerando-se a diversidade das configurações familiares contemporâneas, ainda é condição inerente ao desenvolvimento humano.

Se, de um lado, a mulher contemporânea conquistou a igualdade de gênero tão pretendida, instituída fundamentalmente pela possibilidade da opção por não serem mães (Badinter, 2011), desmistificando os ideais identitários do passado, de outro lado, temos as consequências dessa igualdade, de uma nova mulher em conflito entre os papéis conquistados no mundo masculino e a nostalgia do papel de grande mãe mítica, sábia, generosa e transmissora de afeto e poder, segundo Negreiros e Féres-Carneiro (2004). As autoras discorrem sobre uma mulher frustrada diante da percepção da inadequação do modelo antigo de família, embora talvez nunca tenha vivido seu modelo original, e a insatisfação com o novo modelo, visto como incompleto, pesado e não gratificante.

Nesse novo cenário, surgem também novas patologias e sofrimentos quando se aborda a mulher individualmente, ou o contexto mais amplo da família ou do casal. Birman (2007) associa às mudanças que ocorreram na organização familiar e na conjugalidade a produção de novas modalidades de subjetivação e de transtornos psíquicos, que caracterizam a clínica psicanalítica de hoje.

As mulheres ainda lidam com questões concernentes ao lugar por elas ocupado nas famílias, porém em maior amplitude, envolvendo o grau de exigência contido nas relações amorosas e numa estética corporal idealizada. Há ainda presente, em alguns segmentos sociais, o "velho" dilema entre dedicar-se a uma carreira profissional bem-sucedida ou à maternidade. Com o avanço das transformações na família e na sociedade contemporânea em geral, fruto da volatilidade relacional e econômica que atinge o mundo globalizado, as mulheres buscam resolver essa situação ambivalente por meio da possibilidade de escolha pela não maternidade ou pela volta ao lar, abandonando carreiras bem-sucedidas. Temos aqui não só o resultado da luta social pela igualdade de gênero, que permite à mulher se distanciar da identidade materna, mas também o encolhimento do mercado de trabalho diante das sucessivas crises financeiras atuais, diminuindo possibilidades profissionais promissoras (Rocha-Coutinho 2005, 2009).

Toda a discussão envolvendo a igualdade de gênero que possibilitou uma nova organização conjugal e familiar, própria da contemporaneidade, assiste, em paralelo, a manutenção do modelo tradicional. Na clínica com casais, esse apego à tradição se expressa em várias situações de crise conjugal – ainda encontramos mulheres frustradas em seus relacionamentos amorosos por não encontrarem parceiros que preencham o modelo "homem-ativo-fálico/mulher-passiva-castrada" (Levy e Gomes, 2008).

A forte influência das heranças geracionais, principalmente no que diz respeito à manutenção desse tipo de complementaridade no casal, é promovedora de várias situações de crises e mal-entendidos conjugais e/ou parentais. Especificamente em alguns casos da pesquisa mais ampla, encontramos famílias monoparentais femininas, cujo abandono masculino, representado inicialmente pela figura do pai e repetindo-se na relação com o(s) marido(s), era vivido de forma recorrente por várias gerações de mulheres (avós, mães e filhas), produzindo um vazio identitário, ou seja, mulheres que não se sentiam suficientemente capazes de despertar o amor e a proteção de um homem para constituir um lar.

Reconhecemos nesses casos a presença do processo de transmissão psíquica transgeracional, de acordo com o definido por Granjon (2000) e Trachtenberg (2005), alicerçando-se nos referenciais teóricos de Kaes (2001, 2011). O material psíquico transmitido, além de ser da ordem do impensável, liga-se a conteúdos de vergonha, interditos e alienação, manifestando-se numa feminilidade associada ao modelo tradicional, de passividade e subjugação à autoridade e força da figura masculina, que, se levada ao extremo, produz patologia e/ou violência nos vínculos conjugais. Esse tipo de feminilidade pressupõe ainda a formação de vínculos amorosos ligados a questões e/ou modelos edípicos, em que a escolha de parceiros fica determinada por motivações inconscientes da ordem do recalcado em ambos. Consequentemente, isso dificulta a construção de novas formas de se relacionar no interior do grupo familiar, de acordo com o esperado na atualidade.

Ilustrações clínicas

Caso 1

A mãe veio em busca de avaliação psicológica para o filho caçula de 8 anos, por indicação da escola. O menino era muito ansioso e medroso, o que prejudicava consideravelmente seu desempenho escolar. Nas entrevistas iniciais com o casal, ficou patente o quanto a dinâmica conjugal conflitiva interferia nos sintomas da criança.

O casal tinha dois filhos adotivos, o paciente e uma menina de 14 anos. A ideia da adoção foi consequência da impossibilidade do marido de ter mais filhos, visto que havia realizado vasectomia anteriormente. Bruno tinha uma filha de 25 anos, de seu primeiro casamento. O desejo de ter filhos surgiu por parte de Beatriz, sua segunda esposa, solteira até então. Quando a filha contava 5 anos, pediu um irmãozinho aos pais, que, no começo, resistiram à ideia de adotar mais uma criança, mas depois cederam ao desejo da menina; foi assim que relataram como decidem ter outro filho. Beatriz tinha muito medo de não conseguir manter a estabilidade financeira da família com mais uma criança, já que o salário maior é dela, pois trabalhava como professora em duas escolas. Comentaram muito dos medos do menino, que não ficava sozinho no quarto e às vezes ia para a cama dos pais; não queria sair de carro assim que escurecia, depois de ter presenciado o pai cair no chão ao descer do carro, uma noite.

A esposa relatou que, no início, era muito difícil lidar com os medos e ansiedades do filho, porque o clima da casa era muito ruim, em função da bebida e da ausência do marido. Ela dizia que o casal brigava muito porque o esposo chegava tarde e alcoolizado, e as discussões eram perceptíveis aos filhos. Bruno afirmou beber com certa regularidade, mas não via nisso um problema e associou o fato de estar mais ausente das questões familiares, na época, ao abalo pela perda de um bom emprego. A esposa também se queixava de o marido não exercer autoridade sobre os filhos, mimando-os diariamente com agrados que traz da rua (doces, balas etc.). Sentia-se sobrecarregada, já que era ela quem tinha que ditar as regras.

Inquiridos sobre as famílias de origem, Bruno não falava muito. Dizia apenas que foi criado na roça, que o pai bebia, era duro e distante, nem falava com os filhos. Estudou até o quarto ano [atual terceiro ano do Ensino Fundamental], tendo que trabalhar cedo para ajudar no sustento dos irmãos mais novos. Contou que a mãe era muito trabalhadora, mas morreu jovem, no parto do último filho. Mostrou-se carente e pareceu ter medo de reviver com Beatriz o abandono da esposa anterior. Não se reconhecia como alcoólatra.

Beatriz vinha de uma família de classe média do interior. Era a caçula e dizia que seus pais sempre realizaram seus desejos: formou-se em Pedagogia e veio para São Paulo por motivos profissionais, tornando-se a única de sua extensa família com um diploma e uma carreira. Vale ressaltar que Beatriz era uma profissional dedicada e realizada. A família não aceitou seu casamento com Bruno, mas adorava seus filhos. Seu pai também bebia, embora isso não afetasse o sustento de sua família, segundo ela.

A terapia com o casal, encaminhamento proposto para o caso na medida em que os sintomas do menino eram decorrentes dos conflitos conjugais e familiares, transcorreu ao longo de dois anos, destacando-se a necessidade de separar as questões parentais das conjugais. O casal estabelecia um vínculo de complementaridade patológica, inicialmente o marido sendo colocado como depositário do não controle e da impulsividade pela bebida e responsabilizado por todos os males da família. Com o passar do tempo, Beatriz revelou uma compulsão por gastar dinheiro, apresentando um descontrole em relação às finanças, endividando-se para oferecer aos filhos ou à família o que poderia ser dispensável.

Entretanto, Beatriz custava a entender o quanto seu descontrole também causava danos reais ao casal e à família. Ela insistia em demasia que as brigas e os desentendimentos conjugais associavam-se ao fato de o marido estar há muito tempo sem sustentar a casa. Chegava a deixar subentendido que, se ele trouxesse dinheiro, beber seria aceitável. Algumas vezes, ela o comparava com o pai, que também havia bebido muito no passado, mas nunca havia deixado faltar nada para ela e os irmãos.

Bruno, por sua vez, não assumia o vício e sentia-se muito fragilizado diante das acusações de não ser um homem/pai provedor. Beatriz pedia a separação quando se deparava com partes conscientes de si e do marido; depois retrocedia, iludida pela possibilidade de mudança do parceiro, que nunca ocorria. Porque ela, uma profissional bem-sucedida na sua área de atuação, não tinha segurança emocional suficiente para decidir sobre os rumos de sua vida e dos filhos de forma autônoma?

Novamente temos, em Beatriz, a transmissão geracional de uma feminilidade presa ao modelo tradicional (ela contava que só havia se sentido realizada como mulher depois de se casar e se tornar mãe, não importando o fato da adoção); uma escolha de parceiro à semelhança do pai, que só se tornou conflituosa na medida em que o marido não cumpria o esperado – não apenas por ela, mas por todas as mulheres do passado.

Presos a um pacto denegativo (Kaes, 2011), no qual o vínculo que os unia representava uma aliança defensiva, ambos necessitavam manter recalcados conteúdos da ordem do não significável, dificultando o processo elaborativo e consequentes transformações no relacionamento, ou a possibilidade real de separação.

Caso 2

A esposa procurou a clínica-escola em função das constantes brigas dos dois e, segundo ela, a terapia de casal lhe parecia ser a única solução. O marido se mostrou muito resistente no início, faltou na primeira sessão e desmarcou diversas outras, alegando problemas em seu emprego. Por fim, aderiu ao tratamento, passando a se envolver cada vez mais quando vislumbrou possibilidades de mudança na relação e em cada um.

Hilda foi adotada na infância, e tanto seu pai adotivo quanto seus irmãos abusavam sexualmente dela; era ela quem cuidava de sua mãe adotiva. Quando adulta, casou-se com um desses meio-irmãos, aquele que a protegia mais. Relata que gostava de seu marido como amigo e sempre dava um jeito de mantê-lo sexualmente distante dela. Tiveram três filhos e, quando se tornaram adultos, resolveram se separar. O marido não permitiu que Hilda levasse as próprias roupas, alegando que ele as havia comprado.

Homero, o marido atual, era natural do Nordeste, o mais velho de doze irmãos. Após o abandono do pai, foi trabalhar juntamente com o irmão, ainda bem novo, para ajudar a mãe no sustento da família. Teve um casal de filhos com duas mulheres distintas, cada uma vivendo em um estado diferente. Quando veio morar em São Paulo, juntou-se com uma terceira esposa e viveu com ela durante cinco anos antes de conhecer Hilda, abandonando todas, sem conseguir se vincular afetivamente a ninguém. Contou que, com o passar do tempo, as mulheres só sabiam cobrar, então, preferiu ir embora e viver sozinho.

O casal se conheceu na época em que Hilda trabalhava no bar da irmã. Após pouco tempo de convívio, resolveram morar juntos, apesar do ciúme de

Homero quanto ao fato de Hilda frequentar um ambiente onde havia vários homens. Embora houvesse carinho recíproco, relataram que, ao longo da vivência conjunta, de pouco mais de dois anos, ocorreram muitas brigas, desconfianças infundadas, falta de respeito e agressões verbais de ambas as partes.

Quanto à dinâmica familiar, Homero (53 anos) praticamente não tinha contato com os filhos, em virtude de morarem distante; os filhos de Hilda (49 anos) já eram casados, visitando-os raramente.

Como as brigas eram constantes por causa do emprego de Hilda, ela decidiu exercer a função de cuidadora de uma senhora idosa, morando na casa dela ao longo da semana e vindo passar os fins de semana e uma noite no meio da semana em casa com o marido. Diziam que esse pouco tempo de contato já era suficiente para gerar conflitos e brigas.

Nas primeiras sessões, a esposa concentrava suas queixas no ciúme do marido como sendo a fonte dos conflitos conjugais. Nessas ocasiões, Homero se mantinha quieto, alheio, como se não fosse com ele, numa atitude defensiva e ao mesmo tempo mostrando-se embrutecido. Devagar, com o passar das sessões e o subsequente acolhimento da terapeuta, sentiu-se seguro em expor suas insatisfações com relação à esposa sem desistir do vínculo, como havia feito nos relacionamentos anteriores.

Inicialmente, foi difícil criar um espaço de escuta para ambos, sem as acusações mútuas e a busca de um culpado. Hilda, por sua vez, demonstrou como ainda não podia ter liberdade e prazer sexual, vividos no passado de forma tão traumática. Queria basicamente um pai/provedor que não tivera. Homero sentia-se impotente e rejeitado como homem, por não conseguir preencher o que ele imaginava que Hilda necessitava. Entretanto, diferentemente dos desencontros vividos nos relacionamentos anteriores, permaneceu a seu lado mesmo estando frustrado.

Ambos buscavam no casamento o preenchimento de vazios afetivos primitivos, portanto, era difícil descolarem-se da projeção e da idealização que depositavam no outro e no relacionamento. Aos poucos, o processo de diferenciação Eu/Outro foi-se instalando e eles foram conseguindo exprimir, de forma mais madura, o que desejavam e esperavam um do outro.

Dos dois cônjuges, Homero foi o que se colocou inicialmente mais descrente com relação às possibilidades de mudança e de resolução dos conflitos conjugais que a terapia podia oferecer. Entretanto, com o passar do tempo, foi o que mais se envolveu no processo. A terapia teve a duração de um ano e meio e, ao término desse período, o casal reconheceu que foram atingidos os objetivos que esperavam, ou seja, as brigas diminuíram sensivelmente; construíram confiança no jeito de ser de cada um; vislumbraram possibilidades futuras de Hilda arranjar outro emprego no qual pudesse voltar para casa todos os dias e estar mais perto do marido; começaram a se relacionar sexualmente de modo mais satisfatório para ambos, embora Homero tivesse que lidar com os limites da esposa nesse campo. Por fim, Hilda assumiu sua carência por atenção, afeto e cuidados como sendo algo mais importante que a própria satisfação do desejo sexual, numa sociedade em que a erotização é a tônica, diferentemente do tempo das histéricas de Freud.

Pensamos que, por ter sido adotada por uma família com falhas na interdição edípica, Hilda teve reforçada sua identidade feminina passiva, de dependência, de necessidade de amor e de continência. Ela encontrou isso no primeiro marido, que, mobilizado por sua situação de subjugação, casou-se com ela para protegê-la dos irmãos e do pai abusador; em contrapartida, ela o manteve no lugar "imaginário" de irmão. Consequentemente, Hilda só aceitou relacionar-se sexualmente com esse homem para constituir uma família; não existia conjugalidade. Com os filhos crescidos, pressentindo a retomada do casal, pediu a separação.

Hilda e Homero só conseguiram efetivamente construir um "nós" quando se acolheram e respeitaram suas individualidades e experiências passadas. Embora regidos por um casamento tradicional, buscaram uma complementaridade possível.

Considerações finais

A família reproduz, em seu interior, todo o processo de transformação sócio-histórico, cultural e psicológico pelo qual a sociedade ocidental vem passando nesse último século. Ela é cenário de um movimento paradoxal: de um lado, continua a ser o centro perpetuador da "tradição"; de outro, é geradora do novo, em termos de ordem simbólica. Uma ordem formadora de identidade e alteridade, que define papéis e funções de gênero ao longo da história, bem como preserva a atemporalidade das instâncias de constituição psíquica.

O modelo tradicional de família e casamento se afina com a lógica de complementaridade masculino/feminino instituída por Freud, que observamos funcionar até hoje em algumas dinâmicas conjugais influenciadas pela transmissão de um dado legado geracional.

A busca empreendida por mulheres passivas/castradas no encontro de parceiros ativos/fálicos liga-se a uma identidade feminina dependente emocionalmente da força e do poder do homem, ainda nos dias atuais. Quando o cônjuge não corresponde a esse desejo de completude inconsciente da parceira, temos um fator preponderante no surgimento de determinados conflitos conjugais, como discutimos nas ilustrações clínicas, a despeito do que a sociedade hoje oferece às mulheres.

A multiplicidade de modelos inter-relacionais que nos rodeiam leva-nos a questionar o quanto homens e mulheres sentem-se seguros de si e conscientes daquilo que lhes foi transmitido. Não podemos nos esquecer de que sempre seremos devedores e credores do que nos antecedeu e do que há de vir, diante das escolhas e do modo de realizá-las.

Referências

Araújo, M. F. (2009). Gênero e família na construção de relações democráticas. In T. Féres-Carneiro (Org.). *Casal e família: permanências e rupturas* (pp. 9-23). São Paulo: Casa do Psicólogo.

Badinter, E. (2011). *O conflito: a mulher e a mãe.* Rio de Janeiro: Record.

Bauman, Z. (2004). *Amor líquido: sobre a fragilidade das relações humanas.* Rio de Janeiro: Zahar.

Birman, J. (2007). Laços e desenlaces na contemporaneidade. *Jornal de Psicanálise, 40*(72), 47-62.

Coelho, R. F. J., & Severiano, M. F. V. (2007). Histórias dos usos, desusos e usura dos corpos no capitalismo. *Revista UFF, 19*(1), 83-99.

Delouya, D. (2002). Notas sobre a feminilidade na cultura de hoje. *Jornal de Psicanálise, 35(64), 359-371.*

Freud, S. (1980). Estudos sobre a histeria (v. II). Rio de Janeiro: Imago.

Freud, S. (1980). Fragmento da análise de um caso de histeria (v. VII, pp. 1-119). Rio de Janeiro: Imago.

Freud, S. (1980). Sexualidade feminina (v. XXI, pp. 259-279). Rio de Janeiro: Imago.

Granjon, E. (2000). A elaboração do tempo genealógico no espaço do tratamento da terapia familiar psicanalítica. In O. R. Correa (Org.). *Os avatares da transmissão psíquica geracional.* São Paulo: Escuta.

Kaës, R. (2001). *Transmissão da vida psíquica entre gerações.* São Paulo: Casa do Psicólogo.

Kaës, R. (2011). *Um singular plural: a psicanálise à prova do grupo.* São Paulo: Loyola.

Levy, L., & Gomes, I. C. (2008). Relação conjugal, violência psicológica e complementaridade fusional. *Psicologia Clínica, 20*(2), 163-172.

Negreiros, T. C. G. M., & Féres-Carneiro, T. (2004). Masculino e feminino na família contemporânea. *Estudos e Pesquisas em Psicologia, 4*(1), 34-47.

Rocha-Coutinho, M. L. (2005). Variações sobre um antigo tema: a maternidade para mulheres com uma carreira profissional bem-sucedida. In T. Féres-Carneiro (Org.). *Família e casal: efeitos da contemporaneidade* (pp. 122-137) . Rio de Janeiro: PUC-Rio.

Rocha-Coutinho, M. L. (2009). De volta ao lar: mulheres que se afastaram de uma carreira profissional para melhor se dedicar aos filhos. Retrocesso ou um "novo" modelo de família? In T. Féres-Carneiro (Org.). *Casal e família: permanências e rupturas* (pp. 219-235). São Paulo: Casa do Psicólogo.

Roudinesco, E. (2003). *A família em desordem.* Rio de Janeiro: Zahar.

Trachtenberg, A. R. C. (2005). *Transgeracionalidade. De escravo a herdeiro: um destino entre gerações.* São Paulo: Casa do Psicólogo.

Wolff, M. P. (2009). Reflexões sobre o feminino. *Jornal de Psicanálise, 42*(77), 157-165.

Até que a vida — ou a morte — os separe: análise de paradoxos das relações violentas

Gláucia Diniz
Universidade de Brasília

> *"As desigualdades sociais, sejam elas econômicas, raciais, de gênero, são de alguma forma garantidas por um sistema de benefícios trazidos em decorrência dessa permanência. A mulher manter-se submissa ao homem garante a maternidade, cuidados com o mundo privado e doméstico, gerando, assim, subsídios para que as atividades públicas e geradoras de renda permaneçam em condições de continuar se desenvolvendo. A importância em se analisar a violência enraizada na sociedade é compreender que as suas manifestações decorrem de atos primários da própria sociedade. A sua eliminação não depende somente dos atos repressivos e, sim, de políticas públicas que vislumbrem a prevenção através de diminuição da desigualdade de qualquer grupo social."*
>
> *Heleith Saffioti (2003)*

A violência se faz presente nas relações interpessoais de diversas maneiras – algumas são sutis e outras, bastante visíveis. As várias manifestações da violência causam danos a todas as pessoas envolvidas. A violência constitui, portanto, tema importante de pesquisa, intervenção e ações políticas. Os movimentos sociais organizados, em especial os feminismos, tiveram um papel relevante em apontar que a gravidade da questão transcendia os limites do mundo privado e precisava se tornar objeto de interesse e ações dos vários organismos públicos. Um reflexo dessas ações é o fato de a ONU ter incluído a erradicação de todas as formas de violência como um dos objetivos fundamentais previstos para o milênio 2000-3000. Tal fato deixa claros a dimensão e o impacto da presença da violência na vida contemporânea em nível global.

A promulgação, pelo governo brasileiro, da Lei nº 11.340, conhecida como Lei Maria da Penha (Presidência da República, 2006) constitui outro importante exemplo de iniciativa política, dessa vez em nível nacional. Essa lei definiu os vários tipos de violência que podem estar presentes em qualquer relação íntima de afeto, independentemente de coabitação e de formalização, e instituiu as ações cabíveis para a proteção de mulheres. De acordo com o Artigo 7º, esses tipos de violência são: física, psicológica, sexual, patrimonial e moral. Cabe ressaltar que a violência psicológica inclui a violência verbal.

A *violência física* está relacionada a condutas que afetam a integridade ou a saúde corporal de mulheres. Maria Fátima Scaffo e Francisco Ramos Farias (2011) ressaltam que a violência física costuma ser a que chama mais atenção, em função das marcas que deixa e também pelo fato inaceitável de causar debilidades, mutilações e até a morte. Tais marcas, ao ficarem encravadas no corpo, deixam uma memória permanente e visível do ato. Os autores ressaltam, no entanto, que a ausência de marcas não significa que esse tipo de violência seja menos intenso e corrosivo.

A *violência psicológica* é definida como um conjunto de condutas que causam danos emocionais, diminuição da autoestima, prejuízos e perturbações ao pleno desenvolvimento físico, emocional e social. Envolve ainda condutas que visam degradar ou controlar as ações, comportamentos, crenças e decisões de mulheres através do uso de ameaças, constrangimentos, humilhações, manipulações, isolamento, vigilância constante, perseguição contumaz, insulto, chantagem, ridicularização e exploração. Cabe mencionar também a limitação do direito de ir e vir ou qualquer outra ação que possa causar prejuízo à saúde psicológica e à autodeterminação (Presidência da República, 2006).

A *violência sexual* inclui condutas que constrangem mulheres e as forçam a presenciar, a manter ou participar de relação sexual não desejada, mediante o uso de intimidações, ameaças, coações ou uso da força. Inclui também condutas que induzem mulheres a comercializar ou a utilizar, de qualquer modo, sua sexualidade; que as impede de usar qualquer método contraceptivo ou que as força ao matrimônio, à gravidez, ao aborto ou à prostituição, por meio do uso de coação, chantagem, suborno ou manipulação. Por fim, inclui ações que limitam ou anulam o exercício de direitos sexuais e reprodutivos (Presidência da República, 2006).

A *violência patrimonial* é entendida como qualquer conduta que configura retenção, subtração, destruição parcial ou total de objetos, instrumentos de trabalho, documentos pessoais, bens, valores e direitos ou recursos econômicos, incluindo os destinados a satisfazer as necessidades de mulheres e de seus filhos. Por fim, a *violência moral* é definida como qualquer conduta que configura calúnia, difamação ou injúria (Presidência da República, 2006).

É importante ressaltar que, raramente, uma forma de violência ocorre de maneira isolada. A violência física, por exemplo, é geralmente acompanhada de violência verbal e psicológica. Todas as formas de manifestação da violência deixam marcas. Algumas dessas marcas, quer de natureza física, quer de natureza emocional e/ou moral, ficam para sempre.

O objetivo deste texto é dar continuidade à reflexão sobre paradoxos presentes em relações conjugais violentas (Diniz, 2011). A reflexão será informada pelos parâmetros delineados por Bernardo Jablonski para pensar a crise do casamento contemporâneo, os quais deram origem à sua tese de doutorado e, posteriormente, ao livro *Até que a vida nos separe: a crise do casamento contemporâneo* (1991/1998). Esse título evidencia a criatividade que marcava a produção de Jablonski. Ele foi parafraseado no título deste trabalho, que constitui uma homenagem póstuma ao querido colega.

Os parâmetros de análise da conjugalidade propostos por Jablonski (1991/1998) incluem: 1) questões em torno da religiosidade; 2) o isolamento dos casais e famílias; 3) mudanças nas expectativas em relação a várias dimensões da vida provocadas pela longevidade; 4) a sexualidade; 5) conflitos em torno dos papéis de homens e mulheres no casamento e na sociedade, gerados pelos processos de emancipação feminina; 6) revisão do exercício da paternidade (e, consequentemente, da maternidade); 7) impactos dos meios de comunicação de massa na vida das pessoas, nos relacionamentos etc. Esses parâmetros serão utilizados, juntamente com vários paradoxos detectados nas narrativas de mulheres em situação de violência, para problematizar dimensões de uma realidade afetivo-relacional marcada por essas várias formas de violência.

O atendimento a mulheres em situação de violência constitui o foco das atividades do Projeto de Extensão de Ação Contínua, intitulado "Projeto de Atendimento a Mulheres em Situação de Violência Doméstica e Familiar". O referido projeto envolve pesquisa e intervenção, tem caráter interdisciplinar e é desenvolvido em Ceilândia, cidade-satélite do Distrito Federal. O número de mulheres atendidas é afetado por diversos fatores e oscila entre cem a trezentas por ano. A idade das participantes varia dos quinze aos sessenta anos. Muitas vieram para Brasília em busca de oportunidades de sair da condição de pobreza extrema, mas continuam levando uma vida marginalizada. A maioria possui baixa escolaridade – poucas estudaram além do Ensino Fundamental.

Parâmetros e paradoxos presentes em relações conjugais violentas

Vários paradoxos permeiam as relações afetivas. Nosso foco, aqui, são as relações violentas. O uso do termo no plural é relevante – cada relação é única em função de como e quando as violências começam a se manifestar e do papel que cumprem na dinâmica relacional. É preciso, portanto, distinguir entre um casal recém-casado que já experiência situações de agressões esporádicas e outro que convive com manifestações de violências cotidianas há dez, quinze ou trinta anos.

Esses paradoxos, além de serem compartilhados pelos homens e mulheres que vivem situações de violência, também atravessam a compreensão que os diversos atores sociais têm dessas relações. Estão presentes na formação e na atuação de juízes/as, promotores/as, advogados/as; técnicos/as e demais agentes do sistema judiciário, psicólogos/as, assistentes sociais, pedagogos/as.

Afetam o comportamento e a postura da rede social das pessoas, ou seja, familiares, vizinhos, líderes religiosos, entre outros.

Paradoxos têm sua origem em mitos e expectativas que povoam o imaginário social. Saffioti (2003) esclarece que mitos sobre a violência estão relacionados a ideias preconcebidas, deduções preconceituosas, boatos e representações falsas, ilusórias e infundadas, que nos levariam a conclusões apressadas na compreensão dos fenômenos de violência. Diniz e Angelim (2003) apontam que o perigo está no fato de que esses mitos e expectativas sociais passem a influenciar concepções e a estabelecer parâmetros para as atuações profissionais. Podem levar à desvalorização e deslegitimização das queixas das pessoas envolvidas em casos de violência. É preciso, portanto, questionar a tendência de atribuir aos mitos, às expectativas e a outros fatores externos à origem dos episódios de violência.

O primeiro paradoxo que queremos problematizar diz respeito, justamente, à tendência à simplificação e essencialização das experiências de violência. Cabe então perguntar: será que as violências têm *uma* causa, *uma* justificativa, *uma* única explicação? Entendemos a conduta violenta como algo que emerge de uma combinação complexa de fatores históricos, culturais, sociais, institucionais, familiares, relacionais e pessoais. A ideia da violência como "exceção" cai por terra quando nos damos conta de estatísticas que revelam a intensidade de sua presença, no Brasil e em outros países do mundo.

Constatamos que esse processo de minimização se faz presente também entre as mulheres atendidas. Muitas subestimam a gravidade da violência sofrida e a responsabilidade dos autores em função de mitos. O principal é que o ciúme e o controle são provas de amor. A atribuição de causas externas para a violência – alcoolismo, estresse, desemprego, sofrimento intenso vivido na família de origem, falta de apoio da família do marido e da esposa – também contribui para a minimização.

Um exemplo chamou nossa atenção: uma mulher em torno de 30 anos, que já havia sido agredida várias vezes, passou mais de um mês na UTI, por causa de uma facada na região do tórax, próxima ao coração. Em sua primeira versão, a lesão não foi intencional, pois o marido tropeçou e caiu em cima dela. Tal hipótese veio abaixo quando, em atendimento posterior, vimos saber que ela estava adormecida no quarto do casal quando o "acidente" aconteceu. O fator provocador foi ciúme, porque ela chamou atenção na rua em função da roupa que estava usando durante uma atividade de lazer do casal na noite do episódio. Foi só após vários meses de atendimento e de um trabalho cuidadoso em torno da negação que essa participante conseguiu admitir a gravidade do risco que havia corrido e que continuava a correr ao permanecer com seu companheiro.

O isolamento, evidente na palavra/expressão "fam-ilha" criada por Jablonski (1991/1998), é outra dimensão importante a ser considerada, uma vez que pode propiciar tanto o surgimento quanto a manutenção da violência. É fato que Jablonski pesquisou famílias de classe média e que o isolamento, nesses casos, foi problematizado em função de novas características da vida familiar – a priorização da intimidade, do afeto e da privacidade. Vale lembrar, entretanto, que os processos migratórios para as grandes cidades em busca da melhoria de salários e qualidade de vida é um fenômeno que afeta famílias de todas as classes sociais e um agente provocador de isolamento afetivo ao promover o afastamento entre a família nuclear e a família extensa. Esse processo também pode dificultar a reconstrução de rede social de apoio.

Muitas participantes são migrantes. A precariedade da rede social – ou seja, o fato de não contarem com o apoio de familiares e/ou parentes – as torna mais vulneráveis e dependentes do parceiro, que, por sua vez, acaba abusando desse lugar de poder. O ciúme e o controle, já apontados como fatores presentes na relação violenta, também podem gerar uma diminuição e, muitas vezes, a proibição total de trocas com a vizinhança e mesmo com membros de instituições sociais, como professores, psicólogos, assistentes sociais e líderes religiosos.

Exemplos ilustram o impacto do isolamento em relacionamentos violentos. Um companheiro trancava, todos os dias, a mulher e os filhos quando ia para o trabalho, a fim de impedir contato com a vizinhança. A mulher só podia sair na companhia dele, inclusive para visitar sua própria família. No caso da mulher jovem que ficou na UTI em função de agressão física, o parceiro ocupa lugar de prioridade na vida dela. Os filhos de casamento anterior vivem com o pai. O parceiro tem ciúmes do ex-marido e, por isso, cerceia os contatos da participante com os filhos. Também tem ciúmes do patrão e dos(as) colegas de trabalho, o que faz com que ele ligue para ela várias vezes ao dia, e a leve e busque cotidianamente. A família reside em outro estado, e ela não conta nada do que se passa para evitar preocupação.

Outra mulher foi trancada em casa por cerca de um mês, após ter seu corpo marcado por cortes de facão – ela perdera o ônibus e acabou chegando à casa bem mais tarde do que o horário costumeiro, fato que desencadeou uma crise de ciúmes. Por pouco, essa mulher não morreu por causa de infecção. O companheiro impediu o acesso dela à rede pública de saúde, por temer ser denunciado.

O controle ocupa, portanto, um lugar de centralidade na relação, transformando-a em uma dinâmica perversa, paradoxal – as narrativas dão a impressão de que um não pode viver sem o outro; no entanto, tamanho investimento no controle pode levar à morte desse outro, geralmente a mulher. Uma intervenção grupal realizada com homens autores de violência revelou uma tendência dos homens de justificar seu controle e minimizar o impacto da violência perpetrada. A maioria desses homens achava que as mulheres exageravam e mentiam ao denunciar a violência sofrida (Aguiar, 2009).

Um paradoxo importante está relacionado à distância entre as experiências vividas e a possibilidade de nomeação e reconhecimento dessas experiências. Cabe perguntar que tipos de comportamentos e/ou acontecimentos cada um dos parceiros/cônjuges nomeia como violência e quais comportamentos os "outros" envolvidos nomeiam como violência. Todas as mulheres encaminhadas para o Projeto fizeram uma denúncia, na Delegacia Especializada de Atendimento às Mulheres (DEAM) ou em Delegacia Geral. As delegacias apuram os fatos, registram a queixa e, no contexto da Lei Maria da Penha, quando pertinente, já enviam o caso ao Ministério Público e ao fórum contendo solicitação de medida protetiva. A medida protetiva implica afastar do lar o autor da violência e impedi-lo de se aproximar da companheira, seja por contato físico, telefone, seja por e-mail.

Diante desse contexto, dois fenômenos chamam a atenção da equipe. O primeiro é que raramente uma dessas mulheres usa a palavra "violência". Elas narram fatos, experiências, choram ao falar da dor física e emocional sem nomear o vivido. O silêncio e o segredo aparecem como elementos importantes nas relações violentas (Diniz e Pondaag, 2004; 2006). Scaffo e Farias (2011) reiteram o lugar que a minimização e o silêncio ocupam nessas relações:

> [...] os atos perversos, ocorridos no cotidiano conjugal acabam sendo banalizados, e, se não, a vítima na maioria das vezes sofre em silêncio, aguardando que esses não ocorram mais (Scaffo e Farias, 2011, p. 137).

Muitas participantes relatam receber ameaças e chantagens, tanto do parceiro quanto de familiares dele. Elas são pressionadas a retirar a queixa e frequentemente cedem, dobradas pelos apelos – que visam, antes da segurança da mulher, mobilizar sua culpa para preservar o parceiro. Várias participantes já relataram ter recebido um telefonema de irmãos do agressor fazendo ameaças, inclusive de morte. Elas se sentem presas a uma teia, da qual não vislumbram uma possibilidade de saída. Chama atenção o fato de que familiares se unam para proteger o agressor, e não a mulher ou sua prole. É nossa compreensão que a imagem social marcada pela inferioridade contribui para aumentar a vulnerabilidade da mulher. Ela acaba sendo responsabilizada pelas dificuldades da relação. Mitos também contribuem: mulheres são vistas como nervosas, histéricas, mentirosas, provocadoras, traiçoeiras.

Outro fenômeno que chama a atenção nos relatos é que a *violência verbal* e *psicológica* (elas também não usam nenhuma dessas palavras), principalmente xingamentos e humilhações relativas ao comportamento e à moral, doem mais do que atos de violência física. Ser chamada de "puta" ou de "vagabunda" ou ser acusada de traição é apontado por elas como causando dor maior do que receber um chute, um murro, um empurrão. Uma participante "aguentou" o companheiro violento por mais de vinte anos e só o denunciou no dia em que ele bateu nela e berrou xingamentos e ofensas tão alto que certamente os vizinhos ouviram. Ela se viu obrigada a se defender, uma vez que o companheiro tinha difamado sua moral e desrespeitado a mãe dos filhos dele.

A permanência de mulheres em relações violentas pode, certamente, ser vista como um paradoxo. Por que mulheres ficam com parceiros que as maltratam? Diante da perplexidade em torno da permanência e da manutenção do vínculo, precisamos levar em conta a complexidade da experiência relacional.

A conduta violenta está inserida em uma teia de lealdades e de dependência econômica e emocional. Soma-se a esse fato a preocupação genuína com os parceiros, o desejo de permanecer juntos, de preservar a família intacta, de proteger os filhos. Outra questão importante é que, no contexto do ciclo da violência (Walker, 1996), principalmente durante a fase da lua de mel, o parceiro pode se mostrar como uma pessoa arrependida, capaz de pedir desculpas e tratar bem a companheira, de fazer promessas de que mudará e de que a violência não se repetirá.

Nas relações violentas, é comum entre as mulheres o discurso de que elas precisam aguentar firme e ajudar o companheiro. Outras vezes é mencionada a sensação de que uma pessoa não consegue viver sem a outra. Cada cônjuge nutre pelo outro sentimentos de amor e de raiva, de carinho e de frustração. Esse paradoxo afetivo acaba deixando a pessoa confusa, insegura e gera dificuldade em cada um dos envolvidos de avaliar corretamente o que sente pelo outro e de perceber dimensões da dinâmica relacional à sua volta. Tanto o valor social quanto o valor pessoal da relação dificultam uma apreciação correta da gravidade da dinâmica relacional e contribuem para a dificuldade de nomeação da violência como tal. Angelim (2009) aponta que esse processo tem uma característica duplo-vincular, portanto, paradoxal em sua essência.

A presença da dimensão religiosa levantada por Jablonski (1991/1998) constitui outra ferramenta para nos ajudar a compreender a manutenção do vínculo relacional. O autor aponta que "a religião tem sido, ao longo dos tempos, uma poderosa força norteadora dos valores da família" (p. 33). Medeiros (2010) constatou, em sua pesquisa, que a afiliação religiosa pode funcionar tanto como fator de risco quanto como fator de proteção. Mulheres relatam ouvir de pastores e padres que precisam ter paciência, ter fé, manter a família unida e dar uma chance ao parceiro. A fé alimenta a expectativa do milagre da mudança, e a preservação da família ganha, nessa hora, precedência sobre a integridade física e emocional da mulher. É em situações extremas, principalmente quando a violência se torna cotidiana e resvala para os filhos, que recebem apoio para buscar ajuda jurídica através da denúncia. Uma participante relatou que ficou cerca de dez anos esperando o parceiro entrar para a igreja e ser mudado pela fé.

Líderes religiosos, promotores/as, juízes/as, assim como outros/as profissionais que fazem parte da rede de atendimento, são, antes de tudo, pessoas cuja história e trajetória de vida também foram marcadas por mitos e prescrições sociais. Os modos de atuação desses profissionais exercem um papel importante na permanência das mulheres com seus parceiros. Várias participantes relatam ouvir do/a juiz/a ou promotor/a o seguinte questionamento: "Você vai ter coragem de mandar o pai de seus filhos, o provedor de sua família para a cadeia?". Perguntas como essa atingem o alvo – as inseguranças, os medos, as dúvidas das mulheres, doutrinadas por essa mesma cultura a se sacrificar para o bem do esposo, dos filhos, enfim, pela manutenção da família a qualquer preço.

Os processos de construção das identidades sociais e de expectativas relacionais contribuem, portanto, para a permanência das mulheres nos relacionamentos. O "ser" e o "permanecer casada" têm alto valor social e, em contextos de pobreza, acabam atuando como fatores de proteção. É comum ouvir de participantes que elas toleram a violência do marido porque, no contexto social em que vivem, uma casa sem homem não impõe respeito, e os filhos e filhas ficam mais vulneráveis à sedução das drogas e do tráfico.

A adesão rígida aos papéis tradicionais de gênero também constitui um elemento importante, tanto no desencadeamento quanto na manutenção da relação e da dinâmica violenta. Prevalece nos casamentos das mulheres atendidas uma divisão estereotipada de funções: o homem deve ser o provedor e a autoridade da casa, enquanto elas cuidam da lida doméstica. Tanto nossas pesquisas quanto os atendimentos mostraram que "falhas" no cumprimento desse contrato são vistas como justificativas para o uso da violência: mulheres apanham se não cuidarem "direito" da casa, da roupa ou se a comida não estiver pronta quando os maridos retornam do trabalho (Diniz, 2011; Aguiar, 2009; Angelim, 2009; Guimarães, 2009; Medeiros, 2010; Pondaag, 2009).

Paradoxos relacionados à divisão sexual do trabalho socialmente prescrita reiteram as prescrições de gênero e geram vulnerabilidades para as participantes do Projeto. Constatamos ser comum entre as mulheres de classes desfavorecidas "parar de trabalhar" quando se casam. Poder ficar em casa é um sinal de mudança de *status* – elas agora são donas de casa, e o companheiro é um homem trabalhador que pode manter a função de provedor. Jablonski (1991/1998) expressa bem o paradoxo inerente a essa situação: "... essas atividades cabendo mais à mulher... levaram-na a uma situação curiosa e sem paralelo na história da humanidade, qual seja a de "rainha do lar" sem reinado palpável" (p. 52). Não podemos ignorar que esse "ficar em casa" reflete uma exigência do marido e uma expectativa da mulher em função do cumprimento dos papéis tradicionais de gênero. Reflete também o desejo de ser cuidada, amparada. Pode ser ainda um indicador de controle, posse, ciúme e refletir o ideário machista de que "mulher casada, mulher *que tem dono*, tem que ficar confinada ao lar e andar na rédea curta!".

Cabe aqui problematizar o exercício da função de "provedor". No contexto de nossos atendimentos, essa função está associada ao provimento do mínimo necessário para a sobrevivência, o que inclui aluguel, água, luz e cesta básica. Alguns homens chegam ao ponto de deixar trancados os mantimentos e materiais de limpeza, que só são liberados quando eles chegam em casa. Mesmo assim, mulheres têm que ouvir reclamações por serem "gastadeiras" – outro pretexto para eles descarregarem nelas suas frustrações.

Muitas participantes relatam que o provimento de *mistura* – palavra que faz referência a legumes, verduras e alguma fruta, assim como a compra de vestuário, material escolar e o acesso ao lazer é visto como luxo. Elas precisam "se virar", pois todo o excedente do trabalho dos parceiros é gasto por eles com seu próprio lazer – sinuca, bebida, farras com os companheiros, e, não raro, com outras mulheres. Esses relatos deixam evidente o que Jablonski (1991/1998) nomeou como "'dupla-moral' – o que é bom para os homens não é bom para as mulheres" (p. 122). Esse mesmo tipo de visão marca o tratamento diferenciado dado a filhos e filhas.

O nascimento dos filhos e a precariedade dos vínculos empregatícios para homens com pouca ou nenhuma instrução ameaçam a manutenção desse arranjo tradicional. As necessidades acabam forçando o retorno da mulher ao mercado de trabalho para ajudar a garantir o sustento básico da família. Esse retorno é traumático, porque, além de representar múltiplas jornadas, ele geralmente implica mais vigilância, controle e, não raro, mais violência. Os homens tendem a ter ciúmes dos patrões, a temer a abertura para o mundo quando elas transitam pela cidade e a construção de independência quando elas ganham o dinheiro próprio.

Jablonski (1991/1998) aponta que a reorganização da divisão sexual do trabalho provocada pelos processos de emancipação feminina constitui um elemento importante para a compreensão da crise dos casamentos contemporâneos. Nas classes privilegiadas, isso implica uma expectativa de maior igualdade entre os cônjuges e uma divisão mais igualitária em relação aos cuidados dispensados aos filhos e à vida doméstica.

No contexto de vida das mulheres atendidas pelo Projeto não existe vislumbre de igualdade, muito menos de divisão dos trabalhos domésticos e do cuidado dos filhos. Os pais, de modo geral, costumam não se envolver com os filhos; muitos tendem a ignorá-los e outros chegam até a negá-los. A quantidade de tempo despendido com o cuidado e a criação dos filhos e seu impacto sobre a conjugalidade são questões para as quais Jablonski (1991/1998) chama a atenção:

> Dedica-se parte substancial da vida a criar, educar, dar assistência, encaminhar, ensinar e proteger os filhos. Essas funções ocupam tanto tempo que parecem psicologicamente adquirir a capacidade de existirem não como um meio, mas como um fim em si. Quando os filhos se vão, parecem levar consigo, além da dor resultante da perda afetiva, a própria razão de viver (Jablonski, 1991/1998, p. 102).

O autor ressalta que tamanho zelo e dedicação aos filhos podem resultar em um esvaziamento da relação homem-mulher e na transformação dos parceiros em estranhos um para o outro. Ao investigar casais de classes favorecidas, a preocupação de Jablonski faz referência ao que ele nomeou como processos perversos – dificuldades que esses casais enfrentam para lidar com demandas conflitantes e conciliar necessidades individuais, profissionais, conjugais com o exercício da parentalidade. No caso das relações conjugais marcadas pela violência, também fica evidente a centralidade do lugar dos filhos, mas por razões diferentes.

A intensidade do investimento nos filhos reflete o valor dado ao exercício da maternidade. Pode-se afirmar com segurança que essa função ocupa lugar central na construção da identidade das mulheres participantes do Projeto. De outro lado, o descaso frequente dos parceiros com o exercício da paternidade as obriga a lutar pela sobrevivência da prole. Paradoxalmente, o grau de investimento na maternidade e na função de proteger os filhos constitui um fator de risco, pois mantém mulheres vinculadas anos a fio aos parceiros violentos com o argumento de manter a família intacta e não deixar os filhos sem a presença e a proteção dos pais.

A sexualidade constitui outro fator importante para a análise da conjugalidade (Jablonski, 1991/1998). A presença de afinidade sexual contribui para a manutenção da relação. Casamento, amor e sexo formam um triângulo desejado, porém perigoso – além de ser algo difícil de obter, muitas vezes pode levar à morte. Até a primeira metade do século XX, a satisfação sexual era vista como uma prerrogativa dos homens, pois a eles era dado o privilégio de exercer sua sexualidade livremente. A associação entre sexo e maternidade criava outra realidade para as mulheres, realidade essa marcada pelo controle sobre seus corpos.

Os movimentos de emancipação das mulheres associados aos avanços tecnológicos e bioquímicos levaram ao surgimento de métodos contraceptivos seguros. Esses e outros processos sociais geraram mudanças profundas no exercício da sexualidade feminina. As mulheres passaram a não precisar mais casar para ter uma vida sexual ativa. Tanto as pesquisas acadêmicas quanto a mídia passaram a mostrar o aumento de experiências pré-maritais para jovens de ambos os sexos, mas principalmente para as mulheres (Babo & Jablonski, 2002; Diniz, 2009; Jablonski, 1991/1998).

Jablonski (1991/1998) explora as mudanças que ocorreram na vivência da sexualidade no contexto da conjugalidade a partir da década de 1970. O autor aponta como principal característica desse processo a ideia de um exercício da sexualidade mais igualitário. O prazer sexual e a participação ativa da mulher na vida sexual do casal passam a ser admitidos com maior naturalidade. A preocupação dos homens com o prazer sexual das esposas também se tornou um ingrediente importante nesse novo contexto. Esse percurso emancipatório fica evidente nas camadas sociais mais favorecidas.

O fato é que a sexualidade é uma dimensão da vida relacional, também marcada por mitos, expectativas, preconceitos e ambivalências. Nas relações conjugais violentas, é comum a mulher ser vista como objeto sexual. A relação tende a ser pautada em prescrições tradicionais: o sexo é uma obrigação das mulheres casadas, que têm que servir e estar dispostas a satisfazer as necessidades e os caprichos sexuais dos maridos. Suas próprias necessidades raramente contam. Manifestações de violência sexual agravam esse contexto.

O acirramento das violências provoca a diminuição e até mesmo a perda do afeto. Muitas mulheres também perdem o interesse pelo parceiro e pelo sexo. A relação sexual passa a ser negada, pois é vista como um sacrifício. Esse processo pode, no entanto, implicar mais riscos para a mulher. Tal negativa pode ser entendida como um indício de traição. Uma participante narrou que, quando ela deixou de se sentir atraída pelo marido e passou a recusar o sexo em função de múltiplas manifestações de controle, acompanhadas de agressões físicas e verbais, o marido comprou uma arma e a colocou debaixo do travesseiro. Essa arma era usada para obrigá-la a cumprir com suas obrigações conjugais sob ameaça de morte. Sarti, Barbosa e Suarez (2006) apontam que as manifestações de violências sexuais são pautadas pelas prescrições de gênero e pelas expectativas em torno das identidades e dos papéis sociais de homens e mulheres, atuadas no contexto das relações. Essa forma de violência gera muita revolta, pois as faz se sentir usadas.

A presença tanto de relação sexual satisfatória quanto de comunicação efetiva constitui ingrediente importante para a construção e manutenção da satisfação conjugal. Uma pesquisa de Figueiredo (2005) aponta que, na ausência desses fatores, os casamentos ficam comprometidos. A análise de relações conjugais precisa incluir, portanto, uma atenção a fatores que possam vir a comprometer a satisfação.

As narrativas das mulheres atendidas no Projeto indicam a precariedade da satisfação conjugal e revelam a presença de vários dilemas: elas enfrentam o isolamento, a dificuldade de comunicação e de expressão de sentimentos na relação com os parceiros. Essas mulheres enfrentam paradoxos do afeto de natureza diversa. O clima da casa e dos relacionamentos é marcado pela presença de uma tensão permanente, uma vez que todos sabem do risco iminente de eclosão de um ato violento, mas ninguém sabe o que servirá de fator precipitador. O casal vive em constante ambivalência, dividido por sentimentos de amor e raiva (muitas vezes, ódio), apego e separação, construção e destruição, vida e morte. Filhos tendem a viver dilemas de lealdade e de afeto em relação à díade conjugal/parental, e isso também gera sofrimento.

Uma pesquisa realizada por Féres-Carneiro, Ziviani e Magalhães (2011) aponta para o desafio que é compreender a diversidade de arranjos conjugais vigentes na sociedade atual. A satisfação resulta da combinação complexa entre fatores internos e externos, e essa interação cria muitas possibilidades de relação. Clínicos e pesquisadores enfrentam, portanto, o desafio de compreender dimensões que afetam a satisfação conjugal, particularmente no caso da conjugalidade violenta.

Jablonski (1991/1998) problematiza um paradoxo que parece ser próprio das díades conjugais na contemporaneidade – depositar no outro todas as expectativas de preenchimento das necessidades materiais e afetivas. Esse paradoxo está presente e ganha sentidos importantes na conjugalidade violenta. O autor aponta que tamanha exigência pode gerar dependência e levar os parceiros a se sentirem paralisados pelo medo de perder o outro; eles podem também vir a experienciar sentimentos de ambivalência e descontrole emocional:

> O que acontece, o que é mais provável de acontecer, é as pessoas irem construindo à sua volta um muro fortificado antiemoções cuja chave se perde no processo. Esses muros também não são dotados de filtros específicos que funcionem perfeitamente em função de hora ou lugar. Mais comum é o embotamento generalizado permeado por manifestações excessivamente carregadas – quase histéricas – em outros momentos... (Jablonski, 1991/1998, p. 62).

Essa descrição se encaixa tão perfeitamente na realidade da conjugalidade violenta que chega a gerar incredulidade constatar que o autor se referia a relacionamentos de modo geral e aos das classes mais favorecidas em especial. O fato é que qualquer relação conjugal e familiar pode, em algum momento, vir a se tornar uma relação marcada por comportamentos violentos. A metáfora do "muro" é, portanto, relevante em nossa discussão. Trata-se de um muro que cerceia a presença de diálogo e de afeto.

É marcante a tendência a comportamentos de isolamento nesse tipo de casal, de família. A comunicação entre os parceiros conjugais é precária. A maioria das mulheres relata que os parceiros não gostam de conversar. O grupo familiar nuclear tende a viver fechado em si mesmo – nem mesmo os membros das famílias extensas se sentem à vontade para visitar. Os filhos tendem a desenvolver dificuldades na área da socialização, pois costumam se retrair: tornam-se quietos em casa e na escola, e não levam amigos em casa, por medo de expor a dinâmica familiar. A exceção fica com os homens: eles circulam livremente, muitas vezes levando consigo a chave real da porta ou portão, símbolo de seu controle e dominação.

Jablonski (1991/1998) reconhece que as relações conjugais melhoraram muito; no entanto, apesar de todas as mudanças, o casamento ainda favorece e traz mais vantagens e satisfação para os homens. Uma pesquisa de Perlin e Diniz (2005) sobre satisfação no casamento corroborou essa ideia – embora homens e mulheres tenham afirmado estar satisfeitos, o grau de satisfação entre os homens era maior. Nossa experiência de atendimento no Projeto e as narrativas das mulheres nos levam a afirmar que a presença da violência afeta a satisfação das mulheres e que a conjugalidade é vista como favorecendo mais aos homens.

As participantes relatam o alto grau de exigência dos homens – eles querem comida pronta, roupa lavada e passada. Chegam do trabalho e podem descansar – em casa ou na rua. Elas vivem em função do cuidado dos maridos, da casa e dos filhos, e relatam com frequência sua frustração – além de receberem pouco ou nenhum reconhecimento por seu labor, que é visto como obrigação, queixam-se da ausência de amor, carinho e afeto.

A conexão entre amor e casamento aparece como um importante parâmetro de análise da crise do casamento contemporâneo no trabalho de Jablonski (1991/1998). O autor aponta que o dito "amor" ocupa hoje lugar de centralidade entre os motivos para uma pessoa se casar. Mas o que é o amor? Se fizermos essa pergunta aos nove bilhões de habitantes do planeta, teremos respostas muito distintas, reflexo da complexidade de nomear e vivenciar esse afeto. Será que o amor foi o sentimento que impulsionou as mulheres atendidas a se unir os seus parceiros? Essa questão merece reflexão.

Constatamos, nesses quatro anos de funcionamento do Projeto, um fator preponderante na construção dos vínculos que chama atenção – a pressa (ou, talvez, impulsividade) que marca o início da relação. Um exemplo ajudará a ilustrar o processo: uma participante conta que conheceu o parceiro de mais de vinte anos no ônibus, voltando do trabalho – ele puxou conversa, ela o achou atraente e, no dia seguinte, estavam morando juntos. Quando perguntada sobre o que a levou a se unir a ele com tanta pressa, ela responde: “Eu não era mais virgem, não tinha ninguém, não tinha nada a perder!”. Hoje ela diz: “Vocês, o juiz precisa me ajudar a tirar aquele homem de dentro de casa; eu tenho medo de um dia chegar do trabalho, achar minhas filhas mortas e ele me matar – eu não aguento mais!”. Ela relata que, durante os primeiros dez anos, ele foi um homem bom; depois a família mudou de local de moradia, ele se envolveu com uma “companheirada”, passou a beber, a mexer com mulher, e a coisa desandou.

A maioria das participantes relata uma história de vinculação parecida: “Dancei com ele em um forró, ele me beijou, fomos juntos para a minha casa e, com uma semana, ele levou as coisas dele e nunca mais saiu de lá”. Outra história:

> Vim do Nordeste para trabalhar aqui; ele morava na mesma rua de minha irmã, ela falou que ele era um homem bom; a gente saiu junto, ele me tratou bem – com um mês a gente estava morando junto. Depois de um mês dentro de casa, minha vida virou um inferno.

O tempo de vinculação varia de um dia a no máximo três meses – é raro um namoro que dure mais de um ano. Em que medida as condições adversas e as necessidades de sobrevivência impulsionam essas uniões-relâmpago? De que modo a rapidez da vinculação afeta a qualidade do vínculo? De que modo favorece a eclosão da violência? Tudo indica que o amor, enfatizado e preconizado como base fundante dos casamentos atuais, não parece ser o motivo fundamental da vinculação. Investigar a construção de vínculos em contextos de pobreza e violência constitui um tema relevante de pesquisa.

O fato é que o compartilhamento de poucos momentos de alegria geram, paradoxalmente, a esperança de uma felicidade duradoura. Jablonski (1991/1998) menciona estudos da área da Psicologia Social que tratam da relação entre expectativas, felicidade e frustração. O fato de as mulheres lidarem com a maior parte do ônus gerado pela interação trabalho, maternidade, conjugalidade, família; a rotina marcada por insatisfação e subserviência; o logro em torno da ideia de reconhecimento; e a presença constante de estresse e do risco de violência resultam em uma grande frustração. Jablonski (1991/1998) afirma que, se de um lado, uma ausência absoluta de expectativas pode gerar apatia, de outro alimentar esperanças e não encontrar condições para supri-las pode resultar em frustração, agressão e revolta. Os homens agressores tendem a perceber as mulheres como "reclamonas", exageradas e insatisfeitas. A diferença de percepções da relação entre homens e mulheres aparece como uma característica importante desses relacionamentos.

Os homens parceiros reproduzem expectativas tradicionais de gênero e tendem a se ver como senhores detentores de muitos direitos e poucos deveres. Atos de violência verbal, psicológica, física, sexual e patrimonial são vistos como afirmação desses direitos – consequentemente, são justificáveis. As histórias das participantes revelam que elas fazem um esforço genuíno de acomodação a esse parâmetro tradicional de relacionamento. Elas toleram violências múltiplas anos a fio, antes da gota d'água, do episódio que leva à denúncia. O grito de basta raramente vem de uma iniciativa própria: elas recebem de filhos (principalmente das filhas), um familiar (irmã, mãe, quando estão próximas), uma patroa ou vizinha o apoio e a companhia para ir até a delegacia e fazer a denúncia. Esse processo é marcado por medos, inseguranças e culpa – muita culpa.

Por que, muitas vezes, as mulheres não denunciam as violências? São vários os motivos. O medo de não ser compreendida e de ser culpabilizada é um deles. Antes da intervenção do Estado e da promulgação da Lei Maria da Penha, mulheres ouviam com muita frequência de agentes policiais, escrivães e diversos outros profissionais as seguintes perguntas: "O que você fez para provocar o seu companheiro?" e "Por que você não parou a briga?". Ela se tornava, independentemente do que tivesse acontecido, a responsável pela violência e por encontrar meios de cessá-la. Esse processo alimentava (e ainda alimenta) a tendência à autoculpabilização: a mulher tende a se ver como responsável pela manutenção da relação, da família – consequentemente, é culpada quando não dá certo.

A presença de mitos sociais, tais como o popular "mulher gosta de apanhar", reflexo da atribuição de papéis de gênero, afeta o modo como mulheres que vivem em situação de violência são tratadas. Esse processo de perpetuação social de mitos e estigmas em relação às mulheres tem impacto na construção identitária das mulheres: afeta a autoestima e gera uma tendência à autodesvalorização. A esse processo de internalização das prescrições normativas Soihet (1999) denominou *violência simbólica* – as mulheres não têm um discurso próprio sobre sua identidade. Mulheres vêm, ao longo da história, internalizando os discursos institucionais – do Estado, da Igreja, das ciências, da escola etc. – produzidos sobre elas. A falta de uma voz própria provoca a internalização das prescrições normativas de forma tão intensa que elas se tornam incapazes de questionar esses discursos e de subverter a ordem identitária e a ordem social que eles impõem.

Processos identitários e sociais, somados à falta de um aparato jurídico capaz de dar sustentação e apoio para as mulheres, dificultavam a apresentação da queixa. Ademais, o fato de que tal queixa caia com frequência no descrédito reafirmava a impunidade dos homens e contribuía para alimentar o medo de fazer a denúncia. A mídia teve e tem um papel importante nesse processo.

O impacto dos meios de comunicação de massa sobre o comportamento humano e os processos sociais não pode ser desprezado. Jablonski (1991/1998) chama a atenção para o papel da mídia na divulgação de ideias sobre o ser homem e o ser mulher, sobre as expectativas em torno do casamento e da família. O pesquisador ressalta que, se de um lado, a mídia tem um papel social importante ao fornecer informações e divulgar ideais de comportamento, de outro ela pode causar danos ao deturpar a realidade dos fatos. A mídia não é neutra, e os detentores do controle sobre a indústria midiática fazem parte de um grupo privilegiado que têm poder e controle sobre pessoas e instituições. O risco nesse contexto, diz Jablonski, é que "a voz da mídia – a notícia – vira semente da realidade" (p. 188).

A mídia contribuiu para a disseminação de mitos e preconceitos em relação às mulheres e às várias formas de manifestação de violência. De outro lado, também vem tendo um papel relevante na divulgação de campanhas de órgãos públicos, como é o caso de Secretarias e Conselhos Municipais e Estaduais de Direitos das Mulheres e da Secretaria Nacional de Políticas para as Mulheres. O fato é que a mídia opera de modo paradoxal. Se, de um lado, divulga a violência de forma sensacionalista, de outro exerce papel fundamental como fonte de esclarecimento sobre a impropriedade das manifestações de violência, de disseminação de direitos e como indicadora de acesso a serviços na comunidade.

A promulgação da Lei Maria da Penha recebeu ampla divulgação da mídia, assim como os debates em torno das controvérsias que ela gerou. Cabe aqui levantar paradoxos em torno da aplicação da referida lei. Nayara Magalhães, advogada que atuou no Projeto no período de 2008 a 2010, realizou uma pesquisa de mestrado (Magalhães, 2011) que envolveu entrevistas com delegadas, promotores/as e juízas sobre sua compreensão da interação gênero, violência e conjugalidade e a aplicação da Lei Maria da Penha. A autora constatou a presença de reflexões críticas sobre a condição da mulher e as desigualdades de gênero nas relações sociais e afetivas. No entanto, nos discursos dos/as profissionais ficou evidente a presença de resquícios da cultura patriarcal, por meio de estereótipos e da reprodução de mitos e preconceitos.

Uma pesquisa de Helena Machado (2004), realizada em Portugal, também revelou a importância de investigar e entender a relação das mulheres com os tribunais, assim como as implicações dessa experiência para o exercício da cidadania. A pesquisadora constatou que, no contexto das audiências, as mulheres são tratadas de forma distinta de acordo com posições de classe, situações laborais, econômicas e comportamentos sexuais e procriativos. Revelou também uma tendência entre os operadores do Direito a penalizar mais mulheres cuja realidade pessoal e social conjuga vulnerabilidade econômica e profissional com vivências afetivas e sexuais consideradas instáveis ou desviantes.

A pesquisa brasileira (Magalhães, 2011), assim como a pesquisa portuguesa (Machado, 2004), apontou que as práticas dos profissionais têm uma dimensão paradoxal: ao mesmo tempo que se sustentam em procedimentos jurídicos formais e previstos nas leis, também se baseiam em procedimentos "não jurídicos". Esses procedimentos "não jurídicos" estão alicerçados em representações sociais dominantes dos comportamentos femininos, do casamento, da família, da maternidade e do exercício da sexualidade.

A existência de uma lei e de políticas sociais voltadas para os direitos das mulheres a uma vida sem violência não constituem, por si só, garantia de que esses direitos são respeitados. As instituições sociais – o casamento, a família, as igrejas (independentemente de denominação), as instâncias educacionais, jurídicas e políticas – todas funcionam a partir de parâmetros normativos atravessados por mitos e marcadores de gênero. Embora os valores, as expectativas variem de acordo com o momento histórico, fica evidente que, ao longo da história, tem predominado uma ordem social que favorece os homens e que mantém as mulheres em um lugar de inferioridade e submissão.

Jablonski (1991/1998) aponta que, até o início do século XX, as pessoas permaneciam juntas até a morte de um dos parceiros. A estabilidade e a durabilidade do casamento e da família eram as bases fundantes da sociedade. O foco da conjugalidade estava no ter e criar filhos. As famílias tendiam a ser numerosas, independentemente da classe social.

Vivemos em um novo tempo, marcado pela secularização da vida e a consequente minimização dos preceitos e da moral religiosa, pelo aumento da longevidade, pelo surgimento de novas tecnologias que provocaram mudanças em todas as áreas da vida. Tudo isso, associado às mudanças nos eixos estruturantes das relações, ou seja, ao valor dado ao afeto e ao amor, à sexualidade, à individualidade, ao sucesso pessoal, profissional e financeiro, à satisfação obtida na relação, criou novos desafios para a manutenção das relações (Diniz, 2009; Jablonski,1991/1998). A presença de múltiplos paradoxos nas relações conjugais violentas amplia esses desafios. Essas relações precisam ser objeto de pesquisa, intervenção e reflexão.

Reflexões

Mudanças sociais têm produzido impactos profundos nas relações sociais, e, consequentemente, estão afetando o casamento e a família. Giddens (2005) argumenta que vivemos em "um mundo em descontrole", o qual é produto de dinâmicas ligadas à globalização, que segundo o autor "...está reestruturando o modo como vivemos, e de uma maneira muito profunda..." (p. 15). Ao mostrar que a globalização influencia a vida cotidiana tanto quanto os processos econômicos e sociais, Giddens (2005) corrobora ideias de Jablonski sobre a centralidade do casal, sobre o novo lugar da intimidade, da comunicação, do amor e da atração sexual. O autor afirma ainda que "...um bom relacionamento é aquele isento de poder arbitrário, coerção e violência" (p. 71).

Ao longo deste trabalho, utilizamos os parâmetros de análise estabelecidos por Jablonski ao longo da década de 1990 para pensar a crise que já se anunciava nos casamentos contemporâneos. Esses parâmetros se mostraram relevantes para pensar paradoxos presentes nas relações conjugais violentas. Tanto Giddens (2005) quanto Jablonski (1991/1998) apontam que vivemos em um mundo que privilegia o instante, a ruptura, o descartável, as novidades, ou seja, tudo o que revele desapego e que se oponha a qualquer ideia de permanência. Do mesmo modo que as pessoas querem mudar de roupa, de celular, de eletrodomésticos, de carro constantemente, que têm acesso a formas de comunicação rápida, elas querem ter uma vida ágil, sem complicações.

Nesse contexto, boa parte da humanidade vem desenvolvendo uma intolerância à presença de frustrações e apresentando maior dificuldade em lidar com situações adversas. O processo de encontrar o/a parceiro/a, a cara-metade "encantada" também é marcado por esses novos parâmetros. A ideia do "eles foram felizes para sempre" foi reeditada – o novo mote é "a gente é feliz temporariamente, até que o/a outro/a pessoa perca o encanto", ou seja, nada de magia duradoura. Jablonski (1991/1998) chama a atenção, no entanto, para algo curioso – o que ocorre é a rejeição de parceiros, e não da instituição *casamento*, uma vez que as pessoas voltam a se casar. A pesquisa de Féres-Carneiro, Ziviani e Magalhães (2011) reitera esse posicionamento:

> Os relacionamentos contemporâneos não são mais permeados por um ideal de compromisso. Há uma supervalorização do aqui-e-agora e a continuidade do relacionamento está estritamente relacionada à satisfação individual. A partir do momento em que um

> dos parceiros não se vê satisfeito, pode haver a dissolução do relacionamento (Féres-Carneiro, Ziviani e Magalhães, 2011, p. 50).

O paradoxo é que as relações conjugais violentas nos dão a impressão de caminhar na contramão da história, uma vez que nessas relações existe uma tendência à permanência. As mulheres atendidas no Projeto permaneceram com seus parceiros por longos períodos de tempo – muitas por dez, quinze, vinte, trinta anos. Elas têm dificuldades de apresentar a denúncia, e, quando o fazem, encontram empecilhos no próprio sistema criado para apoiá-las.

Jablonski (1991/1998) reconhece que "cobranças repressivas pesam muito mais sobre as mulheres" (p. 133), uma vez que são elas que pagam o preço pela sexualidade, pela maternidade, pelo ônus de preservar e manter a família. O autor chama a atenção também para o fato de que classes sociais distintas detêm pensamentos, atitudes e comportamentos diferentes em relação ao casamento e às expectativas em torno dos papéis atribuídos a homens e mulheres. Essa é uma questão cara aos feminismos: o gênero, associado a outros marcadores sociais – raça, etnia, classe, nível educacional, formas de inserção no mercado de trabalho e de acesso a bens e serviços –, demarca modos particulares de ser e de experienciar o mundo. O entrelaçamento entre essas categorias produz, portanto, vivências diferenciadas do ser homem, do ser mulher, da conjugalidade. Tal afirmação se sustenta para experiências de conjugalidade violentas.

A mídia explora com frequência questões em torno das violências, sejam elas sociais, sejam relacionais. O maior número de denúncias, a maior presença nos tribunais, o maior número de homicídios noticiados estão atrelados às vivências de homens e mulheres em situação de pobreza. Corre-se, assim, o risco de alimentar outro mito social – o de que a violência conjugal é maior entre os casais de classes menos favorecidas.

Jablonski (1991/1998) e Giddens (2005) enfatizam que a ação de forças externas está provocando mudanças no casamento e na família. Entre essas forças estão a emancipação feminina e os questionamentos dos papéis de gênero e da divisão sexual do trabalho, dos direitos e dos deveres de homens e mulheres. As relações conjugais violentas deixam evidente um paradoxo essencial – novos discursos estão presentes na sociedade, enquanto essas relações ainda são pautadas por práticas cotidianas conservadoras, como é o caso do controle e do cerceamento da liberdade. A ideia de um casamento igualitário está longe de ser realidade, assim como a ideia de um tratamento social igualitário para as mulheres ainda precisa avançar.

O paradoxo maior é que nenhum dos processos de mudança em curso foi suficiente para levar à extinção o "monstro atávico" que ainda existe dentro de muitos homens e que Jablonski (1991/1998) nomeou "boçalossauro" (p. 178). Várias características listadas para esse tipo de homem estão presentes nos parceiros das mulheres atendidas no Projeto:

> [...] tratar mulheres como objetos; não respeitar suas opiniões ou desejos; [...] dissociar sexo de afeto, [...] ordenar em vez de pedir; [...] ver jogos de futebol até do interior do Piauí... requerendo da esposa ou companheira mutismo total...; lidar com as crianças em poucos, determinados e limitados momentos (Jablonski, 1998, p. 178).

O fato é que homens e mulheres são ensinados a se ver e a se relacionar como superior-inferior, ativo-passiva, racional-emocional, dominador-submissa. Essa visão binária compromete a possibilidade de mudança. Enquanto essas polaridades permanecerem vivas no imaginário pessoal, relacional e social, estaremos lidando com paradoxos do afeto e da convivência. Jablonski (1991/1998) menciona que "o caminho da mentalidade à 'comportabilidade' é muito longo e sinuoso...", e isso faz com que as pessoas tenham dificuldades em "transformar intenções em ações" (p. 179). Assim como o autor, acredito que a permanência nas relações, incluindo as relações violentas, seja um indício de que as pessoas sintam desejo de manter e investir na conjugalidade, o que nos leva a acreditar na possibilidade de mudança.

A conjugalidade violenta, entretanto, tem uma marca peculiar: ela pode causar muitos danos na forma de lesões físicas e psicológicas permanentes. Como se isso não bastasse, o assassinato acaba, infelizmente, terminando precocemente com a vida de muitas mulheres. Nesse contexto, quando outras medidas falham, a morte realmente separa. Pesquisas e reflexões sobre a dinâmica conjugal violenta têm, portanto, relevância acadêmica e social. Jablonski (1991/1998), em sua tese/livro, colocou em pauta parâmetros relevantes para a análise da conjugalidade, seja na pesquisa, na clínica, seja em um contexto de extensão. Seu trabalho serviu de ponto de partida para uma série de outras investigações e produções bibliográficas, que influenciam pesquisas e reflexões de pesquisadores de todos os cantos do país. Que o caro colega receba, onde estiver, o meu, o nosso reconhecimento e a gratidão por seu trabalho criativo e instigador de reflexões.

Referências

Aguiar, L. H. (2009). *Gênero e masculinidades: follow-up de uma intervenção com homens autores de violência conjugal*. Dissertação de Mestrado, Universidade de Brasília, Brasília, DF, Brasil.

Angelim, F. P. (2009). *Mulheres vítimas de violência: dilemas entre a busca da intervenção do Estado e a tomada de consciência*. Tese de Doutorado, Universidade de Brasília, Brasília, DF, Brasil.

Babo, T., & Jablonski, B. (2002). Folheando o amor contemporâneo nas revistas femininas e masculinas. *Alceu Revista de Comunicação, Cultura e Política*, *4*(1), 75-90.

Diniz, G. R. S. (2009). O casamento contemporâneo em revista. In T. Féres-Carneiro (Org.). *Casal e família: permanências e rupturas* (pp. 135-155). São Paulo: Casa do Psicólogo.

Diniz, G. R. S. (2011). Conjugalidade e violência: reflexões sob uma ótica de gênero. In T. Féres-Carneiro (Org.). *Casal e família: conjugalidade, parentalidade e psicoterapia* (pp. 11-26). São Paulo: Casa do Psicólogo.

Diniz, G. R. S., & Pondaag, M. (2006). A face oculta da violência contra a mulher. In A. M. O. Almeida, M. F. S. Santos, G. R. S. Diniz, & Z. A. Trindade (Orgs.). *Violência, exclusão social e desenvolvimento humano. Estudos em representações sociais* (pp. 233-259). Brasília: Editora UnB.

Diniz, G. R. S., & Angelim, F. (2003). Violência doméstica – por que é tão difícil lidar com ela? *Revista de Psicologia da UNESP*, *2*(1), 20-35.

Diniz, G. R. S., & Pondaag, M. C. M. (2004). Explorando significados do silêncio e do segredo nos contextos da violência doméstica. In G. Maluschke; J. S. N. F. Bucher-Maluschke, & K. Hermanns. (Org.). *Direitos humanos e violência: desafios da ciência e da prática* (pp. 171-185). Fortaleza: Fundação Konrad Adenauer.

Fères-Carneiro, T., Ziviani, C., & Magalhães, A. S. (2011). Arranjos amorosos contemporâneos: sexualidade, fidelidade e dinheiro na vivência da conjugalidade. In T. Féres--Carneiro (Org.). *Casal e família: conjugalidade, parentalidade e psicoterapia* (pp. 43-59). São Paulo: Casa do Psicólogo.

Figueiredo, P. M. V. (2005). A influência do lócus de controle conjugal, das habilidades sociais conjugais e da comunicação conjugal na satisfação com o casamento. *Ciência e Cognição*, *6*, 123-132.

Giddens, A. (2005). *Mundo em descontrole: o que a globalização está fazendo de nós*. São Paulo: Record.

Guimarães, F. (2009). *"Mas ele diz que me ama...". Impacto da história de uma vítima na vivência de violência conjugal de outras mulheres*. Dissertação de Mestrado. Universidade de Brasília, Brasília, DF, Brasil.

Jablonski, B. (1991/1998). *Até que a vida nos separe: a crise do casamento contemporâneo*. Rio de Janeiro: Agir.

Lei nº 11.340/06. (2006). *Lei Maria da Penha*. Brasília.

Machado, H. (2004). Cidadania polifónica e a (in)justiça para as mulheres. *Ex-aequo: Revista da Associação Portuguesa de Estudos sobre as Mulheres*, *11*, 13-26.

Magalhães, N. T. (2011). *Gênero e violência conjugal: olhares de um sistema de justiça especializado*. Dissertação de Mestrado, Universidade de Brasília, Brasília, DF, Brasil.

Medeiros, M. N. (2010). *Violência conjugal: repercussões na saúde mental de mulheres e de suas filhas e seus filhos adultas/os jovens*. Dissertação de Mestrado, Universidade de Brasília, Brasília, DF, Brasil.

Perlin, G. D. B., & Diniz, G. R. S. (2005). Casais que trabalham e são felizes: mito ou realidade? *Psicologia Clínica*, *17*(2), 15-29.

Pondaag, M. C. M. (2009). *Sentidos da violência conjugal: a perspectiva de casais*. Tese de Doutorado, Universidade de Brasília, Brasília, DF, Brasil.

Saffioti, H. (2003). Violência estrutural e de gênero – mulher gosta de apanhar. In *Programa de Prevenção, assistência e combate à violência contra a mulher. Diálogos sobre a violência doméstica e de gênero: construindo políticas públicas*. Brasília: Secretaria Especial de Políticas para as Mulheres.

Sarti, C. A., Barbosa, R. M., & Suarez, M. M. (2006). Violência e gênero: vítimas demarcadas. *PHYSIS: Rev. Saúde Coletiva*, *16*(2), 167-183.

Scaffo, M. F., & Farias, F. R. (2011). A transmissão dos protocolos de gênero como dispositivo de submissão feminina à violência conjugal. *Revista Internacional Interdisciplinar INTERTHESIS*, *8*(2), 134-159.

Soihet, R. (1997). Violência simbólica. Saberes masculinos e representações femininas. *Revista Estudos Feministas*, *5*(1), 7-29.

Walker, L. E. A. (1996). *Abused women and survivor therapy*. Washington: American Psychological Association.

Articulando intervenções de terapia sexual e terapia de casal

Orestes Diniz Neto
Universidade Federal de Minas Gerais

Introdução

O objetivo deste capítulo é apresentar subsídios para uma articulação de contribuições entre a terapia sexual e a terapia de casal. Para tanto, de um lado, descrevem-se as tendências teóricas e técnicas da terapia de casal em relação ao tratamento de dificuldades envolvendo a área sexual; de outro, apresentamos o olhar da terapia sexual para a complexidade do relacionamento e seu impacto nas intervenções das disfunções sexuais. Aspectos teóricos de ambas as abordagens são delineados, relacionando diferentes perspectivas e posições ao longo de seu desenvolvimento histórico. As possibilidades de articulação são apontadas, e, para tanto, adota-se uma perspectiva epistemológica e metodológica batesoneana (Bateson, 1979). Esta tem como metáfora a visão binocular, na qual diferentes descrições, construídas com distintos cortes epistemológicos, podem ser articuladas em suas diferenças e semelhanças, levando à emergência de uma nova descrição, com novas informações, e irredutível às visões anteriores.

Coube a Freud, ainda no fim do século XIX, com a psicanálise, inaugurar o estudo científico da experiência subjetiva da sexualidade, revelando padrões desenvolvimentais e sua importância para a constituição do sujeito. Assim, o estudo da sexualidade como objeto científico começou a se destacar no início do século XX em múltiplos cortes epistemológicos, tais como o social, o antropológico, o médico e o psicológico (Russo, Rohden, Torres & Faro, 2009). Muitos desses estudos e intervenções terapêuticas à sexualidade corresponderam a injunções sociais, controle sobre a sexualidade, disfunções e sofrimento relacionado à experiência sexual. Apesar disso, apenas no século XX estudos epidemiológicos começaram a traçar a complexidade das disfunções sexuais e sua importante ocorrência na população.

Segundo o DSM-IV TR (2003), as disfunções sexuais podem ser classificadas em relação a etapas do processo que caracterizam a resposta sexual: dificuldades na fase do desejo, que se assinala pela presença de fantasias acerca da atividade sexual e do desejo de iniciar o ato sexual; dificuldades na fase de excitação, na qual predominam o sentimento de prazer sexual e alterações fisiológicas concomitantes; disfunções na fase do orgasmo, que consiste no clímax do prazer sexual com liberação da tensão sexual e contração rítmica do corpo e dos órgãos reprodutores; dificuldades na fase da resolução, na qual, após o orgasmo, ocorre um relaxamento muscular e sensação geral de bem-estar. Nessa fase, os homens tornam-se caracteristicamente refratários à estimulação sexual durante períodos variáveis de tempo, embora as mulheres comumente não. Embora inúmeras pesquisas questionem essa classificação, derivada originalmente do trabalho pioneiro de Masters e Johnson (1975, 1976, 1981, 1984), ela ainda permanece como diretriz dos olhares e das práticas clínicas das dificuldades sexuais (Leblum, 2011).

Os dados de prevalência quanto às disfunções sexuais variam em função de métodos de avaliação e população estudada. Estudos feitos nos Estados Unidos e usados como diretrizes do DSM-IV TR (2003) situam a queixa de disapaurênia (dor durante o ato sexual) em 3% para os homens e em 15% para as mulheres; os problemas relacionados ao orgasmo masculino em 10% e ao feminino em 25%. Além disso, 33% das entrevistadas apresentam desejo sexual hipoativo e 20% relatam dificuldades de excitação. Entre os homens,

27% sofrem de ejaculação precoce e 10% têm problemas de ereção. As dificuldades eréteis aumentam de prevalência após os 50 anos, bem como outras dificuldades (DSM-IV-TR, 2003).

No Brasil, o Estudo do Comportamento Sexual do Brasileiro (ECOS) (Abdo, Oliveira, Moreira & Fittipaldi, 2002), realizado com uma amostra de 2.835 indivíduos (47% homens e 53% mulheres), maiores de 18 anos, em 2000, constatou que, para os homens, as principais disfunções foram: disfunção erétil, 46,2%; ejaculação precoce, 15,8%; falta de desejo sexual, 12,3%; e disfunção orgásmica, 10%. Para as mulheres, os resultados foram: disfunção orgásmica, 29,3%; dor à relação sexual, 21,1%; e falta de desejo sexual, 34,6%. Declaram-se sem vida sexual ativa 4,9% dos homens e 16,4% das mulheres. Um dado revelador é que o maior medo masculino numa relação sexual foi não satisfazer a parceira (62,6%) e, em segundo lugar, contaminar-se com DST (58,3%). Para as mulheres, o resultado foi inverso: contaminar-se com DST (54,1%) e não satisfazer o parceiro (45%). Cabe ainda ressaltar que afeto e carinho foram os elementos considerados mais importantes em um relacionamento sexual, tanto para homens (63,3%) quanto para mulheres (71,3%).

Tal situação parece ter um impacto complexo e significativo na experiência conjugal, já que cerca de 40 a 60% dos casais parecem ter que lidar com disfunções sexuais em algum ponto da vida conjugal. No entanto, se o bom relacionamento sexual contribui em 18 a 25% na avaliação positiva da conjugalidade, a presença de disfunções impacta em 78% sua avaliação negativa (MacCarthy & Thestrup, 2008). Não obstante o impacto da sexualidade na qualidade de vida dos indivíduos, é notável a ausência de uma abordagem aberta quanto às dificuldades sexuais por parte dos profissionais da saúde.

Em uma pesquisa sobre a comunicação entre pacientes e ginecologistas, feita nos Estados Unidos, com 1.154 médicos, Sorbeki, Curlin, Rasinski & Lindau (2012) descobriram que 65,6% declaram abordar de algum modo a sexualidade de suas pacientes. No entanto, apenas 40% dos ginecologistas abordam diretamente dificuldades sexuais, 28,5% perguntam sobre a satisfação sexual, e apenas 13,8% questionam sobre o prazer na atividade sexual, supondo que, se houver dificuldade, elas se revelarão. Essa posição pode ser interpretada como uma repetição de um padrão cultural, social e familiar no qual o diálogo sobre a sexualidade não é apenas repressor, mas ausente, indicando a proibição de se expressar sobre o tema. Tal tabu parece também ocorrer com urologistas (Sorbeki *et al.*, 2012).

Terapeutas de casal também tendem a não investigar esse aspecto da conjugalidade. Nas primeiras sessões, temas como conflitos conjugais, linhas de lealdade, estrutura familiar, conflitos com a família de origem são tipicamente abordados, mas isso raramente ocorre com dificuldades ligadas à sexualidade (MacCarthy & Thestrup, 2008).

Gurman e Frankel, em 2002, apontaram para a importância de integrar os dois campos – terapia de casal e terapia conjugal –, o que, no entanto, não parece estar ocorrendo de forma intensa. Ao buscar no site *PsyncInfo*[2] trabalhos publicados com palavras-chave em qualquer campo, obtêm-se com *sexual therapy* 14.948 entradas, e com *couple* ou *marital therapy* cerca de 12.391 entradas. Isso contrasta com o número de trabalhos, 896, que aparecem quando se usam as palavras-chave *couple* ou *marital therapy* e *sexual therapy* em qualquer campo de busca. Quando o campo de busca é limitado para apenas *key-word*, ocorrem 61 trabalhos; quando o campo de busca selecionado é *title*, apenas 18.

No Brasil, a situação parece ser semelhante. Ao pesquisar no site de busca *Scielo*[3], ocorrem onze entradas com a palavras *terapia e casal*, seis com *psicoterapia casal* e quarenta e quatro com *terapia sexual*. No entanto, não ocorrem entradas para *terapia de casal* e *sexual* ou *psicoterapia de casal* e *sexual* em qualquer campo. Ao pesquisar no site de busca *PePsic*[4], ocorrem quatro entradas com a palavras *terapia e casal*, uma entrada com *psicoterapia de casal* e nenhuma com *terapia sexual*. Assim, não ocorrem entradas para *terapia de casal* e *sexual* ou *psicoterapia de casal* e *sexual*.

---

2 Busca realizada no dia 20/4/2012 no site <http://psycnet.apa.org/index.cfm?fa=search.defaultSearchForm>.

3 Busca realizada no dia 20/4/2012 no site <www.scielo.org/php/index.php>.

4 Busca realizada no dia 20/4/2012 no site <http://pepsic.bvs-psi.org.br/scielo.php/script_sci_home/lng_es/nrm_iso>.

MacCarthy e Thestrup (2008) reconhecem essa situação ao afirmar que

> [...] a terapia sexual é mais bem conceituada como uma habilidade de uma subespecialidade no campo da terapia de casal. Desafortunadamente, há pouca comunicação entre profissionais do campo de terapia de casal e do campo da terapia sexual (MacCarthy e Thestrup, 2008, p. 139).

No entanto, tentativas de integração entre os dois campos têm sido propostas, ainda que de modo controverso. A existência do periódico *Journal of Sexual e Marital Therapy* indica esse esforço. Esse empenho tem importantes razões clínicas, pois a relação conjugal é a única instância na qual se prescreve socialmente a existência de vínculo e prática sexual. Ademais, é frequente na prática terapêutica com casais situações nas quais o casal experiencia dificuldades na esfera sexual, primariamente ou em consonância com outras dificuldades. Assim, muitos casos envolverão pelo menos alguma discussão sobre a sexualidade do casal. Para muitos profissionais, contudo, os campos da terapia de casal e terapia sexual são separados e sem conexão, ou pelo menos com pouca elaboração teórica comum (Leiblum, 2011).

Pinsoff (1999) observou que aspectos ligados à sexualidade são ocasionalmente abordados em congressos, seminários, livros e artigos de terapia de casal, mas são poucas as referências às técnicas de tratamento das disfunções sexuais. Tal fato expressa um mito básico, isto é, de que a disfunção sexual é apenas um sintoma de outra dificuldade do casal, como medo de intimidade, jogos de poder, tentativas de desqualificação ou *quid pro quo*. Assim, a atenção dada às dificuldades sexuais e aos meios de tratá-las pode ser insuficiente. Essa situação sugere uma urgente necessidade de articulação entre esses campos. Assim, podemos nos perguntar o que produz a dificuldade de articulação, uma vez que, frequentemente, autores de ambos os campos reconhecem a importância e necessidade desse diálogo?

Alguns pontos podem ser ressaltados. Um importante aspecto metodológico parece ser que as técnicas de terapia sexual foram desenvolvidas, inicialmente, em um foco médico e comportamental, sendo carregadas das implicações dessa abordagem. Tal fato contrasta com a formação de grande parte dos terapeutas de casal, orientados basicamente pela abordagem psicodinâmica e sistêmica, e cria uma forte barreira ao diálogo (MacCarthy, 2004). Além disso, ambos os campos possuem uma diversidade metodológica e epistêmica que dificulta o reconhecimento de um núcleo concreto com o qual dialogar.

Essa dispersão teórica convida, ainda, os praticantes de cada campo a buscar uma consistência com sua própria abordagem, evitando a dissonância cognitiva que pode emergir do confronto com leituras alternativas sobre o mesmo tema. A ausência de discussões metateóricas, que facilitariam a articulação, também é notável em ambos os campos (MacCarthy & Thestrup, 2008). Assim as diferenças de cortes metodológicos, epistemológicos e seus reflexos nas construções teóricas são, provavelmente, as primeiras e maiores dificuldades a enfrentar.

Uma proposta de articulação entre diferentes visões

Como abordar a diferença epistêmica e metodológica desses campos para construir essas articulações produtivas? Uma abordagem construtivista e reflexiva que considere a produção do conhecimento a partir dos recursos conceituais disponíveis em diferentes orientações e no desafio de realizar uma crítica recursiva da prática parece ser uma alternativa (Figueiredo, 2004). A epistemologia batesoniana oferece um possível caminho. Gregory Bateson (1979), antropólogo e figura seminal do campo da terapia de família e casal, propôs um método de investigação e articulação usando a visão binocular como metáfora. Assim, embora cada olho capte uma visão diferente da cena que se apresenta, ainda ocorrem semelhanças. Na interpolação entre semelhanças e diferenças, é possível construir/extrair a profundidade em três dimensões, uma informação que não está disponível no padrão captado por nenhum dos dois olhos separadamente. Bateson desenvolveu, assim, um caminho epistemológico possível para a articulação de teorias produzidas em diferentes cortes epistêmicos, mas voltadas a uma problemática comum. Essa "dupla descrição", como Bateson (1979) apresenta seu método, inclui elementos dos conceitos de "abdução" de Charles S. Pierce e da teoria de tipos lógicos de Bertrand Russel, embora aplicados diferentemente de seu sentido original (Bateson, 1979).

A seleção de similaridades é o primeiro passo da "dupla descrição" para que se desvelem padrões de relações não perceptíveis nas descrições originais, tornando-se um método analítico útil para extrair informações não triviais. Bateson (1979) indica, nesse ponto, a importância de um modo de inferência metodológico frequentemente negligenciado: a abdução, conceito proposto por Pierce (1994). Para o autor, a abdução é o processo epistêmico fundamental para formar hipóteses explicativas ao lado da dedução e da indução: se ao se deduzir conclui-se logicamente algo a partir das premissas aceitas e se ao se induzir mostra-se algo que é operatório a partir dessas premissas. Já na abdução, sugere-se algo que pode ser uma captura de sugestões. Assim a abdução, para Pierce (1994), é o método inicial do conhecimento, pois seria a seleção de *inputs* para a construção de fatos. Dessa forma, para Pearce (1994), o raciocínio abdutivo constrói as hipóteses que formulamos antes da confirmação (ou negação) do caso pela indução e pela dedução:

> [...] a inferência abdutiva é um palpite razoavelmente bem fundamentado acerca de uma semiose que deve ser testado posteriormente por dedução, a fim de que se chegue a uma inferência indutiva sobre o universo representado por aquela semiose (Julio Pinto, 1995, p. 14).

Bateson (1979), porém, entende a abdução de modo distinto: "Cada abdução pode ser vista como uma dupla ou múltipla descrição de um objeto ou sequência de eventos" (p. 143), tornando a dupla descrição base para a abdução, pois o relacionamento entre diferenças é sempre necessário. Assim, introduz uma hierarquia lógica na "dupla descrição" ao insistir na necessidade de não confundir diferentes níveis. O método batesoneano busca identificar padrões informativos similares, compara-os e, em virtude da comparação, descobre regras de ordem superior sobre as similaridades e diferenças, provendo uma profundidade metafórica. Mas ela não garante, por si mesma, sua utilidade, necessitando de uma clara distinção entre a abdução e a inferência hierárquica que pode sugerir. E é a partir da teoria dos tipos lógicos de Russel que Bateson entrevê a possibilidade para a diferenciação dessa profundidade metafórica.

Bateson (1979) desenvolveu um amplo uso do termo "tipos lógicos", aplicado como meio de elucidar e diferenciar relacionamentos hierárquicos em diversos domínios. A teoria dos tipos lógicos foi desenvolvida por Bertrand Russel como meio de evitar paradoxos lógicos matemáticos que emergem em asserções autorreferentes como a "de um conjunto que pertence a si mesmo". A diferenciação das descrições em tipos lógicos faz a "dupla descrição" mais do que uma abdução no sentido de Pierce. Na "dupla descrição", argumenta Bateson (1979), o bônus obtido é irredutível ao fenômeno estudado por usar descrições relacionadas para obter uma descrição de um tipo lógico superior. Essa distinção permite emergir a "diferença que faz a diferença" no sentido batesoneano. No que se refere ao exemplo da visão binocular, Bateson (1979, p. 7) salienta que "a diferença entre a informação obtida por uma retina e a provida pela outra são, em si mesmas, informações de diferentes tipos lógicos". Perceber profundidade depende de registrar sistematicamente as diferenças nos sinais dos dois olhos, mas isso não pode ser reconhecido até que os sinais sejam justapostos e alinhados em função de suas similaridades.

O método de Bateson (1979) foi explorado em perspectivas terapêuticas, como pela Escola de Milão (Palazzoli, Boscolo, Cechin & Prata, 1987), pelo método de intervenções sistêmicas (DeShazer, 1982) e por áreas da Biologia (Maturana & Varela, 1987), Estética (Maciel & Santos, 2010) e Terapia Psicanalítica e Sistêmica de Casais (Diniz Neto & Féres-Carneiro, 2012). Portanto, o método batesoniano de "dupla descrição" parece produtivo para possibilitar uma articulação desejável entre a terapia de casal e a terapia sexual, uma vez que convida à diferenciação epistêmica e metodológica das teorias, permitindo a emergência de padrões de hipotetização de suas relações como um novo conhecimento emergente.

Utilizar a metáfora da visão binocular torna necessário uma dupla focalização sobre o mesmo objeto: a ocorrência de um processo de dupla abdução no sentido batesoneano. Esse alinhamento, de fato, ocorreu após um longo processo histórico de estudo e adequação metodológica ao objeto: as práticas terapêuticas voltadas à sexualidade na conjugalidade, na terapia de casal e terapia sexual (McCarthy & Thestrup, 2008). Assim, podemos distinguir temas relevantes que, ao fornecer o campo de diferenças e similitudes, permite a emergência de conhecimento supraordenado que possibilita operar em um nível mais elevado do que nas descrições anteriores.

Para articular duas teorias tão díspares em seus fundamentos, como a terapia de casal e a terapia sexual, é necessário descrever a construção do objeto terapêutico em ambas as abordagens, desvendando aspectos do processo metodológico e epistemológico que levou ao surgimento dessas teorias de intervenção. Em seguida, os aspectos salientes comuns emergentes no campo de comparação podem ser discutidos, obtendo-se assim uma metadescrição, nem de terapia de casal, nem de terapia sexual, porém mais e menos do que ambas, com implicações significativas para a prática clínica.

Olhares sobre sexualidade e conjugalidade

Foi no século XX que terapias orientadas cientificamente desenvolveram--se como meio efetivo de intervenção em conflitos conjugais e dificuldades sexuais. Até então, tradicionalmente, cabia aos membros mais velhos da sociedade auxiliar o novo casal nas dificuldades da vida a dois. Durante as revoluções industriais, a família tornou-se nuclear, patriarcal centrada na pólis e o padrão mais comum de organização doméstica. Nesse contexto, pelo afastamento da tradicional família extensa, os médicos e representantes religiosos tornaram-se responsáveis pela intervenção nas situações de disfunções conjugais e sexuais, praticando formas inespecíficas de intervenções baseadas em senso comum, prescrições morais, religiosas e informação médica precária (Féres-Carneiro & Diniz-Neto, 2008).

Na década de 1920, o aconselhamento matrimonial tornou-se a primeira profissão voltada ao tratamento das questões conjugais incluindo a sexualidade, com a fundação em Nova York, em 1929, do Marriage Consultation Center e do Marriage Consultation Center of Philadelphia, em 1932, e do American Institute of Family Relations, na Califórnia, em 1939. Como prática terapêutica, apresentava-se como um conjunto relativamente solto de ideias, teorias e técnicas. E, apesar de intervir em situações conjugais, as questões sexuais raramente eram abordadas, e, quando eram, na maioria das vezes, as intervenções reforçavam os papéis cultural e socialmente atribuídos.

Com o desenvolvimento da psicologia e de novas abordagens, a terapia de casal apropriadamente surgiu, e novos modelos se desenvolveram (Féres-Carneiro & Diniz-Neto, 2008b).

Terapia de casal

A psicanálise de casais foi a primeira proposta científica de tratamento de dificuldades conjugais, incluindo as dificuldades sexuais, surgindo como desdobramento do trabalho pioneiro de Freud. Outras abordagens, principalmente comportamentais, humanísticas e sistêmicas surgiram tornando o campo da terapia de casal complexo. Assim, durante a segunda metade do século XX, floresceu uma diversidade de modelos e métodos de intervenção, tais como: Terapia de Casal Focada na Emoção, Terapia Cognitiva de Casal, Terapia Analítica de Casal, Terapia de Casal Focada no *Insight*, Terapia Cognitivo Comportamental de Casais, entre outras (Féres-Carneiro e Diniz-Neto, 2008a).

Os estudos, iniciados nas décadas de 1970 e 1980, sobre a eficácia da terapia de casal e as sucessivas revisões com o uso de métodos metaestatísticos feitas até o presente encontraram um quadro de homogeneidade de resultados, independentemente da abordagem teórica (Diniz-Neto & Féres-Carneiro, 2005). Assim, o uso e a aplicação na clínica de diferentes métodos de tratamento a casais mostram-se, até o momento, possíveis e adequados do ponto de vista da eficácia terapêutica. Esse resultado tem favorecido o diálogo entre praticantes de diferentes abordagens, propiciando um processo de articulação e integração, produzindo uma base comum ou suposições compartilhadas entre escolas e modelos (Feres-Carneiro & Diniz Neto, 2008a).

Além dessa tendência integrativa no campo de terapia de casal, pesquisas mostram que os psicoterapeutas em geral orientam-se por um ou mais modelos derivados de diferentes abordagens, mesmo que elas sejam contraditórias em seus pressupostos e orientações (Gondim, Bastos & Peixoto, 2010):

> De um lado, a habilidade de integrar teorias, que historicamente não são afins, pode ser explicada pela complexidade do objeto

> da psicologia, que compele o profissional a analisar o homem de modo integral, conciliando perspectivas biológicas (cognitivo-comportamental) e subjetivas (Gondim, Bastos & Peixoto, 2010, p. 190).

Ponciano e Féres-Carneiro (2006), ao examinar as produções do I ao V Congressos da Associação Brasileira de Terapia de Família (ABRATEF), notam: "A tendência de se utilizar várias disciplinas para uma compreensão que englobe o indivíduo, a família e o contexto sócio-histórico, enfatizando a relação entre eles" (p. 259).

Esses autores parecem concluir por uma tendência no universo psicoterapêutico de seguir as observações de Martim (1976, p. 8), que asseverou: "Aqueles que preferem ter de escolher entre apenas os aspectos do intrapessoal ou do interpessoal limitam a si mesmos. Essa separação é artificial e não ocorre na natureza do ser humano".

Assim, embora cada abordagem guarde suas especificidades, teorias e técnicas, algumas hipóteses tornaram-se consenso, tais como: a importância da conjugalidade na saúde individual, o impacto de fatores biopsicossociais e a importância da sexualidade na conjugalidade. No entanto, ao redor dessas hipóteses diversas pressuposições articulam-se, nem todas suficientemente estudadas, mas úteis como orientações iniciais para o trabalho com casais, incluindo questões sexuais na terapia de casal (McCarthy & Thestrup, 2008).

Tratamento da sexualidade na terapia de casal

A terapia de casal desenvolveu modelos que, entre outras questões, visavam lidar com dificuldades relacionais e, entre elas, as sexuais, hipotetizando que, de modo geral, as dificuldades sexuais eram sintomas de conflitos inconscientes, padrões sistêmicos, falhas de comunicação, falseamento do *self* ou condicionamentos disfuncionais (Sholevar & Schowoeri, 2003; Féres-Carneiro & Diniz-Neto, 2008a, 2008b). Desse modo, supunham que, se essas questões fossem tratadas, o casal voltaria à funcionalidade sexual. Assim, modelos de diferentes orientações acabaram por compartilhar alguns pressupostos básicos quanto às dificuldades relativas à sexualidade na conjugalidade (McCarthy & Thestrup, 2008):

- Disfunções e dificuldades sexuais são mais bem entendidas como sintomas de problemas individuais, conjugais ou relacionais.
- Problemas sexuais são mais bem abordados de modo indireto do que arriscando a intimidar o casal ou violando as fronteiras sexuais do casal.
- Uma abordagem estratégica hierarquizada convida a lidar com questões centrais, como ansiedade, alcoolismo, abuso de substâncias, depressão, violência interpessoal, conflitos com a família de origem, então, com problemas do relacionamento e, por último, se necessário, com questões ligadas à sexualidade.
- A suposição, compartilhada também pelo publico em geral, de que um aumento na intimidade está relacionado necessariamente com um casamento melhor e o enriquecimento da vida sexual na conjugalidade.
- Uma vez que o sexo seja funcional, problemas ligados à sexualidade podem ser tratados com relativa benevolência, sem receio de agravamento ou recaída.

Novos estudos clínicos e empíricos têm demonstrado a ausência de fundamento dessas pressuposições (Leiblum, 2011). Por exemplo, independentemente da causa inicial da dificuldade sexual, o ciclo de antecipação ansiedade e tensão leva à falha no intercurso sexual e à frustração, inibindo o desejo e iniciando um comportamento evitativo que domina a cena conjugal. As dificuldades sexuais são multicausais e dimensionais, e tanto podem resultar de dificuldades conjugais como de fatores independentes do relacionamento conjugal, e ainda assim impactar na vida a dois. Por exemplo, a intimidade na vida a dois, mesmo que se reconheça sua importância, se ocorre em excesso, pode ter como resultado uma deserotização do parceiro (MacCarthy, 1999). Essas descobertas revelam a importância de abordar a sexualidade na terapia de casal, apontando a relevância de se superarem mitos e pressuposições limitadoras, reorientando a prática em evidências clínicas e empíricas relevantes.

De outro lado, estudos têm colocado em proeminência a importância do relacionamento como o contexto no qual a sexualidade ocorre. Estudos clínicos têm demonstrado que a disfunção sexual de um parceiro pode, em muitos casos, resultar ou ser perpetuada pela interação do casal (Leiblum, 2011). Assim, a disfunção sexual, além de despertar angústia no parceiro, também pode servir a um propósito de manutenção homeostática de um padrão relacional. Desse modo, intervenções nas dificuldades sexuais, caso estejam enlaçadas em padrões paradoxais, poderiam contribuir para agravar outros problemas no casal, tornando imperativo o acompanhamento cuidadoso dos efeitos dessas intervenções na ecologia conjugal. Alguns problemas sistêmicos que poderiam servir para manter as dificuldades sexuais são: medo de intimidade, desequilíbrio de poder no relacionamento, incapacidade de conciliar sentimentos de amor e desejo sexual, agressividade reprimida, ambivalência quanto à identidade de gênero ou objeto de desejo (McCarthy & Thestrup, 2008). Assim, enquanto a terapia de casais desenvolveu-se em uma orientação epistêmica centrada na psicologia, outro olhar sobre a sexualidade desenvolveu-se a partir de um olhar médico e social: a terapia sexual.

Surgimento da terapia sexual

As origens seminais da terapia sexual podem ser relacionadas a nomes como Freud, Reich, Havelock Ellis, Wolphe (Sholevar & Schowoeri, 2003). No entanto, até aquela época, muito pouco se conhecia sobre os padrões da sexualidade humana na cultura ocidental. Ao investigar essas questões, Alfred Kinsey (1984) iniciou uma nova abordagem nos estudos sobre sexo, gênero e reprodução ao criar, na Universidade de Indiana, em 1947, o Sex Research Institute, hoje chamado de Kinsey Institute. Suas pesquisas sobre a sexualidade humana influenciaram profundamente os valores sociais e culturais dos Estados Unidos, principalmente nas décadas de 1950 e 1960, com o início da chamada "revolução sexual". Inspirados no trabalho de Kinsey e outros autores, como Ellis e Wolphe, foram desenvolvidas intervenções comportamentais e cognitivas para dificuldades sexuais (Russo, Rodhem Torres & Faro, 2009).

Foram Masters e Johnson (1975, 1976, 1981, 1984), no entanto, que, ao realizar extensas pesquisas sobre a sexualidade humana, com novas metodologias que incluíam observação de voluntários, estudos da fisiologia humana no ato sexual e do comportamento sexual, desenvolveram modelos originais para o tratamento das dificuldades sexuais. Seus estudos iniciaram-se em 1954, na Universidade de Washington, levando, no ano seguinte, à publicação do relatório "Sexual Behaviorin the Humam Female" com o objetivo de preencher lacunas específicas deixadas por Alfred Kinsey (1984) em seus relatórios:

> Kinsey e colaboradores apresentaram uma compilação monumental de estatísticas contendo padrões de procedimento sexual nos Estados Unidos, de 1938 a 1952. Esses relatórios de práticas sexuais humanas, obtidos através de técnicas de interrogatório direto, oferecem uma base inestimável de informação sociológica. [...] Embora o trabalho de Kinsey tenha se tornado um marco da pesquisa sociológica, não foi projetado para interpretar a resposta fisiológica ou psicológica ao estímulo sexual (Kinsey, 1984, p. 3-4).

Não obstante, Masters e Jonhson (1984) acabaram por confirmar muitas descobertas de Kinsey e acrescentaram outras, como a irrelevância do tamanho do pênis no desempenho sexual e a inexistência de orgasmo vaginal em oposição ao orgasmo clitoriano (divisão sustentada por Freud na teoria psicanalítica). Descreveram o primeiro modelo do ciclo da resposta sexual humana, incluindo as fases de excitação, platô, orgasmo e período refratário. Suas técnicas de intervenção foram inovadoras por focar no casal disfuncional, concentrando-se no manejo da ansiedade, considerada o fator etiológico mais significativo. Assim, as técnicas de relaxamento, dessensibilização e reeducação no tratamento das disfunções sexuais influenciaram o tratamento da ansiedade e as respostas condicionadas ao medo de falhar. Novas técnicas comportamentais, como a técnica de compressão para ejaculação precoce e foco sensorial, eram prescritas para o casal. Essas intervenções abriram caminhos para outros pesquisadores, como Shere Hite e Helen S. Kaplan, que realizaram contribuições originais para o estudo da sexualidade e das intervenções nas disfunções sexuais (Sena, 2010).

Kaplan (1974), psicóloga, psiquiatra e psicanalista, reconheceu a fase do desejo sexual como parte fundamental da resposta sexual humana. Desse modo, modificou a abordagem terapêutica para as questões sexuais, integrando a teoria sexual de orientação comportamental com contribuições do olhar psicanalítico em uma metodologia clinicamente sofisticada para o tratamento das desordens sexuais. Desse modo, a sexologia constitui-se como um campo teórico e prático com *status* de ciência, sem especificamente formar uma disciplina fechada, transitando entre a Medicina, a Psicologia, a Antropologia, a Biologia, a Sociologia, o Direito, entre outros.

Não obstante, a sexologia é marcada por duas tendências: uma funcional, mais biológica, portanto médica, e outra antropológica, mais cultural e social. Segundo o World Association for Sexology (WAS), ao redor do mundo, 20% dos sexólogos são médicos, sendo 80% de várias áreas. Não obstante, 80% dos psicólogos associados são também sexólogos. Já no Brasil, segundo dados da Sociedade Brasileira da Sexualidade Humana (SBRASH), a tendência se inverte em relação ao restante do mundo: 58% são médicos e 42% são psicólogos (Sena, 2010).

O campo da terapia sexual era novo, empolgante e marcado por otimismo e entusiasmo. No entanto, as pesquisas sobre o tratamento de dificuldades sexuais mostraram que elas são complexas e desafiantes, levando a várias modificações no campo da terapia sexual (Sholevar & Schowoeri, 2003). Indivíduos em busca de tratamento têm mais do que dificuldades sexuais, necessitando de uma abordagem mais ampla do que a abordagem comportamental inicial.

Enquanto Masters e Johnson (1984) focaram em problemas específicos, como ejaculação precoce ou anorgasmia, a contribuição de Kaplan – a fase do desejo e sua importância em todas as demais fases – introduziu um forte componente psicológico. Isso influenciou não só mudanças nos critérios diagnósticos como também no tratamento das disfunções sexuais, que se tornou menos comportamental e cognitivo, mais interpessoal e sistemicamente orientado (Sholevar & Schowoeri, 2003). Desse modo, a sexualidade na conjugalidade tornou-se foco de estudo e intervenção.

Tratamento da conjugalidade na terapia sexual

Masters e Jonhson (1976) parecem ter sido os primeiros terapeutas sexuais a advogar intervenções terapêuticas sexuais com o casal. Em 1970, eles publicaram *Inadequação sexual humana*, descrevendo uma abordagem nova e surpreendente para a época de tratamento de problemas sexuais. Até então, o principal foco de tratamento das dificuldades sexuais era o indivíduo isolado. Pode-se afirmar que, com esse livro, surgiu o "terapeuta sexual". Uma das premissas básicas de sua proposta é que "embora tanto o marido quanto a mulher, num casamento onde há disfunção sexual, devam ser tratados, a relação conjugal entre eles é que é o paciente" (Masters & Johnson, 1976, p. 6). Ou seja, o problema passou a ser considerado da unidade conjugal, do casal, e não um problema individual, pessoal, de um dos cônjuges.

O pressuposto anterior dos estudos da sexualidade disfuncional como pessoal deslocou-se para uma hipotetização conjugal. A proposta de Masters e Johnson (1976) foi posteriormente complementada por Kaplan (1974), que desenvolveu uma terapia sexual psicológica, baseada em contribuições da psicanálise à terapia sexual (Sena, 2010). Assim, toda a literatura sexológica dos anos 1970 e 1980 se concentrou basicamente nos problemas relativos ao casal. E esta dizia respeito sobretudo ao casal, que deveria submeter-se a uma espécie de "treinamento" para "aprender" a ter relações sexuais prazerosas e superar suas dificuldades. Ocorreram nesse período, em menor escala, trabalhos e pesquisas envolvendo homens, sendo a disfunção erétil o foco da maioria deles (Russo *et al.*, 2009).

No entanto aspectos de intimidade e afeto no relacionamento conjugal pareciam ausentes. Helen Kaplan (1974, p. 524) parece notar isso: "Durante a revisão deste livro sobre sexualidade fui atingida pela ausência notável da palavra *amor*. Entretanto, o amor é o ingrediente mais importante na relação sexual". Isso não significa que aspectos da conjugalidade não fossem abordados. Masters e Jonhson (1976) propunham o tratamento terapêutico sexual fosse realizado por um par de terapeutas, homem e mulher, como modelo e facilitador de interlocução, e em espaço alternativo em um *workshop* de fim de semana, para modificar as pressões e os estressores sobre o casal, aliviando tensões sobre a conjugalidade.

Para além da terapia de casal e sexual

A sexualidade e a conjugalidade são dois temas complexos e polissêmicos, desafiando a possibilidade de uma leitura redutiva e simples. Em ambas as abordagens, terapia sexual e terapia de casal, encontramos um espaço de dispersão teórico sem um paradigma único organizador, mas ocorre a emergência de algumas posições gerais que caracterizariam cada campo. Em ambas, a conjugalidade e sexualidade acabaram por se tornar temas de estudo e intervenção. E, se para os teóricos da terapia sexual a conjugalidade emerge como campo de significado, no qual ocorre a experiência sexual, esta não limita sua intervenção em situações conjugais, lançando mão de conhecimentos de outras áreas, como a médica. De outro lado, há os diversos estudiosos da terapia de casal, que concordam sobre a importância e a ressonância da sexualidade na conjugalidade.

Assim, essas posições possibilitam um campo de diálogo. O método batesoneano convida a abrir-se a homologias produtivas e heterogenias reveladoras para produzir um campo de padrões emergentes: a diferença que faz diferença. Dessa forma, aspectos metodológicos, epistêmicos, terapêuticos e estratégicos tornam-se reveladores, possibilitando uma teorização sobre as teorizações.

Homologias

Embora se originem de campos diferentes, ambas as abordagens reconhecem a importância da conjugalidade e sexualidade em um nível próprio, apoiando-se em hipóteses específicas:

- Ambas consideram a sexualidade um fenômeno complexo, com aspectos biopsicossociais.
- O terapeuta tem um papel crucial para criar um espaço no qual ocorrem modificações da expressão da sexualidade na conjugalidade, a partir de um acoplamento terapêutico com o casal.
- Ambas consideram as relações recíprocas entre sexualidade e conjugalidade. As experiências individuais são relevantes, mas o campo emergente é imprevisível, a partir unicamente das características dos sujeitos.

- Ambas reconhecem e exploram a influência do meio social, em especial a família de origem, como campo de significação emocional e aprendizagem.
- Ambas exploram o sintoma como possível meio de estabilização homeostática, quer no nível relacional, quer no nível intrapsíquico.
- Ambas aplicam técnicas de seu campo de origem: a terapia sexual, estratégias da abordagem cognitivo-comportamental; a terapia de casal, intervenções relacionais às dificuldades da sexualidade na conjugalidade.
- Ambas desenvolveram técnicas especificas para tratar a sexualidade na conjugalidade, diferentes das técnicas para tratar na clínica o sujeito.
- Autores, em ambas as abordagens, consideram seus modelos contribuições parciais à abordagem da complexidade da sexualidade na conjugalidade.
- Ambas consideram a importância de compreender as mudanças da sexualidade no contexto da conjugalidade ao longo do ciclo de vida do casal/da família.

Heterogenias

Tanto a terapia de casal como a terapia sexual desenvolveram seus modelos de forma autônoma e, por isso, diferentes vieses marcam sua perspectiva e atuação.

- Embora ambas as abordagens considerem a complexidade da sexualidade em seu aspecto biopsicossocial, quando consideradas reciprocamente na terapia sexual, o aspecto biológico é mais saliente e, na terapia de casal, o aspecto psicossocial é mais relevante na construção de hipóteses.
- A terapia de casal se propõe a focar a sexualidade como um aspecto da conjugalidade, enquanto a terapia sexual considera a sexualidade ocorrendo no contexto da conjugalidade.

- As técnicas variam consideravelmente. Na terapia de casal, as intervenções tendem a modificar o campo de produção da sexualidade na conjugalidade, através de intervenções, interpretações de conflitos, análise de projeções no cônjuge ou técnicas comunicacionais sistêmicas. Na terapia sexual, se intervém ativamente na própria atuação sexual, apoiando-se na conjugalidade como espaço de diálogo.
- A terapia de casal propõe que mudanças terapêuticas na conjugalidade afetem a sexualidade do casal produtivamente, enquanto a terapia sexual intervém comportamentalmente na sexualidade, hipotetizando que, embora aspectos disfuncionais da conjugalidade possam afetar a sexualidade, a ausência ou modificação destes não necessariamente redundará em melhora das disfunções sexuais.
- A terapia de casal tende a interpretar mais intensamente a disfunção sexual como produção da relação conjugal, enquanto a terapia sexual tende a explorar outros aspectos impactantes na sexualidade, além da conjugalidade.
- A terapia sexual propõe um enquadre predominantemente com o casal, desde Masters e Johnson (1970), mas pode atender aos indivíduos isoladamente. Entretanto, os modelos de terapia de casal prescrevem o atendimento ao casal, e apenas alguns modelos admitem a realização de sessões individuais com membros do casal (Diniz-Neto & Féres-Carneiro, 2008).
- A terapia de casal tem um foco primariamente psicossocial, enquanto na terapia sexual a abordagem é multiprofissional, incluindo profissionais de outras áreas da saúde e seus recursos, como médicos, fisioterapeutas, entre outros.

Focando a diferença que faz diferença

O uso da metodologia batesoneana no estudo do tratamento dado à sexualidade na terapia de casal e na terapia sexual revela uma gradual convergência teórica, metodológica e técnica. Essa focalização da sexualidade na conjugalidade produziu dois discursos irredutíveis, mas articuláveis. Assim, cada campo teórico revela mais e menos do que o outro campo teórico sobre o mesmo fenômeno, gerando uma "dupla descrição". Esta permite o reconhecimento de diferenças, similaridades e da possibilidade de uma articulação metateórica que viabilize transitar nos dois discursos e práticas e hipotetizar para além deles.

Assim, podem-se considerar as consequências das atuações em espaços de divergência teórica que revelam a complexidade da situação terapêutica. A sexualidade na conjugalidade ou a conjugalidade sexualizada são duas pontuações que encaminham para um conjunto de intervenções a ser avaliado em sua produção. A questão não é ou terapia sexual ou terapia conjugal, mas conjugar ambas as formas de avaliar e intervir, considerando seu resultado. Por exemplo, em situações clínicas, como perda de desejo sexual ou falta de intimidade na conjugalidade, ambas as abordagens propõem caminhos terapêuticos específicos: para a terapia de casal, focalizar nas questões conjugais, e para a terapia sexual, prescrever exercícios sexuais. O uso de exercícios poderá desconsiderar a dinâmica psíquica do casal e a construção de significado que a própria intervenção terá.

De outro lado, intervenções na dinâmica psíquica do casal poderão inadvertidamente reforçar o padrão de autoconcientização no ato sexual, com aumento da ansiedade e evitação da sexualidade, gerando um efeito iatrogênico. Um(a) terapeuta, com conhecimento de ambas as abordagens e olhar para a diferença que faz diferença, pode reconhecer essa situação como um potencial impasse terapêutico. Dessa forma, uma abordagem articulada pode ser proposta para que inclua o redesenho específico para o casal de exercícios terapêuticos sexuais e a continuidade da exploração da conjugalidade em seu aspecto subjetivo e objetivo, focando o individual, o relacional e o sexual como emergentes legítimos e irredutíveis a uma só leitura. Assim, apesar da ansiedade e resistência, o foco na intimidade e na sexualidade é mantido, e as implicações de ambas as intervenções são reciprocamente avaliadas à luz de campos teóricos divergentes.

As intervenções da terapia sexual são propostas como ações para mudança, enquanto as intervenções da terapia de casal tendem a focar aspectos psicológicos construtores de significados para a sexualidade na relação. Assim, um olhar binocular convida a considerar essas intervenções como, ao mesmo tempo, mudanças de padrão de funcionamento da resposta sexual e de novas construções de significado na teia de relações da conjugalidade.

Considerações finais

O desafio de tratar a complexidade da conjugalidade e da sexualidade oferece um resultado potencial àqueles que abordam o problema: uma visão mais equilibrada da natureza multicausal, multidimensional e complexa da experiência e do comportamento sexual e suas dificuldades e relações com a conjugalidade. O reconhecimento do impacto recíproco da sexualidade na conjugalidade e da conjugalidade na sexualidade é feito, porém, os caminhos para tratar essas questões e suas consequências diferem de acordo com o paradigma adotado. A articulação de modelos em um metanível é um caminho necessário apontado por diversos autores de ambos os campos. Esse diálogo poderá propiciar novos modelos que considerem o impacto das intervenções em múltiplos níveis. Desse modo, as técnicas poderiam ser delineadas com maior respeito à especificidade da experiência do casal e suas condições biopsicossociais, facilitando a aceitação das intervenções e diminuindo a iatrogênia.

Delineamos, neste trabalho, alguns passos em um caminho que parece ser produtivo. No entanto, pesquisadores com conhecimento sólido de ambos os campos serão necessários para investigar os múltiplos aspectos envolvidos em tal empreitada. Assim, como notam Gurman e Fraenkel (2002):

> Se haverá uma substantiva e significativa integração do campo da terapia sexual e terapia de casal, novos líderes devem surgir com capacidade em ambos os domínios clínicos, e com um respeito equilibrado para a complementaridade, e os atributos potencialmente sinérgicos de ambos os domínios (Gurman & Fraenkel, 2002, p. 240).

Referências

Abdo, C. H. N., Oliveira, W. M. Jr., Moreira-Júnior E. D., & Fittipaldi J. A. S. (2002). Perfil sexual da população brasileira: resultados do Estudo do Comportamento Sexual do Brasileiro (ECOS). *Revista Brasileira de Medicina*, *59*(4), 250-257.

Bateson G. (1979). *Mind and nature: a necessary unity*. New York: E. P. Dutton.

De Shazer, S. (1982). *Patterns of brieff family therapy*. New York: Guilford Press.

Diniz-Neto, O., & Féres-Carneiro, T. (2005). Eficácia terapêutica: terapia de família e o efeito dodô. *Estudos de Psicologia*, *10*(3), 355-361.

Diniz-Neto, O. & Féres-Carneiro, T. (2012). Sistemas e psicodinâmica: uma visão binocular pra terapia de casal. In M. N. Batista & M. L. M Teodoro (Eds.). *Psicologia de família: teoria avaliação e intervenção*. (pp. 52-66). Porto Alegre: Artmed.

DSM-IV-TR (2003). *Manual estatístico de transtornos mentais*. Porto Alegre: Artmed.

Féres-Carneiro, T., & Diniz-Neto, O. (2008a). Psicoterapia de casal: modelos e perspectivas. *Aletheia*, *27*, 173-187.

Féres-Carneiro, T., & Diniz-Neto, O. (2008b). De onde viemos? Uma revisão histórico-conceitual da psicoterapia de casal. *Psicologia: Teoria e Pesquisa*, *24*(4), 487-496.

Figueiredo, L. C. M. (2004). *Revisitando as psicologias*. Petrópolis: Vozes.

Gondim, S. M. G., Bastos, A. V. B., & Peixoto, L. S. A. (2010). *Áreas de atuação e abordagens teóricas do psicólogo brasileiro*. In A. V. B. Bastos, & S. M. G Gondim (Eds.). *O trabalho do psicólogo no Brasil* (pp. 174-199). Porto Alegre: Artmed.

Gurman, A. S., & Fraenkel, P. (2002). The history of couple therapy: a millennial review. *Family Process*, *41*(2), 199-260.

Kaplan, H. S. (1974). *The New Sex Therapy*. New York: Brunner/Mazel.

Leiblum, S. (2011). Terapia sexual hoje. In S. Leiblum (Ed.). *Princípios e práticas de terapia sexual* (pp. 3-20). São Paulo: Roca.

Macarthy, B., & Thestrup, M. (2008). Integrating sex therapy interventions with couple therapy. *Journal Contemporary Psychotherapy*, *38*, 139-149.

Maciel, S. F. M., & Santos, E. M. (2010). Como enfrentamos o futuro: linguagem, cognição corporificada e ação humana. *Ciências e Cognição*, *15*(1), 211-216.

Martin, P. A. (1965). Treatment of marital disharmony by collaborative therapy. In B. L. Greene (Ed.). *The psychotherapies of marital disharmony* (pp. 83-102). New York: The Free Press.

Masters, W., & Johnson, V. (1975). *O vínculo do prazer*. Rio de Janeiro: Record.

Masters, W., & Johnson, V. (1976). *A incompetência sexual: suas causas, seu tratamento* (2. ed.). Rio de Janeiro: Civilização Brasileira.

Masters, W., & Johnson, V. (1981). *A conduta sexual humana* (4. ed.). São Paulo: Civilização Brasileira.

Masters, W., & Johnson, V. (1984). *A resposta sexual humana*. São Paulo: Roca.

Maturana, H., & Varela, F. (1987). *The tree of knowledge: the biological roots of human understanding*. Boston: New Science Library.

McCarthy, B. (1999). Relapse prevention strategies and techniques for inhibited sexual desire. *Journal of Sex and Marital Therapy*, *25*, 297-303.

McCarthy, B., Bodnar, L., & Handal, M. (2004). Integrating sex therapy and couple therapy. In J. Harvey, A. Wenzel, & S. Sprecher (Eds.). *The handbook of sexuality in close relationships* (pp. 573-593). Mahwah, NJ: Erlbaum.

Palazzoli, M. S., Boscolo, L., Cechin. J. C., & Prata, J. (1987). *Paradoxo e contraparadoxo*. São Paulo: Cultrix.

Peirce, C. S. (994). *Collected Papers* (v. I-V). Cambrige: Harvard University Press.

Pinsof, W. M. (1999). *Building love and transforming conflict in couples therapy*. Chicago: Annual Conference of the American Association for Marital and Family Therapy.

Pinto, J. (1995). *1, 2, 3 da Semiótica*. Belo Horizonte: UFMG.

Ponciano, E. L. T., & Féres-Carneiro, T. (2006). Terapia de família no Brasil: uma visão panorâmica. *Psicologia: Reflexão e Crítica*, *19*(2), 252-260.

Russo, J. A., Rohden, F., Torres, I., & Faro, I. (2009). O campo da sexologia no Brasil, *Revista de Saúde Coletiva*, *19*(3), 617-636.

Sena, T. (2010). Os relatórios Masters & Johnson: gênero e as práticas psicoterapêuticas sexuais a partir da década de 70. *Estudos Feministas*, *8*(1), 288.

Sorbeki J. N., Curlin F. A., Rasinski K. A., & Lindau T. L. (2012). What we don't talk about when we don't talk about sex. *The Journal of Sexual Medicine*, *9*(5), 1285-1294.

Sobre os autores

Adriana Wagner

Doutora em Psicologia pela Universidade Autônoma de Madrid. Pós-Doutorado em Qualidade de Vida no IRQV (Instituto de Pesquisa em Qualidade de Vida) da Universitat de Girona/Espanha. Professora adjunta do Instituto de Psicologia da UFRGS, Bolsista de Produtividade do CNPq, coordenadora do Núcleo de Pesquisa Dinâmica das Relações Familiares.

E-mail: adrianawagner.ufrgs@hotmail.com

Andrea Seixas Magalhães

Doutora em Psicologia Clínica pela PUC-Rio. Professora assistente e coordenadora do Programa de Pós-Graduação em Psicologia Clínica do Departamento de Psicologia da PUC-Rio. Professora e supervisora do Curso de Especialização em Terapia de Casal e Família da PUC-Rio. Membro associado da Association Internationale de Psychanalyse de Couple et de Famille, bolsista de Produtividade do CNPq.

E-mail: andreasm@puc-rio.br

Célia Maria Souto Maior de Souza Fonseca

Psicóloga, especialista, mestre e doutoranda pelo Programa de Pós-Graduação em Psicologia Clínica da UNICAP. Professora do curso de Psicologia da referida universidade. Membro do LAFAM.

E-mail: celiasoutomaior@yahoo.com.br

Celia Regina Henriques

Doutora em Psicologia Clínica pela PUC-Rio, Pós-doutorada em Psicologia Clínica pela PUC-Rio, Professora e Supervisora do Curso de Especialização em Terapia de Família e Casal da PUC-Rio, Psicanalista, Membro participante da Letra Freudiana.

E-mail: celiahenriques@globo.com

Cilio Ziviani

Doutor em Psicologia Social pela Columbia University. Livre-Docente em Psicologia Social e Professor Titular aposentado pela Universidade Federal do Rio de Janeiro. Professor visitante do Departamento de Psicologia da PUC-Rio. Pesquisador do Grupo de Pesquisa Casal e Família: Estudos Psicossociais e Psicoterapia do CNPq.

E-mail: cilio.ziviani@gmail.com

Cirlene Francisca Sales da Silva

Psicóloga, especialista e mestranda no Programa de Pós-Graduação da UNICAP. Coordenadora do Programa de Apoio à Terceira Idade (PROATI). Membro do LAFAM.

E-mail: cirlene.psicologa@gmail.com

Clarisse Mosmann

Doutora em Psicologia pela PUC/RS. Professora assistente do Programa de Pós-Graduação e do curso de graduação em Psicologia da Universidade do Vale do Rio dos Sinos (UNISINOS). Coordenadora do Núcleo de Estudos em Casais e Famílias da Unisinos.

E-mail: clarissepm@unisinos.br

Cristina Maria de Souza Brito Dias

Psicóloga, mestre e doutora pela Universidade de Brasília. Professora aposentada da UFPB. Atualmente, professora do curso de graduação e do Programa de Pós-Graduação em Psicologia Clínica da Universidade Católica de Pernambuco. Líder do Grupo de Pesquisa Família e Interação Social e coordenadora de seu laboratório.

E-mail: cristina.msbd@gmail.com

Denise Falcke

Doutora em Psicologia Clínica pela PUC/RS. Professora e coordenadora do Programa de Pós-Graduação em Psicologia da Universidade do Vale do Rio dos Sinos (UNISINOS). Professora e supervisora do Curso de Especialização em Psicoterapia de Casal e Família da Unisinos.

E-mail: dfalcke@unisinos.br

Edna Lúcia Tinoco Ponciano

Doutora em Psicologia Clínica pela PUC-Rio. Pós-Doutorado em Psicologia Clínica pela PUC-Rio e em Psicologia Social pela UERJ. Professora visitante na UERJ. Psicoterapeuta de Família e Casal.

E-mail: ednaponciano@uol.com.br

Fernanda Travassos-Rodriguez

Doutora em Psicologia Clínica pela PUC-Rio, Bolsista de Pós-doutorado CAPES/FAPERJ no Programa de Psicologia Clínica da PUC-Rio, Professora e Supervisora do Curso de Especialização em Terapia de Família e Casal da PUC-Rio, Coordenadora do Núcleo Interação Pais e Filhos, voltado para o desenvolvimento nos primeiros anos da infância.

E-mail: fetravassos@uol.com.br

Flavia de Moura Rocha Parente Muniz

Aluna concluinte do curso de Formação em Psicologia pela Universidade Católica de Pernambuco. Foi bolsista PIBIC/CNPq.

E-mail: flaviademouram@hotmail.com

Gláucia Diniz

Doutora em Psicologia pela United States International University. Professora adjunta do Departamento de Psicologia Clínica – Programa de Pós-Graduação em Psicologia Clínica e Cultura da UnB. Coordenadora do Núcleo de Estudos em Gênero e Psicologia Clínica do Laboratório Saúde Mental e Cultura.

E-mail: gdiniz@unb.br

Isabel Cristina Gomes

Livre-Docente em Psicologia Clínica pela USP. Professora Titular e orientadora do Programa de Pós-Graduação em Psicologia Clínica do IPUSP. Psicanalista. Coordenadora do Laboratório Casal e Família: Clínica e Estudos Psicossociais do IPUSP, membro associado da Association Internationale de Psychanalyse de Couple et de Famille.

E-mail: isagomes@ajato.com.br

Lidia Levy

Doutora em Psicologia Clínica pela PUC-Rio. Professora assistente do Departamento de Psicologia da PUC-Rio. Supervisora da Equipe de Psicologia e Justiça da PUC-Rio em convênio com o Tribunal de Justiça. Psicanalista. Coordenadora do Núcleo de Família e Casal da SPCRJ. Membro da SPID. Membro Associado da Association Internationale de Psychanalyse de Couple et de Famille.

E-mail: llevy@puc-rio.br

Maria Consuêlo Passos

Doutora em Psicologia Social pela PUC-SP. Psicanalista. Pesquisadora de Psicanálise da Família, Infância e Adolescência. Docente do Programa de Pós-Graduação em Psicologia Clínica da Universidade Católica de Pernambuco.

E-mail: mcpassos@uol.com.br

Maria do Carmo Cintra de Almeida Prado

Doutora em Psicologia Clínica pela PUC-Rio. Psicóloga do Instituto de Psicologia da UERJ. Coordenadora dos Setores de Psicodiagnóstico Diferencial e de Terapia de Família da Unidade Docente-Assistencial de Psiquiatria do Hospital Universitário Pedro Ernesto/UERJ. Membro efetivo da Sociedade Psicanalítica do Rio de Janeiro (SPRJ). Membro efetivo da International Psychoanalytical Association (IPA). Membro associado da Association Internationale de Psychanalyse de Couple et de Famille. Membro Associado do Instituto Brasileiro de Avaliação Psicológica.

E-mail: cintradealmeidaprado@yahoo.com.br

Maria Lúcia Rocha-Coutinho

Doutora em Psicologia pela PUC-Rio, com Pós-Doutorado em Gender Studies pela University of Illinois, Urbana-Champaign. Professora aposentada e membro do corpo permanente do Curso de Pós-Graduação em Psicossociologia de Comunidades e Ecologia Social da Universidade Federal do Rio de Janeiro (UFRJ). Professora Titular do Curso de Pós-Graduação em Psicologia da Universidade Salgado de Oliveira (UNIVERSO).

E-mail: mlrochac@imagelink.com.br

Orestes Diniz Neto

Doutor em Psicologia pela PUC-Rio. Mestre em Psicologia Social pela UFMG. Professor Adjunto IV do Departamento de Psicologia da FAFICH/UFMG. Terapeuta de Casal e Família.

E-mail: orestedneto@ufmg.br.

Teresa Cristina Othenio Carreteiro

Doutora em Psicologia pela Universidade de Paris VII. Pós-Doutorado em Sociologia Clínica pela Universidade de Paris VII. Professora Titular do Programa de Pós-Graduação em Psicologia da UFF. Membro do Laboratoire de Changement Social da Universidade de Paris VII. Bolsista de Produtividade em Pesquisa do CNPq. Psicossocióloga e psicanalista.

E-mail: tecar2@uol.com.br

Terezinha Féres-Carneiro

Doutora em Psicologia Clínica pela PUC-SP. Pós-Doutorado em Psicoterapia de Família e Casal pela Universidade de Paris V. Professora Titular e coordenadora do Curso de Especialização em Terapia de Família e Casal do Departamento de Psicologia da PUC-Rio. Bolsista de Produtividade em Pesquisa do CNPq. Psicoterapeuta de Família e Casal. Membro associado da Association Internationale de Psychanalyse de Couple et de Famille.

E-mail: teferca@puc-rio.br